BASTEI
LÜBBE

**Marcel Jullian** ist einer der großen Männer der französischen Verlags- und Kulturlandschaft, der sich als Roman- und Drehbuchautor, als Verleger und Gründer des Fernsehsenders Antenne 2 einen Namen gemacht hat. Drei Jahre nahm er sich Zeit, um für dieses Buch zu recherchieren, arbeitete eng zusammen mit den großen Experten der Vorgeschichte und besuchte die Ausgrabungsstätten.

MARCEL JULLIAN

# AUF DEN SPUREN DER MENSCHHEIT

## Die Prähistorie

Aus dem Französischen von
Rudolf Brenner

BASTEI LÜBBE

BASTEI-LÜBBE-TASCHENBUCH
Band 64163


Die französische Originalausgabe ist unter dem Titel
LE ROMAN DE L'HOMME
in den Editions Albin Michel erschienen.

Printed in Germany, Juli 1999
Einbandgestaltung: Manfred Peters
Titelbild: AKG, Berlin
Satz: Textverarbeitung Garbe, Köln
Druck und Bindung: Elsnerdruck, Berlin
ISBN 3-404-64163-9

# Inhaltsverzeichnis

Unsere Familiengeschichte, die Familiengeschichte des Menschen, ist uralt. Sie beginnt vor mehr als 3,6 Millionen Jahren und verläuft kontinuierlich von der ältesten Vorgeschichte bis in die heutige Zeit, von den ersten Spuren des Menschen auf der Erde bis zu den ersten Schritten des Kosmonauten auf dem Mond.

Erst vor knapp zwei Jahrhunderten wurde damit begonnen, diese Geschichte aufzuschreiben. Und seither werden stetig neue Kapitel aus der Erde gehoben, dank der Ausgrabungen und Arbeiten einiger Forscher, die sich mit ebensoviel Begeisterung wie Hartnäckigkeit darum bemühen, jenes frühe Wesen, das den Vorgänger des Menschen darstellt, zu verstehen. Ihre Entdeckungen, die ungeheure Perspektiven eröffnet und heftige Diskussionen ausgelöst haben, erzählen von der mühevollen Geburt einer Wissenschaft und einer Vergangenheit: sie erzählen den Roman der Menschheit.

Die Erde ist entstanden, lange bevor dieser Roman beginnt. Niemand ist berufener als Hubert Reeves, diese »archaischen« Zeiten zu schildern, in denen unser Planet entstanden sein soll, nämlich vor ungefähr 4,5 Milliarden Jahren als Folge eines *big bang*, eines gewaltigen Urknalls. »Wenn man diese Zeitspanne im Maßstab eines einzigen Tages betrachtet«, schreibt Reeves, »und davon ausgeht, daß die Erde um 0.00 Uhr entstanden ist, dann entsteht das Leben etwa um 5.00 Uhr und entfaltet sich im weiteren Verlauf des Tages. Erst gegen 20.00 Uhr tauchen die Dinosaurier auf, die um 23.40 Uhr wieder verschwinden, um der Entwicklung der Säugetiere Platz zu machen. Unsere Vorfahren aber treten erst in den letzten fünf Minuten vor Mitternacht auf, und ihr Gehirnvolumen wird sich in der allerletzten Minute verdoppeln. Man muß sich darüber im klaren sein, daß bei diesem Zeitschema die industrielle Revolution erst vor einer Hundertstelsekunde begonnen hat.«

Genau diese letzten fünf Minuten, diese sehr geringe Spanne der gesamten Zeit seit den Uranfängen, werden wir näher in Augenschein nehmen und dabei schrittweise die illustre Reihe der Amateurforscher und Wissenschaftler – der sogenannten »Entdecker« – abschreiten, welche die Spuren dieser Zeit ans Licht gebracht haben. Wie in einem guten Roman ist auch in dieser Geschichte alles wahr und zugleich alles frei erfunden. Doch endet dieses Buch nicht mit der letzten Zeile der letzten Seite.

Die Vorgeschichte kann keine exakte Wissenschaft sein, denn ihre Zeugen liegen tief in der Erde vergraben und treten nur durch zufällige Entdeckungen ans Tageslicht. Trotz aller bisherigen Funde wissen wir genau, daß immer irgendwo ein ›lästiges‹ Fossil, auf das ein Forscher mit seiner Hacke stößt, auftauchen und alles in Frage stellen kann, wie um uns ins Gesicht zu sagen: »Nein, so war es nicht.«

Daran wird sich wahrscheinlich auch in Zukunft nicht viel ändern. Die Gelehrten mögen unterschiedliche oder gegensätzliche Standpunkte vertreten, die Datierungen sich widersprechen und die Methoden sich verbessern, man mag sich sogar einmal mit wahrhaft vereinten Kräften der Sache widmen; trotzdem werden alle diese Bemühungen niemals die wahre *Geschichte* der Menschheit offenbaren, sondern uns viel eher den faszinierenden Stoff zu ihrem *Roman* liefern. Doch wie dem auch sei, ob Geschichte oder Roman, die Suche nach unseren Anfängen ist ja gerade einmal den lächerlichen Bruchteil einer Sekunde alt.

# I

# Bucht der Somme, im Jahr 1847

»Heute kommen die Paläontologen zu dem Schluß, daß die an dieser Stelle gefundenen Knochen von ausgestorbenen Tieren stammen und daß die dazugehörenden Feuersteingeräte nicht von der Natur geformt wurden, sondern Produkte von Menschenhand sind.«

»Dann wird man einen Schädel finden, der menschliche Merkmale aufweist, auch wenn diese Merkmale ein wenig archaisch sind. Und weil man diesen Schädel zusammen mit Geräten findet, kann man die Behauptung wagen: Hier haben wir den *Hersteller* und das *Produkt*.«

*Jean-Philippe Rigaud*

Wenden wir uns also dem Menschen zu. Er ist der Held unserer Geschichte. Doch lange interessierte sich niemand so recht für ihn: Seit die Menschheit sich auf unserem Planeten ausbreitet und sich als vernunftbegabte Spezies versteht, hat sie sich für den Kosmos, die Meere, für unerforschte Gebiete oder sagenhafte Tiere der Schöpfungsgeschichte begeistert und auf allen Gebieten – gleich ob Religion, Philosophie, Naturwissenschaft, Medizin oder Literatur – einen ebenso furchtlosen wie gefährlichen Wissensdurst bekundet. Aber erst im 19. Jahrhundert hat eine Handvoll Männer begonnen, sich ernsthaft Gedanken über die frühesten Anfänge der Menschheit zu machen.

Es ist kaum vorstellbar, daß die Ereignisse, über die wir berichten werden, erst vor anderthalb Jahrhunderten stattgefunden haben. Denn bis zu diesem Zeitpunkt scheint man sich nicht für die mögliche Existenz einer prähistorischen Kreatur interessiert zu haben. Offenbar ging man wie selbstverständlich davon aus, daß der Mensch auf einen Schlag, gewissermaßen über Nacht in seiner Morphologie und in seinen wesentlichen Merkmalen entstanden war, kurz: als fertiges Exemplar der Spezies Mensch. Er hatte keine Vergangenheit und war in jener Gestalt auf die Erde gekommen, die ihm von da an über Generationen hinweg zu eigen sein würde und in der wir ihn seit nachsintflutlichen Zeiten kennen.

Warum dieser Verweis auf die Sintflut? Schon das uralte *Gilgamesch-Epos* hatte in einer schrecklichen, breit ausgemalten Geschichte von der Sintflut berichtet, die dann in der Bibel wieder aufgegriffen und verbreitet worden war. So war es für einen gewissen Herrn Scheuchzer, Arzt und Kanoniker in Zürich, eine Selbstverständlichkeit, das große fossile Skelett, dessen Abdruck er 1726 in Oensingen auf einer Schieferplatte fand, *Homo diluvii testis* zu nennen, also den Augenzeugen der Sintflut. Welch ergreifendes Bild! Der Kirchenmann sieht darin ein Gleichnis für das »verdammte« Geschlecht, das dem Zorn Gottes zum Opfer gefallen ist. Dabei spielt es keine Rolle, daß der berühmte französische Paläontologe Georges Cuvier drei Generationen später entdeckt, daß es sich um einen Riesensalamander handelt. Denn das Entscheidende ist, daß für lange Zeit jegliches Nachdenken über die Herkunft des Menschen an die Grenzen jenes unvorstellbaren Ereignisses stieß, das für uns die Große Sintflut darstellt.

Die Tore zur Vorgeschichte öffnen sich erst zu Beginn des 19. Jahrhunderts. Unter den Gelehrten und Wissenschaftlern von der Antike bis zur Aufklärung hat anscheinend niemand oder fast niemand ernsthaft in Betracht gezogen, daß der Mensch mit anderen Lebewesen verwandt und das Ergebnis mehrerer aufeinanderfolgender Weiterentwicklungen sein könnte. Denn diese Vorstellung, daß er das Ergebnis einer »Evolution« sein könnte, war mehr als unakzeptabel. Sie war ein Sakrileg. Dies bekam auch ein italienischer Arzt namens Vanini zu spüren, der 1616 die Vermutung äußerte, es könne eine direkte Verwandtschaft zwischen den Menschenaffen (die dem Menschen in Gestalt und Knochenbau ziemlich ähnlich sind) und unseren ältesten Vorfahren geben. Drei Jahre später wurde Vanini der Überlieferung gemäß in Toulouse bei lebendigem Leib auf dem Scheiterhaufen verbrannt.

Auch wenn diese tragische Geschichte wahr ist, so vermag sie doch nicht darüber hinwegzutäuschen, daß der Mensch lange Zeit kaum Neugier auf seine Herkunft zeigte. Ohne Zweifel befürchtete er insgeheim, daß er bei einer systematischen Erforschung zu einem schwer hinnehmbaren Ergebnis gelangen könnte. Es war ihm nach dem Prozeß gegen Galilei leichter gefallen, die Tatsache zu akzeptieren, daß die Erde rund ist und sich bewegt, als die Vorstellung, der Vetter eines Orang-Utans oder eines Schimpansen zu sein. An Einfallsreichtum mangelte es ihm freilich nicht. Man braucht nur einen anderen Kirchenmann zu zitieren, Loren Eiseley, der angesichts der ersten Flugversuche des Menschen nicht zögerte, folgende Hypothese aufzustellen: »Was, wenn wir von woanders gekommen und nun dabei wären, mit Hilfe von Instrumenten und Maschinen *nach Hause zurückzukehren*?«

Im 19. Jahrhundert lagen Taten und Träume eng beieinander. Dennoch ist die Prähistorie als Wissenschaft in eben jener Zeit geboren, auch wenn die Zeitzeugen dieser Geburt es nicht wahrhaben wollten.

Wir schreiben das Jahr 1825. Karl X. ist seit einem Jahr König, als Jacques Boucher de Crèvecœur de Perthes als Nachfolger seines Vaters in Abbeville zum Zolldirektor ernannt wird. Für den siebenunddreißigjährigen Beamten ist dies eine große Enttäuschung, strebte er doch nach einem höheren Posten, natürlich in Paris, wo sich seine vielseitigen Talente besser hätten entfalten können. Er steht im Ruf eines etwas verbitterten, ein wenig manierierten Generalisten, der mit seinem Schicksal hadert und von einem ebenso außerordentlichen wie unwahrscheinlichen Leben träumt.[1] Ganz im Geiste dieser Zeit zwischen Musset und Stendhal, läßt er sich gerne von der Muse küssen. Er schreibt Komödien, *canzonetti* und Romane, in denen er, auch hierin ganz Kind seiner Zeit, die teuflischen Abgründe der Frau erforscht.

---

1 Siehe dazu das ausgezeichnete Buch, das Claudine Cohen und Jean-Jacques Hublin über ihn geschrieben haben: *Boucher de Perthes: les origines romantiques de la Préhistoire [Die romantischen Anfänge der Vorgeschichte]*, Belin, 1989.

Sogar seinen Namen hat er geändert, damit dieser besser zu seinen literarischen Erzeugnissen paßt. Von Geburt mit zwei blutrünstigen Namen bedacht – Boucher de Crèvecœur[2] –, darf er ihnen den Familiennamen seiner Mutter, einer geborenen de Perthes, anfügen.

Das Unglück will es, daß er sich in Abbeville verdingen muß, in einer Stadt, die er in einem Brief an Lamartine nicht ohne Humor folgendermaßen beschreibt: »Es ist zwar nicht die fröhlichste Stadt Frankreichs, dafür aber gewiß die ruhigste.«

Nichts deutet also darauf hin, daß er der Wegbereiter einer neuen Wissenschaft werden wird, daß er es sein wird, der nach den Worten des berühmten Prähistorikers Abbé Breuil »in der Tat dem menschlichen Geist die Türen für die noch ungeahnte Vorstellung vom hohen Alter der Menschheit geöffnet hat«. Es bedurfte schließlich noch zweier glücklicher Zufälle: zum einen, daß es in Abbeville einen Arzt namens Casimir Picard gab, der sich für die Ausgrabung fossiler Werkzeuge und für die Techniken der Steinbearbeitung begeisterte, und zum anderen, daß in der Nähe ein magischer Ort lag, die Mündungsbucht der Somme.

»Es gibt nichts Schöneres als die Ufer der Somme«, schreibt Victor Hugo am 13. August 1837 auf seiner Rückreise aus Belgien, »ein Reigen unzähliger kleiner flämischer Bilder, die einander gleichen, mit den beinahe übertretenden Wassern zwischen den schilf- und blumenbewachsenen Ufern, mit anmutigen Inseln … und kleinen friedlichen Wiesen mit sattem Gras …«

Etwas weiter flußabwärts liegt die von Vögeln wimmelnde, perlmuttschimmernde Bucht, die mal von brau-

---

2 *Boucher*: Metzger; *Crèvecœur*: Herzzerreißer. (Anm. d. Übers.)

senden Wellen, mal von ruhigem Wasser überflutet ist oder zuweilen auch nur aus lauter glitzernden Pfützen besteht. Jeanne d'Arc hat diese Bucht überquert, nachdem sie 1430 von Johann von Luxemburg an die Engländer verkauft worden war und man sie nach Rouen zum Scheiterhaufen brachte. An einem Felsen weist eine Tafel auf die genaue Stelle hin, an der der Trupp vorüberkam. Als das ansteigende Wasser begann, die Furt zu überfluten, wurde die Gefangene an die Pferde ihrer Eskorte angekettet und erbarmungslos über den Sand geschleift.

Es ist ein seltsamer Ort von einer trügerischen Ruhe, an dem im silbrigen Licht das Meer, der Schlamm und der Himmel ineinander überzugehen scheinen. Endlos flimmernde Strände sacken weg und versinken, plötzlich überspült von den Wellen, die über das schlammige Flußwasser hereinbrechen. Ein Nebelhorn heult auf, Möwen kreischen. Muschelsammler, Fischer und Jäger kehren zurück an den kiesigen Strand, unter dessen Oberfläche der Treibsand lauert.

Wer hätte gedacht, daß man ganz in der Nähe einen bearbeiteten Feuerstein finden wird, den Boucher de Perthes hartnäckig für mehr als nur eine Laune der Natur halten wird, für ein von Menschenhand hergestelltes Werkzeug, und daß ausgerechnet hier das große Abenteuer der Vorgeschichte beginnen wird?

Tatsachen und Ansichten, die man für unverrückbar hält, verändern und verschieben sich manchmal doch, zunächst nur unmerklich, dann immer schneller, bis sie plötzlich unversehens und völlig überraschend aufeinandertreffen.

Verantwortlich dafür sind die Launen der Götter. Sie lieben das Theater, das Possenspiel, Rätsel und Geheimnisse. Sie verlocken die Menschen zu Schnitzeljagden, in denen die Teilnehmer zugleich Jäger und Gejagte sind. Und wie bei jeder richtigen Schnitzeljagd streuen sie an manchen Stellen weiße Kieselsteine aus, die einzig und allein für diejenigen von uns gedacht sind, die imstande sind, sie zu deuten.

Derartige Entdeckungen sind übrigens selten das Werk eines einzelnen Menschen. Offenbar muß die Zeit dafür reif sein. Zu einem bestimmten Zeitpunkt der Geschichte beschäftigen sich die verschiedensten Menschen mit den gleichen Fragen, Menschen, die einander nicht kennen und meistens glauben, sie seien die einzigen, die neue Wege beschreiten. Ein Boucher de Perthes vermag sich nicht vorzustellen, daß in der Nähe von Lüttich in Belgien, also gar nicht weit von Abbeville – mit dem Zug ist es ein Katzensprung, eine winzige Strecke im Vergleich zur gesamten Erdoberfläche –, ein Arzt niederländischer Herkunft, nämlich der 1791 in Delft geborene Philipp Karl Schmerling, einer besonderen Freizeitbeschäftigung nachgeht: der Paläontologie. 1830 hat er sich für die erst kürzlich geschaffene belgische Staatsangehörigkeit entschieden und als leidenschaftlicher Forscher seine ersten Entdeckungen gemacht.

Nachdem er in Höhlen bei Engis menschliche Knochen, darunter einen Schädel, sowie Skeletteile von Mammuts, Rhinozerossen und Bären gefunden hat, »zusammen mit Pfeilspitzen, Feuersteingeräten, Hirschgeweihen und bearbeiteten Knochen«, verfaßt er einen Bericht, in welchem er erklärt: »Nach reiflicher Überlegung kann man zu keinem anderen Schluß kommen, als daß diese Feuersteine *von Menschenhand* bearbeitet worden sind.«

Doch seine Entdeckung löst kein besonderes Echo aus. Nicht weit voneinander entfernt und nahezu zeitgleich sind also zwei Männer, die sich nie kennenlernen werden, mutig und dreist genug, das erste Auftreten unseres ältesten Vorfahren auf einen Zeitpunkt vor der biblischen Sintflut zu datieren. Alle beide werden lange gar nicht zur Kenntnis genommen werden – um so erstaunlicher, als wir uns in einer Zeit befinden, die sich damit brüstet, der Zukunft im Eiltempo des Fortschritts und neuer Erfindungen entgegenzufliegen. In diesem Jahrhundert der industriellen und technologischen Revolutionen, in dem die Wissenschaft der Religion den Rang abzulaufen droht, in dem eine unvergleichliche Aufbruchstimmung herrscht, in dem die Leute voller Neugierde und Zuversicht in die Zukunft blicken – in dieser Zeit also scheint sich niemand für die Vergangenheit zu interessieren. Als ob man sie den Rückständigen, den Ewiggestrigen überlassen hätte.

»Es besteht kein Zweifel darüber, daß wir von Barbaren abstammen!«

Diese ungebührliche, genaugenommen unanständige Äußerung gibt zur gleichen Zeit ein Engländer von sich, ein Naturforscher mit ausgezeichneten Umgangsformen, der von einer Weltreise zurückkehrt. Der Mann heißt Charles Darwin. Die Erschöpfung, die Gefahren der Reise, der stürmische Wind, die extreme Kälte und die sengende Hitze müssen diesen empfindsamen und leicht überspannten Mann ein wenig aus der Bahn geworfen haben.

23. November 1831, im Hafen von Leith in Schottland: Ein junger Mann aus gutem Hause, mit Pausbacken und Backenbart, begibt sich an Bord der *Beagle*, eines Vermessungsschiffes der Royal Navy. Er ist knapp 23 Jahre alt, in Shrewsbury geboren, das fünfte Kind des Arztes Robert Darwin, eines »bedeutenden Mediziners«, und der ältesten Tochter des berühmten Kunstkeramikers Josiah Wedgwood.

Charles Darwin schifft sich ein für eine Weltreise, die vier Jahre und neun Monate dauern und ihn in den südlichen Atlantik führen wird, von Río de la Plata bis Bahía Blanca und schließlich auf die *Tierra del Fuego*, die Insel Feuerland.[3] Da er Naturforscher ist, hat ihn sein Professor in Cambridge beauftragt, »alle Exemplare, die von Interesse sein könnten, zu sammeln: Steine, Pflanzen, Fische, Säugetiere bis hin zu Insekten«. Auf dieser Reise wird Darwin abwechselnd Momente taumelnden Glücks erleben – wie zum Beispiel beim Anblick Bahías, bei dem »der Geist ein Chaos des Entzückens ist, aus dem eine Welt künftiger stiller Freude entstehen wird« – und lange Phasen der Niedergeschlagenheit kennenlernen: endlos sich hinziehende Tage, heftige Stürme auf See, und an Land die nicht immer sehr angenehme Begegnung mit »aufsässigen Eingeborenenbanden, die mit Steinen und Keulen bewaffnet sind« und die eines Abends beinahe ein Expeditionsmitglied niedergemetzelt hätten.

Auf Feuerland jedoch, am Ende seiner Seereise, wird der junge Naturforscher seinem Schicksal begegnen. Es ist die wichtigste Begegnung seines Lebens. »Nie werde ich vergessen«, so schreibt er, »wie groß mein Erstaunen war, als ich an einer wildzerklüfteten Küste zum ersten Mal eine Gruppe Feuerländer gesehen habe, denn mir ging der Gedanke durch den Kopf, daß unsere Vorfahren ihnen geglichen haben müssen. Es ist wie eine Erleuchtung. Ich bin beinahe überzeugt, daß die Arten nicht unveränderlich sind. Ich glaube, ich kann beweisen, mit welcher einfachen Methode sich die Arten wunderbarerweise den verschiedenen Zwecken anpassen.«

---

3 Siehe dazu John Bowlby: *Charles Darwin, une nouvelle biographie [C.D., eine neue Biographie]*, PUF, 1995.

Auch wenn sein Hauptwerk, *On the origins of species by means of natural selection* (*Von der Entstehung der Arten*), erst viel später, nämlich im Jahr 1859, nach 28 Jahren des Zögerns, des Leidens und der Reue erscheinen wird, so nehmen seine bis dahin noch unsystematischen Überlegungen doch schon damals Gestalt an: Durch die plötzliche Erkenntnis auf Feuerland erhalten sie einen Sinn. Man mag dies eine Eingebung nennen, die ihn bald das ebenso verbotene wie befreiende Wort aussprechen lassen wird: »Die *Evolution*, das ist der Schlüssel! Meine Evolutionstheorie wird der Wissenschaft zu einem Riesensprung nach vorne verhelfen!«

Es ist genauso einfach, genauso »offensichtlich« wie die Waagrechte und die Senkrechte. Lediglich der Faktor *Zeit* mußte hinzugefügt werden. Wenn diese »Wilden«, diese Stämme auf der anderen Seite der Erde, die seine Phantasie so beflügelt haben und die so anders sind, zur gleichen Zeit leben wie diejenigen, die man »zivilisiert« nennt, könnte es dann nicht sein, daß die einen den anderen im Laufe der vergangenen Jahrtausende vorausgeeilt sind? Und warum sollte man daraus nicht schließen, daß die Eingeborenen auf Feuerland ganz einfach in ihrer *Evolution* zurückgeblieben sind?

Nach London zurückgekehrt, macht sich Darwin in einer Mischung aus absoluter Gewißheit, Begeisterung, Niedergeschlagenheit und Hypochondrie an die Arbeit. Tatsächlich wird er von unzähligen Leiden gequält: »Ich kann nicht mehr. Als ich vor fünfzehn Monaten zur Feder gegriffen habe, um dieses Buch zu schreiben, quälten mich schreckliche Vorahnungen; ich sagte mir, daß ich mir wie so viele andere etwas vorgegaukelt hätte … Ich habe eine entsetzliche ›Krise‹ durchlitten. In einem Schub von Elefantiasis ist ein Bein angeschwollen, mit einem Ekzem und furchtbaren Furunkeln bedeckt. Man sagte mir jedoch, daß mir die Bäder sehr gut tun würden. Es war die Hölle!« Es macht ihn wütend, daß er voller Schmerzen die Zersetzung seines eigenen Körpers mitansehen muß, während ihn die Niederschrift seines Buches so in Anspruch nimmt. Jeder stechende Schmerz, jedes Leiden, das ihm ins Fleisch schneidet, erinnert ihn an die Beschimpfungen seiner ewigen Verleumder. »Niederträchtige Hundesöhne sind es«, ruft Darwin schließlich, »die mich krank gemacht haben, weil sie ständig meine Theorie in Frage stellen!«

Zur gleichen Zeit nimmt auf der anderen Seite des Ärmelkanals der Arzt Casimir Picard seinen Freund Boucher de Perthes zur Kiesgrube von Menchencourt mit, die sich auf einer Flußterrasse des Somme-Tals befindet. Er hat gehört, daß bei Baggerarbeiten fossile Reste von in der Region längst ausgestorbenen Tieren ausgegraben worden sind, von Bären, Rhinozerossen und Elefanten: ein ruhmreiches Bestiarium, das die Sintflut verschlungen hatte.

Die beiden Freunde machen in dieser Kiesgrube eine Entdeckung von enormer Bedeutung, die nicht vorauszusehen war: Sie finden einen bearbeiteten Feuerstein, ein *Werkzeug*. Solche Biface-Feuersteine oder zweiseitige Feuersteine wurden bei Erd- oder Bauarbeiten an vielen Stellen gefunden. Man nannte sie *Donnerkeile* und schrieb ihre Form und ihre Symmetrie dem Blitz zu, der sie aus dem Stein herausgeschlagen und gelöst haben sollte, wenn er in einen Kreidefelsen einschlug. Gewitter und anschließende Erdrutsche, so nahm man an, hatten sie dann mehr oder weniger tief in die Erde eingegraben. Für unsere beiden »Prähistoriker« – den Begriff gibt es damals noch nicht – und Liebhaber »keltischer Werkzeuge« besteht kein Zweifel: Der Gegenstand, den sie in den Händen halten, ist ein vom

Menschen entworfenes, planvoll hergestelltes *Produkt*, nicht das Ergebnis eines Blitzschlages. Da dieses Fundstück in einer bestimmten Tiefe neben »antediluvialen« Tierknochen liegt, kann man davon ausgehen, daß der Mensch, der es angefertigt hat, *vor der Sintflut* gelebt hat.

Niemals hätte Boucher de Perthes das Wort »antediluvial«, also vorsintflutlich, aussprechen dürfen. Im Jahr 1841 glaubt der »zivilisierte« Mensch nämlich – gleich, ob er gebildet ist oder einer gemeineren »Spezies« angehört –, daß er mit Fug und Recht auf der Heerstraße des Fortschritts voranschreitet. Eigentlich hält er sich für die Krone der Schöpfung. Die Religionen und die Wissenschaften, die sich ansonsten einen erbitterten Konkurrenzkampf liefern, scheinen sich darin einig zu sein, daß der Mensch *monophyletischen*, einmaligen Ursprungs ist und daß seine Entstehung unmittelbar und endgültig war.

Folglich gibt es keinen »mutierten« Menschen. Wenn ausnahmsweise die Frage nach seinem Geburtsdatum gestellt wird, so neigt man zu der Auffassung, daß seine Geburt vier- bis höchstens sechstausend Jahre zurückliege, also zwei- bis dreimal länger als die sogenannte »historische« Zeit. Die Behauptungen des irischen Theologen und Erzbischofs von Armagh, James Usher, der die Schöpfung auf den 23. März des Jahres 4004 v.u.Z. datiert, mögen noch so albern und unsinnig sein, man gibt sich damals gerne mit ihnen zufrieden. Zumal er zu diesem Ergebnis doch gekommen ist, indem er die – wahrscheinliche – Anzahl der Generationen zusammengezählt hat, die seit Adam und Eva aufeinandergefolgt sind bis zu diesem denkwürdigen Weihnachtstag, an dem Jesus in Bethlehem geboren wurde. Nach Ushers Berechnungen wäre der Mensch also seit sechstausend Jahren auf der Erde. Und wozu wäre die von Gott zur Vernichtung der Bösen entfesselte Sintflut denn gut gewesen, ginge man jetzt daran, deren Skelette und Werkzeuge auszugraben?

Boucher de Perthes wird alsbald ausgelacht, Hohn und Spott ergießen sich über ihn, und man versucht ihn zu widerlegen. Dennoch beharrt er auf seiner Theorie, auch wenn er gemäß seiner elegischen Natur zu Einschränkungen neigt: »Ich, Boucher de Perthes, bin kein Gelehrter. Ich stehe außerhalb der Konventionen der Wissenschaft. Mein Blick in die Zukunft ist der eines Wahrsagers, und wenn ich manchmal einen Treffer lande, dann liegt darin mehr Glück als Verdienst.«

Im darauffolgenden Jahr stirbt Casimir Picard an der Schwindsucht. Boucher wird sein »geistiger Nachfolger«, ein ebenso untröstlicher wie unverstandener Erbe – 1845 wird seine Bewerbung bei der Akademie der Wissenschaften abgelehnt –, und gelangt in den Besitz des *Biface* aus Menchencourt, jenes Feuersteins, der später im Musée Saint-Germain seinen Platz finden wird.

Philipp Karl Schmerling setzt währenddessen unermüdlich die Erkundung zahlreicher Höhlen in der Gegend um Lüttich fort und fördert eine beeindruckende Anzahl von Feuersteingeräten und Skelettfragmenten aus ihnen hervor. Daraufhin richtet sich das Interesse der Öffentlichkeit wieder auf den denkwürdigen, in Engis gefundenen Schädel, der lange Zeit nur beiläufig zur Kenntnis genommen worden ist. Ist es womöglich der Schädel eben dieses Menschen, der das Feuersteinwerkzeug hergestellt hat? Eigentlich kann nur er dieses Gerät entworfen und angefertigt haben.

In der Natur kennen wir Tiere, die zu bestimmten Zwecken natürlich vorkommende Gegenstände verwenden. Der Affe zum Beispiel benutzt Äste oder Zweige, um Termiten zu erbeuten. Es gibt auch einige geschickte Vögel, die natürliche Materialien verflechten, um ihr Nest zu bauen. »Etwas anderes aber ist der Wille, einen natürlichen Gegenstand zu verändern, um ihn einer bestimmten, einem Bedürfnis des Menschen entsprechenden Funktion anzupassen. Das wäre eine angemessene Definition für ein Werkzeug.«[4]

Alles hat also mit einem Werkzeug begonnen, mit einem in der Somme-Bucht gefundenen Feuerstein, in dem man den Beweis für eine menschliche Existenz sah, bis dann andere Entdeckungen zu mitunter abenteuerlichen Ausgrabungen von Skelettfragmenten führten. Als ob das Verb »herstellen« dem Verb »sein« hätte voranstehen wollen. Und »herstellen« ist in der Tat das wichtigste Verb des Menschengeschlechts, es unterscheidet es von allen anderen Arten. Das Tier braucht nur zu *sein*. Der Mensch muß gestalten, herstellen, *machen*. Diesen Aspekt erläutert Henri Bergson in seiner *Schöpferischen Entwicklung*: »Wenn wir in der Lage wären, auf all unseren Stolz zu verzichten; wenn wir uns zur Definition unserer Spezies strikt an das halten würden, was uns die Geschichte und die Vorgeschichte als das Charakteristikum des Menschen und der Intelligenz vorführen, dann würden wir nicht mehr ›*Homo sapiens*‹, sondern ›*Homo faber*‹ sagen.«

1846 vollendet Jacques Boucher de Crèvecœur de Perthes ein Manuskript mit dem eher unscheinbaren Titel *Keltische und vorsintflutliche Altertümer*. Am 6. August schickt er das noch druckfrische Buch an die Akademie der Wissenschaften, mit dem Vermerk: »Eine freundliche Gabe des Autors zur Prüfung. Der Autor verpflichtet sich, das Buch erst nach dieser Prüfung und nach Erstellung des Gutachtens zu veröffentlichen.«

4 Jean-Philippe Rigaud.

Die Prüfungskommission wird aber erst ein Jahr später ernannt. Man kann sich Bouchers fieberhafte Ungeduld vorstellen: »Ohne Zweifel will man nicht, daß der Mensch alt sei. Aber er ist es doch ... Eines Tages wird man ihn so sehen müssen, wie er ist. Manchmal versinkt die Wahrheit in einen tiefen Schlaf, früher oder später jedoch erwacht sie und springt uns ins Auge.«

Die Arbeiten der Kommission ziehen sich in die Länge (das Institut wird erst zwei Jahre später seine Entscheidung treffen, eine negative); da entschließt sich Boucher de Perthes, sein Buch trotzdem zu veröffentlichen, ohne die Protektion der großen Pariser Gelehrten. 1847 kommt das Buch aus der Druckerei. Es ist die offizielle Geburtsstunde des Feuersteinwerkzeugs, das als Ausgangspunkt für die eingehende und von nun an kontinuierlich betriebene Erforschung der Vorgeschichte gilt.

»Man muß behutsam vorgehen«, schreibt Boucher de Perthes an einen Freund, »und die Öffentlichkeit erst nach und nach in diese neue Wissenschaft, die Archäogeologie, einführen, für die ich mich seit dreißig Jahren einsetze, ohne Anlaß zum Jubel zu haben.« Für sich selbst kommt er zu folgendem Schluß: »Alle wichtigen Dinge sind bereits von jemandem gesagt worden, der sie nicht entdeckt hat.«

Was für ein erstaunlicher Mensch dieser Boucher de Perthes doch ist! Bereits in seiner Jugend liebt er es, die Leute zu verwirren und sich selbst zu überraschen. In seinen literarischen Höhenflügen bevölkert er seine Komödien mit weiblichen Figuren, deren Namen (etwas zu) vielsagend sind: Paola, der weibliche Vampir; Fredegunde, das blutrünstige Ungeheuer; Maria, die Eifersüchtige; oder Emma, die Monomanin ... 1837 veröffentlicht er ein Buch mit dem bescheidenen Titel *Über die Schöpfung*. Darin versichert er, nicht an den fossilen Menschen zu glauben, stellt aber die überaus kühne Hypothese auf, derzufolge der Mensch aus sehr frühen Zeiten stammen könne, ohne jedoch die Existenz Gottes in Frage zu stellen.

Zehn Jahre später treibt er sich in der besagten Bucht herum …

Er kennt jeden gefährlichen Priel auf dieser weiten Fläche, die bei Ebbe einem Meer aus Sand gleicht, einem endlosen Strand, der die kiesigen Ufer von Crotoy mit den kleinen Fischerhäusern verbindet, die sich hinter dem Leuchtturm von Hourdel ducken. Bestimmt ist de Perthes weiter südlich durch die Dünenkämme gestreift, die zu jenen anderen steinigen Kämmen hinunterführen, den Geröllbergen, die vom Meer verschluckt und an die Strände des Dorfes Cayeux gespült werden – eines Dorfes mit sprechendem Namen, denn im Picardischen bedeutet er Kieselstein. Boucher de Perthes hat diesem atemberaubenden Schauspiel wohl zu Frühlings- und zu Herbstbeginn zugesehen, wenn die Springfluten haufenweise graue, von der Brandung rundgeschliffene Geröllsteine zurücklassen.

Mit ein wenig Phantasie kann man sich die Gegend heute noch vorstellen, in der dieser geniale Amateurwissenschaftler gelebt hat. Die Landschaft hat sich dort weniger verändert als in vielen anderen Regionen. Liegt es an der Entfernung, am Regen, am Wind oder am opalblauen Meer, daß sie von den städtebaulichen Maßnahmen, die so viele andere Orte verschandelt haben, verschont geblieben ist? Liegt es an der flämischen Sonne, die Victor Hugo so bezaubert hat und die für unsere Zeitgenossen zu dezent und zu selten scheint? Oder liegt es an der relativen Armut (man wagt es kaum zu schreiben) der Bevölkerung, für die der Aufschwung der Nachkriegszeit keinen wirklichen Wohlstand gebracht hat und die die allgemeine Krise schwer trifft? Jedenfalls gibt es hier diese kaum veränderten Dörfer, die jod- und salzhaltige Luft, den Wind, bei dem einem schwindlig wird und der sogar die Seele aufzuwühlen vermag. Man kann an den niedrigen Häusern dieses unendlich flachen Landstriches entlangflanieren, immer weiter, nur vereinzelt durchbricht eine schieferbedeckte Kirche, die einem Ritterhelm ähnelt, ein Wäldchen mit spärlichen, vom Wind gekrümmten Bäumen oder ein Fabrikschornstein die Eintönigkeit.

Der Treibsand ist hier allgegenwärtig. An der Oberfläche ist alles flach und still; in der perlenden Feuchtigkeit sind Strand und Geröll eins, man kann nicht unterscheiden, wo der Himmel beginnt und das Meer aufhört. Weiße Häuser, Ziegelhäuser, der Geruch von Torf und Tang, Vögel. Überall der unermüdliche Kampf des Meeres gegen das feste Land; Geröllsteine, die unaufhörlich an die Strände geschleudert werden. Gewiß hat Boucher de Perthes als Kind, nachdem er im Alter von vier Jahren mit seinen Eltern nach Abbeville gezogen war, solche Kiesel gesammelt, ebenso wie die Kinder, die heute dort ihre Ferien verbringen. Sicherlich hat er den Arbeitern zugesehen, wenn sie einen Geröllstein entzweischlugen und im Innern der bräunlichen Schale ein glänzender, geäderter Feuerstein zum Vorschein kam. Er hat diese Feuersteine als Mauerschmuck an den Kirchen gesehen, auch die Sträßchen zwischen Abbeville und Le Tréport waren mit ihnen gepflastert. Als er dann erwachsen ist, sind es immer noch die Feuersteine, die ihn anziehen und denen er Fragen stellt, jener seltsamen Anziehungskraft gehorchend, die einen Mann verbissen nach dem Geheimnis suchen läßt, das der Ort birgt, an den ihn das Schicksal verschlagen hat.

Jetzt ist er allein, von den meisten seiner Zeitgenossen auf dem flachen Land wird er angefeindet oder schlichtweg ignoriert. Casimir Picard, sein »Doktor Watson«, ist tot. Will er die Erinnerung an ihn bewahren oder dessen Arbeiten jetzt für sich reklamieren? Die Meinungen darüber gehen auseinander. Vielleicht ist an beidem etwas Wahres. Man denke aber an die vielen Jahre, die dieser große, verkannte Wegbereiter in der Bucht und an den Stränden verbracht hat. Er gibt nicht auf. Er setzt seine Suche unbeirrt fort.

Welche Notwendigkeit oder welche Gewissensbisse zwingen ihn dazu, den Bauern oder den Fischern zehn Centimes für jeden Fund zu schenken? »Donnerkeile« und »keltische Werkzeuge« bringt man ihm in Massen. Bei Bedarf werden sie sogar eigens hergestellt. Warum auch nicht, wenn man damit die liebenswerte, harmlose Marotte des ehrenwerten Herrn Zolldirektors befriedigen kann. Claudine Cohen und Jean-Jacques Hublin berichten in diesem Zusammenhang von einer Madame Ducatel, einer Cousine des Vorgeschichtlers Vayson de Pradenne, die »am Haus eines rechtschaffenen Mannes vorbeikam, der allem Anschein nach Geröllsteine auf dem Boden abschliff«. Verwundert fragt sie ihn, was er denn da tue. Er soll ihr geantwortet haben: »Ich stelle keltische Steinbeile für Monsieur Boucher de Perthes her.«

Vieles deutet darauf hin, daß Boucher sich täuschen ließ. Er war so sehr darauf erpicht, die Richtigkeit seiner Theorie zu beweisen, daß seine Urteilskraft zwangsläufig ein wenig darunter litt. Aber letztendlich trotzte er nur der Ungläubigkeit der wissenschaftlichen Welt, in welche Mitte des 19. Jahrhunderts Massen von Laien einbrachen und eine Atmosphäre des Argwohns schufen gegenüber den Buddlern und Räubern, die in Sümpfen, Schlammlöchern und Sandgruben herumwühlten.

Tatsächlich scheint sich alles gegen ihn verschworen zu haben. Er ist in ein Jahrhundert geboren worden, dessen Blick ganz der Zukunft gilt, während er sich für die Zeichen der frühesten Vergangenheit begeistert. Folglich steht er allein da, isoliert. Seine Stellung ist unklar: Bevor er, ohne es zu wissen, der erste Prähistoriker der Welt wird, ist er Zolldirektor in Abbeville. Er gehört zu jenem alten Schlag, den das industrielle Zeitalter, das Zeitalter der Spezialisten und Experten, ablehnt. Er gehört zu jenen »Amateuren«, die noch zu sehr dem 18. Jahrhundert verhaftet sind und daher nicht in diese ernsten, fortschrittlichen Zeiten passen. Seine private Bibliothek ist ein einziges Durcheinander verschiedenster Bücher, inmitten eines Sammelsuriums von Zeichnungen, Steinen und Kieseln, die auf losen Blättern liegen. Vor ihm auf einem kleinen Holzsockel thront wie eine Kostbarkeit der Feuerstein, der einmal Berühmtheit erlangen wird.

Boucher läßt es am nötigen Ernst mangeln, und alle, die die eigene Seriosität rühmen, lassen es sich nicht nehmen, auf diesen Mangel hinzuweisen. Es hagelt Kritiken, die ausnahmsweise zu einer einhelligen Koalition jener beiden gegnerischen Stände des 19. Jahrhunderts, der Pfarrer und Gelehrten, führen. In direkter Anlehnung an die Berechnungen des Erzbischofs Usher erinnern einige daran, daß im Buch Genesis »in der Tat 140 verschiedene Vorschläge für den Zeitpunkt der Schöpfung gemacht werden. Die Schwankungen betragen bis zu 3 194 Jahren …«. Andere wiederum, mit einem Kompass bewaffnet, schimpfen und lästern: »Es ist eine Demütigung für den Menschen, die Vorstellung zu verbreiten, daß die ersten menschlichen Kulturen Waffen und Werkzeuge aus Stein verwendet haben könnten. Das ist ein absoluter Widerspruch zu den Technologien der modernen Zeiten.« Und schließlich: »Wenn es vor der Sintflut Menschen auf der Erde gegeben hätte, so hätte diese alle ihre Spuren weggespült. Und außerdem, was hätten diese Menschen ausgerechnet in der Somme-Bucht zu schaffen gehabt?«

Im Umkreis dieser drei Männer, Boucher de Perthes, Karl Schmerling und Charles Darwin, entsteht eine neue Wissenschaft, die Vorgeschichte. Sie entsteht in einem eng umgrenzten Gebiet – Nordfrankreich, Belgien und London –, und zum Zeitpunkt ihrer jeweiligen Forschungen und Entdeckungen wußten die drei Männer nichts voneinander. Ein Feuersteinwerkzeug, ein Schädel und eine Begegnung mit Eingeborenen auf Feuerland – damit beginnt der Roman der Menschheit. Noch kann man sich kaum vorstellen, daß wir im Verlauf dieses Romans, von einem überraschenden Fund zum nächsten, um drei Millionen Jahre »altern« werden.

# II

# Von einem Tal ins andere

»Darwin ist berühmt dafür, daß er als Wissenschaftler die synthetische Methode hervorragend beherrschte. Ihm voraus ging mindestens ein Jahrhundert Naturforschung, die dazu neigte, die Gesamtheit der Lebewesen des Planeten in dieselbe Klasse einzuordnen. Und wenn man die Gesamtheit aller Lebewesen des Planeten als eine Gruppe sieht, dann stellt man fest, daß diejenigen, die zweifelsohne dem Menschen am nächsten stehen, die Menschenaffen sind.«

*Yves Coppens*

»Der Neandertaler hätte im schlimmsten Fall nie überleben können, wenn er so unverständig und so verschlossen gewesen wäre, wie man ihn immer gerne beschrieben hat. Der beste Beweis für das Anpassungsvermögen des Neandertalers ist die Tatsache, daß er in der Lage gewesen ist, so wie er war, zu überleben, und das über Hunderttausende von Jahren hinweg.«

*Catherine Perlès*

Um die Existenz eines antediluvialen Menschen anzuerkennen, das heißt eines Wesens, das einerseits unser Vorfahre ist und sich zugleich radikal von uns unterscheidet, dazu mußte man diesen Menschen natürlich erst »sehen«, und wenn schon nicht leibhaftig, dann zumindest in der Form von Skelettfragmenten, die als antediluvial anerkannt wurden.

In der zweiten Hälfte des 19. Jahrhunderts ist der Einfluß der Kirche in Europa, wo gerade die ersten Entdeckungen gemacht werden, sehr stark. Der Paläontologe Georges Cuvier, Begründer der Vergleichenden Anatomie, ordnet den Menschen nicht in den Bereich ein, den er als das Tierreich bezeichnet. Der Begriff Tierreich umfaßt ein ganzes Bestiarium von Tieren, die für immer verschwunden sind. Unser Vorfahre, egal wie alt er nun ist, gehört nicht dazu. Die Geistlichen und der Zoologe sind sich somit darin einig, dem Menschen einen Sonderstatus unter den Lebewesen zuzuerkennen und ihn erst nach der berühmten Sintflut in Erscheinung treten zu lassen. Und dies ungeachtet der Tatsache, daß es in der Bibel einen antediluvialen Menschen gibt, über den Gott die Sintflut hat hereinbrechen lassen, um ihn für seine Sünden zu bestrafen.

Doch 1856 finden Arbeiter, die in der Feldhofer Grotte im Neandertal bei Düsseldorf arbeiten, eine menschenähnliche Schädeldecke.

Bereits vor diesem Zeitpunkt sind Knochen ausgegraben worden – so wie es auch Vorläufer von Boucher de Perthes gegeben hat. Diese Entdeckung jedoch gilt als entscheidend. Denn danach werden die Dinge nie mehr so sein, wie sie waren. Neandertal bedeutet einen enormen Fortschritt in der Geschichte unserer weit zurückliegenden Anfänge. Von jetzt an beginnen die wenigen vorausgegangenen Entdeckungen, deren Tragweite man nicht vollständig erkannt hatte, plötzlich »zu sprechen«; sie werden gleichsam noch einmal gemacht.

Ein berühmtes Beispiel dafür stellen die acht Jahre zuvor, also im Jahr 1848, durchgeführten Ausgrabungen an den Säulen des Herkules in Gibraltar dar. Der Schriftsteller Théophile Gautier, der gerade von seiner *Reise nach Spanien* (so auch der Titel seines Buches) zurückgekehrt ist, schildert den Schauplatz: »Man weiß nicht mehr, wo man ist, und auch nicht, was man sieht. Stellen Sie sich einen riesigen Felsen, oder eher einen 1500 Fuß hohen Berg vor, der urplötzlich mitten aus dem Meer auftaucht, auf einem so flachen und niedrigen Land, daß man es kaum sieht.«

Während Bauarbeiten an den militärischen Befestigungsanlagen der Engländer wird ein fossiler Knochen ans Licht gebracht. Umgehend benachrichtigt man die wissenschaftliche Gesellschaft von Gibraltar. In ihrer Sitzung vom 3. März berichtet diese von der Initiative ihres Sekretärs, der ihr »einen menschlichen Schädel aus dem Steinbruch von Forbes vorgeführt« habe. Der Fund wird schließlich im örtlichen Museum untergebracht, ohne daß man sich erst die Mühe macht, die wissenschaftliche Welt zu informieren. Erst Anfang der 1860er Jahre, nach dem Fund im Neandertal, wird dieser Schädel wieder aus den staubigen Museumsbeständen hervorgeholt.

Die Ausgrabung, durch die das Neandertal weltberühmt werden wird, erweist sich also als ein Ereignis von entscheidender Bedeutung. Es handelt sich sozusagen um einen Wink der Geschichte: Der Name dieses im 17. Jahrhundert nach dem Lieddichter Joachim Neumann, der seine Werke mit Neander unterzeichnete, benannten Tals bedeutet im Griechischen wie im Deutschen auch »der neue Mensch«.

Und dieser Mensch, der zugleich neu und sehr alt ist, wird in den letzten zwei Feldhofer Grotten, die man mit Dynamit gesprengt hat, Stück für Stück freigelegt. Zunächst entdeckt man einen Schädel mit »bedrohlich und tierisch anmutenden Augenbrauenbögen« und »dicke durchgebogene Oberschenkelknochen eines Individuums, das kräftiger ist als irgendein normales menschliches Wesen«. Dann werden ein Beckenfragment, einige Rippenstücke und schließlich Arm- und Schulterknochen gefunden.[5]

In der Tat ein »gefundenes Fressen« für jeden, der an der Vorgeschichte Geschmack gefunden hat. Der zuständige Bauleiter glaubt, daß es sich bei dem Fund um die Überreste eines Bären handelt. Dennoch faßt er den glücklichen Entschluß, die Reste einzusammeln und sie dem Elberfelder Lehrer Johann Fuhlrott zu bringen, von dem er weiß, daß er sich für Naturgeschichte begeistert und ein Sammler von Herbarien und Bestiarien ist.

Nun geschieht das Wunderbare: Fuhlrott formuliert bald darauf die Hypothese, daß er den *neuen Menschen* des Tales, das seit zwei Jahrhunderten diesen Namen trägt, vor sich hat. Nachdem er in Betracht gezogen hat, daß es die Reste eines fossilen, im *Diluvium* (der großen biblischen Sintflut) untergegangenen Menschen sind, schätzt er deren Alter auf circa 40 000 Jahre. Ein Jahr darauf trägt er seine Schlußfolgerungen auf einem Spezialistenkongreß in Kassel vor. Die besagten Spezialisten werden sich leider nur über ihre Uneinigkeit einig. Denn jeder von ihnen hat eine eigene, streng verfochtene Theorie, die er den anderen entgegenhält. Der erste, der französische Experte Pruner-Bey, glaubt, daß es die Reste eines Vertreters der keltischen Rasse seien.

---

5 Erik Trinkaus und Pat Shipman: *Der Neandertaler*, München o.J.

Dagegen behauptet Professor Schaaffhausen, beinah im Schulterschluß mit Fuhlrott, daß er an dem ihm vorgelegten Schädel die Merkmale eines eindeutig identifizierbaren Menschenaffen festgestellt habe: Augenbrauenwulst, fliehende Stirn, abgeflachte Hirnschale. Ein gewisser Doktor Mayer schiebt alle diese Möglichkeiten beiseite. Er behauptet im Brustton der Überzeugung, daß es der Schädel eines Kosaken aus der Armee des Generals Tschernyschew sei, die 1814 ihr Lager in der Umgebung aufgeschlagen hatte. Die Hirnschale sei abgeflacht, weil er von einem napoleonischen Reiter einen heftigen Säbelhieb versetzt bekommen habe. Um des lieben Friedens willen wendet man sich an den Anthropologen Rudolf Virchow, dessen Urteil als maßgeblich gilt – denn er ist der berühmteste Spezialist für Gerichtsmedizin. Dieser nun erklärt, daß der sogenannte »Neandertaler« nichts anderes sei als ein ganz gewöhnlicher Zeitgenosse, der wahrscheinlich mißgebildet und schwachsinnig war und der vor fünf- bis sechshundert Jahren an Rachitis gestorben sei – was die an seinem Skelett festgestellten Besonderheiten erklären würde, infolge derer man ihn irrtümlicherweise und völlig zu Unrecht zeitlich viel früher datiert hätte.

Wie wir sehen, gehen die Meinungen weit auseinander. Trotzdem setzt Doktor Fuhlrott seine Nachforschungen fort. Er spricht von »Hinterhauptausbuchtung«, von »Überaugenwulst«, »Warzenfortsatz«, »Hinterhauptsloch«, »Jochbogenfortsatz« und – im Hinblick auf die breite Öffentlichkeit – von einem »kinnlosen Kiefer«. Er beschreibt die »Reliquie«, die er »aufgespürt« hat, bis ins letzte Detail. Er berichtet von einer »Schädelkapazität von 1600 Kubikzentimetern«, von einer »geschätzten Größe zwischen 1,50 und 1,60 Metern«, von »durchgebogenen Oberschenkelknochen«, von »übergroßen Augenhöhlen« und von einer »vorspringenden, sehr breiten Nase«. Schon bald wird sich der Neandertaler dem menschlichen Gedächtnis unter dem Namen *Homo sapiens neanderthalensis* einprägen.

So überraschend es auch erscheinen mag, man gibt sich mit dieser umstrittenen Entdeckung zufrieden und forscht nicht weiter nach. Man hat ein *Skelett* gefunden, das ganz klar ersichtlich nicht zur Familie des Menschen gehört, wie man sie kennt und wie sie uns von Fresken, Statuen oder Gemälden vertraut ist. Hätte der »antediluviale« Mensch, dessen Feuersteinwerkzeug man in der Bucht der Somme gefunden hat, also tatsächlich existieren können?

Ist Boucher de Perthes über diese Entdeckung in Deutschland informiert worden, die zehn Jahre nach der Niederschrift seines Buches und jenseits der üblichen Kontroversen den »handgreiflichen« Beweis für die Richtigkeit seiner intuitiven Annahme liefern könnte? Bislang hat man ihm das Urteil des Naturforschers Georges Cuvier entgegengehalten, demzufolge es »keine fossilen Menschenknochen« gebe! Also könne es erst recht kein Feuersteinwerkzeug geben. Boucher jedoch hat sich nicht geschlagen gegeben und sogar die prähistorischen Zeitalter in die Phasen des Paläolithikums (die Kultur des bearbeiteten Steins) und des Neolithikums (die Kultur des geschliffenen Steins) gegliedert. Als der Pionier und Wegbereiter, der er war, ist er vom Vorhandensein von Werkzeug ausgegangen, um bis zu seinen Ursprüngen zurückzugehen: zum antediluvialen Menschen. Und da durch das Fossil nunmehr der »Beweis« für dessen Existenz erbracht worden ist, kann die Suche nach dem vorgeschichtlichen Menschen beginnen.

Wie weit doch für Charles Darwin das stürmische, fröhliche und fruchtbare Abenteuer auf der *Beagle* mittlerweile zurückliegt! Mehr als fünfundzwanzig Jahre sind vergangen, in denen er gearbeitet und gekämpft hat … und überdies seine Cousine Emma, seine »Porzellanprinzessin«, geheiratet hat. Emma hat ihm zehn Kinder geboren, von denen drei gestorben sind, und Darwin wird sich lange fragen, inwieweit die Blutsverwandtschaft eine Rolle gespielt haben mag bei diesem Unglück, das zu allen anderen Leiden noch hinzukommt.

Denn davon abgesehen, werden seine Plagen immer schlimmer: körperliche und seelische Beschwerden reißen nicht ab. Er leidet schrecklich. Sein Leben ist ein erbitterter, verzweifelter Kampf mit einem feindseligen Körper, der ihn ständig verrät und demütigt. »Das Pflichtgefühl, das ihn antrieb«, schreibt Arthur Koestler, »wurde zu seiner eigentlichen Religion.« Ein berühmtes Bild von John Collier zeigt Darwin stehend in einem langen Mantel, mit bloßem Haupt, den Hut in der Hand haltend, mit gekränktem Gesichtsausdruck und traurigen Augen, fast kahlköpfig, mit einem langen weißen Bart. »Ist es ein Zufall«, fragt sich Koestler, »daß Kopernikus und Darwin nach der entscheidenden Wende, die ihren Forschungen eine bestimmte Richtung gab, ein strenges, von Arbeit, Disziplin und Verbissenheit geprägtes Leben geführt haben?«

Wenn man ihn zu seinem Hauptwerk, *Von der Entstehung der Arten*, befragt, verfinstert sich Darwins Gesicht. »Mittlerweile räume ich ein«, erklärt er, »daß ich in den ersten Auflagen meines Buches der natürlichen Auslese oder dem Überleben des Bestangepaßten eine zu große Rolle beigemessen habe. Aber ich bin nach wie vor der Überzeugung, daß der Vorfahre des Menschen ein behaarter, vermutlich auf Bäumen lebender Vierfüßler mit Schwanz und spitzen Ohren ist.«

Als das Buch am 24. November 1859 erscheint, sind die 1 250 Exemplare der ersten Auflage noch am gleichen Tag vergriffen. Mit sehr viel Scharfsinn wird der

Philosoph Alain später das außergewöhnliche Zusammenspiel von »Beobachten und Denken« charakterisieren, das für Darwin bezeichnend ist: »Bei Darwin ging das Denken mit der Wahrnehmung einher. Darin liegt die oberste Regel. Nichts kann den Gegenstand ersetzen.« Abschließend stellt er fest: »Dieser Denker vermag die Dinge besser als jeder Dichter transparent zu machen. Warum? *Weil er die Zusammenhänge sichtbar macht.*«

Die zweite Auflage von 3 000 Exemplaren, die am 7. Januar 1860 in England erscheint, wird zu einem noch größeren Erfolg. Die boshaften Kritiken setzen sofort wieder ein, werden lauter, brechen als ein lautes Getöse von Beschimpfungen und Spötteleien über den Autor herein. Chronisten, Gesellschaftskolumnisten und Karikaturisten reiben sich an dem Thema und laufen zu Hochform auf. »Es ist schmerzlich, so sehr gehaßt zu werden«, klagt Darwin. »Dieser Haß ist zweifelsohne ein Kind des Neids ...«. Durch die Anfeindungen verschlimmern sich auch Darwins körperliche Beschwerden. »Ich glaube, ich werde brummend und murrend sterben«, gesteht er in einem Brief, »ich werde tagtäglich und unaufhörlich von allerlei Beschwerden heimgesucht.«

Dabei hat Darwin sorgsam darauf geachtet, in jeder neuen Auflage Korrekturen anzubringen, die das Mißtrauen von gelehrten Lesern und der Kirchenbehörden zerstreuen sollen. Es nützt aber nichts. Die Angriffe verstärken sich. Was wirft man ihm hauptsächlich vor? Natürlich seine Theorie der natürlichen Auslese, die er folgendermaßen zusammenfaßt: »Da in jeder Art viel mehr Individuen geboren werden, als überleben können; da folglich das Ringen um die Existenz allenthalben fortgeführt wird, ergibt sich daraus, daß jedes Lebewesen, das sich, und sei es in noch so geringem Ausmaß, zu seinen Gunsten verändern kann, größere Überlebenschancen hat. So ist dieses Wesen Objekt einer *natürlichen Auslese*. Aufgrund der so mächtigen Vererbungsgesetze wird jede Varietät der Auslese danach streben, ihre neue modifizierte Form fortzupflanzen ...«. Was man aber Darwin in erster Linie nicht verzeihen will, ist die Tatsache, daß er den Menschen (angeblich) demütigt und erniedrigt, indem er ihn von einem Tier abstammen läßt. Daß er es wagt, Sätze zu schreiben wie die folgenden, in denen er feststellt, daß »der Mensch in seiner Arroganz sich für ein der göttlichen Vorsehung würdiges Meisterwerk hält. Es ist bescheidener und der Wahrheit angemessener, davon auszugehen, daß er von Tieren abstammt.« »Im übrigen«, ruft Darwin, »weshalb sollte man sich dessen schämen? Der Mensch ist wohl entschuldigt, wenn er einigen Stolz darüber empfindet, daß er, wenn auch nicht durch seine eigenen Anstrengungen, an die Spitze der ganzen organischen Stufenleiter gelangt ist; und die Tatsache, daß er in dieser Weise emporgestiegen ist, statt ursprünglich schon dahin gestellt worden zu sein, kann ihm die Hoffnung verleihen, in der fernen Zukunft eine noch höhere Bestimmung zu erlangen.«

Über mehrere Wochen hinweg braut sich ein Unwetter über Darwins Kopf zusammen und entlädt sich schließlich als Skandal am 30. Juni 1860 in Oxford; es kommt zu einem Tumult, der an die »Hernanischlacht«[6] erinnert. Im festlichen Rahmen der Versammlung der *British Association* in Oxford machen sich Anhänger und Gegner Darwins gegenseitig nieder – mit ebensoviel gutem Geschmack und in der gleichen Heftigkeit wie diejenigen, die sich wegen Victor Hugos Drama befehdet hatten. Etwa 2000 Personen nehmen an der Sit-

6 *Hernani oder Die kastilische Ehre*: Versdrama (1830) von Victor Hugo, um das ein heftiger Streit entbrannte, der unter dem Namen »Hernanischlacht« in die Literaturgeschichte einging. (Anm. d. Übers.)

zung teil, in der der Lordbischof Wilberforce Darwin heftig angreift: »Darwins Theorie«, wettert er, »ist wenig philosophisch. Sie stützt sich eher auf Chimären als auf Fakten. In Wahrheit ist sie für die Würde der menschlichen Person eine Erniedrigung.« Ganz anders dagegen Thomas Huxley, ein berühmter Naturforscher – der Großvater des Schriftstellers Aldous Huxley –, den man Darwins »Bulldogge« nennt; er hat seine Freunde wissen lassen, daß er gerüstet sei und »seine Krallen und sein Maul« geschärft habe.

In dieser aufgewühlten Versammlung fühlt sich Bischof Wilberforce dennoch in einer überlegenen Position. Henslow, Darwins Professor in Cambridge und Leiter des Streitgespräches, ist in das Lager der Verleumder seines ehemaligen Schützlings übergewechselt. Gleich zu Beginn erteilt er dem Bischof das Wort. Dieser wendet sich »mit einschmeichelnder Stimme an die Versammlung ... und macht sich mächtig lustig über Darwin, noch mehr aber über Huxley.« Darwin hat keine Möglichkeit, ihm etwas zu erwidern. Er nimmt an dem Disput nicht teil, denn eine quälende Migräne hält ihn zuhause fest. So richtet der Bischof seine Kampfansage an Huxley. Darwins Theorie, die darauf abziele, den Affen zum Stammvater des Menschen, eines *göttlichen Geschöpfes,* zu machen, empört den Bischof so sehr, daß er in der Hitze des Gefechts einen taktischen Fehler begeht: Er fragt Huxley, ob dieser seine Abstammung von einem Affen über die Person seines Großvaters oder seiner Großmutter herleite. Das ist natürlich Wasser auf Huxleys Mühlen, der scharf dagegenhält: »Ich habe behauptet, und daran halte ich fest, daß ein Mensch keinen Grund hat, sich gedemütigt zu fühlen, daß er einen Affen zum Großvater hat. Wenn es einen Vorfahren gibt, dessen Erinnerung mich mit Scham erfüllen würde, dann wäre es ein *Mensch,* ein Mann mit schwachem und unbeständigem Verstand, der [...] sich in wissenschaftliche Fragen stürzt, von denen er nicht viel Ahnung hat, mit dem einzigen Ziel, sie zu verdunkeln und unverständlich zu machen ...«

Daraufhin bricht ein Tumult los. Gegner und Anhänger Darwins brüllen sich an, beschimpfen sich. Zum Schluß erklärt Huxley, den Finger drohend auf den Geistlichen gerichtet: »Jawohl, ein Affe als Vorfahre ist mir lieber als ein Mensch, der sich nicht entblödet, in Bezug auf die Vererbung so üble Scherze zu machen!«

Im Saal fällt eine Frau in Ohnmacht.

Über seinen anekdotischen Charakter hinaus zeitigt der heftige Streit von Oxford eine entscheidende Konsequenz: Die wissenschaftliche Welt, die Darwins Arbeiten bislang sehr zurückhaltend gegenübergestanden hat, gerät ins Wanken. »Die Entstehung der Arten«, schreibt Huxley, »liefert uns die Arbeitshypothese, nach der wir gesucht haben.«

Die Auswirkungen sind weitreichender Natur, sie machen sich in den wissenschaftlichen Kreisen weltweit bemerkbar. Natürlich sind sie bis Gibraltar spürbar. In der Tat ist es wahrscheinlich kein Zufall, wenn 1862 die dortige Wissenschaftliche Gesellschaft ihren archäologischen Schatz, den der Schädel von Gibraltar darstellt, endlich aus der Schublade hervorholt. Erinnert sei des weiteren daran, daß im April des vorangegangenen Jahres der Zoologe George Busk Schaaffhausens Beschreibung der Neandertal-Knochen ins Englische übersetzt hat, im Rahmen einer Studie, die für eine englische wissenschaftliche Gesellschaft bestimmt war, die sich grundsätzlich auf die Seite des Darwinismus geschlagen hatte.[7]

---

7 Vgl. *Der Neandertaler,* a.a.O.

Ein Abgesandter wird nach Bath zur *British Association* geschickt, damit die Abgüsse der beiden Schädel verglichen werden können. Der englische Paläontologe und Botaniker Hugh Falconer, ein ehemaliger Kommilitone Darwins in Cambridge, erklärt in der Angelegenheit: »Aufgrund einiger Äußerungen werden Sie vielleicht denken, daß ich in diesem vollkommenen *Pithekoid* nicht das ›fehlende Glied‹ sehe … In der Tat handelt es sich um ein sehr primitives und sehr altes Exemplar, aber es ist dennoch ein Mensch, und kein Wesen zwischen dem Menschen und dem Affen.«

Zum ersten Mal taucht der Ausdruck auf, der in den ersten Jahren der Vorgeschichtsforschung zum Schlüsselbegriff werden sollte: das »fehlende Glied«.

Im folgenden Jahr, also 1863, 30 Jahre nach Schmerling, entdeckt der belgische Geologe Edouard Dupont in der Höhle *Trou de la Naulette* einen Unterkiefer »aus der Zeit der Mammuts«. Der Chirurg Paul Broca, der die französische Schule der Anthropologie begründet hat, begutachtet das Fossil und legt sein Urteil vor. Nach seiner Einschätzung ist der Unterkiefer »das erste Faktum, das den Darwinisten ein anatomisches Argument liefert. Er ist das erste Glied in der Kette, die ihrer Ansicht nach vom Menschen zum Affen führt.«

Nach dem Begriff »fehlendes Glied« folgt nun das Wort »Kette«. Wozu Broca mit einem gewissen Stolz erklärt: »Was mich betrifft, so wäre ich lieber ein vollkommener Affe als ein degenerierter Adam.«

Eine Äußerung zweifelsohne, mit der man sich über den Ärmelkanal hinweg den Zorn des Oxforder Bischofs Wilberforce zuziehen kann! Außerdem war ein Jahr zuvor in Frankreich Darwins Buch *Von der Entstehung der Arten* erschienen und hatte dort die gleichen Kontroversen wie in England hervorgerufen. Es sind vor allem die

Kirchenbehörden, die sich empören, und dann auch die militanten Anhänger der Thesen eines gewissen Jean-Baptist de Monet, Chevalier de Lamarck, der bereits 30 Jahre zuvor, 1829, gestorben ist. »Das Gespenst Lamarcks«, schreibt Arthur Koestler, »hat unablässig in dem Gebäude herumgespukt, das von Darwin errichtet worden ist.«

Damit trifft er den Kern der Sache. Der große Naturforscher Lamarck, den der Historiker Jules Michelet genauso hochschätzte wie Homer, hat tatsächlich eine Theorie entwickelt, die sich sehr von Darwins Theorie unterscheidet. Er glaubt, daß »die Arten sich im Laufe der geologischen Zeit verändert und verbessert haben, daß aber diese Veränderungen das Ergebnis eines *angeborenen Strebens nach Vollendung* sind, das in jedem Organismus angelegt ist.« Diese wohltuende, befriedigende Vorstellung, die der Öffentlichkeit mehr zusagt als Darwins beunruhigende Hypothesen, verweist auf ein »inneres Gefühl der Notwendigkeit«, das »für eine adaptive und erbliche Veränderung der Struktur des Organismus« sorgt.

Für Darwin, der eine Evolution auf der Basis der natürlichen Auslese der Bestangepaßten zugrunde legt, sind es lediglich »müßige, unwahrscheinliche Spekulationen, die jeder empirischen Grundlage entbehren.« Mehrmals äußert sich Darwin ohne Umschweife über Lamarck, und zwar in Briefen sowohl an den Juristen und Geologen Lyeel, den er zu seinem Mentor gemacht hat, als auch an den Botaniker Joseph Hooker. An Lyeel zum Beispiel schreibt er: »Seine [Lamarcks] Behauptungen sind lauter Torheiten. Ich glaube, daß all diese Absurditäten daher rühren, daß er das Problem meines Wissens nach nicht unter dem Gesichtspunkt der Variation angegangen ist …«. Der Brief an Hooker stellt eine Warnung dar: »Wiederholt haben Sie meinen Standpunkt als Abwandlung der Doktrin Lamarcks dargestellt. Ich glaube, daß diese Darstellungsweise seiner Akzeptanz sehr abträglich ist. Lamarcks Buch ist erbärmlich, und ich habe nichts daraus gewonnen. Es ist vollkommen überflüssig.«

Und was ist inzwischen aus Boucher de Perthes geworden?

Endlich hat er die gebührende Anerkennung gefunden. Zunächst 1859 bei der Gründung des Lehrstuhls für Anthropologie an der Pariser Universität: Mehrere Sitzungen werden den Entdeckungen Bouchers gewidmet, und der Lehrstuhl erkennt feierlich an, daß die von ihm zusammengetragenen Feuersteinwerkzeuge in der Tat das Werk von Menschen – von Hominiden – sind, die zur gleichen Zeit wie die ausgestorbenen Tierarten gelebt haben. Jetzt weiß er, daß er kein dahergelaufener »Amateurwissenschaftler«, kein Dandy der Entdeckungen und auch kein Hobbybuddler gewesen ist, der sich an den Stränden der Bucht herumgetrieben hat. Er ist ganz einfach ein nunmehr rebellischer siebzigjähriger Wissenschaftler, der am 7. Juni 1860 vor der Kaiserlich-Naturwissenschaftlichen Gesellschaft von Abbeville einen Vortrag mit dem Titel »Über den antediluvialen Menschen und seine Werke« hält. Ob er darin Casimir Picard erwähnt haben mag?

Wie auch immer, jedenfalls ist Boucher de Perthes, wenn auch spät, am Ende seines Lebens, doch noch der Ruhm – und der Orden des Ritters der Ehrenlegion – zuteil geworden, allerdings für andere, manchmal umstrittene Entdeckungen. Vor seinem Tod im Jahre 1868 kann er in sein Testament schreiben: »Ich möchte auf dem Friedhof von La Chapelle in der Nähe von Abbeville beigesetzt werden. Eine Summe von 10 000 Francs soll dazu dienen, mir ein einfaches, aber solides Grabmal zu errichten.« Sein letzter Wille wird erfüllt. Seine Statue erhebt sich über einem mit beiden Familienwappen geschmückten Sockel. Das Leichentuch umhüllt ihn wie einen alten Römer. Die Feder ist ihm aus den Fingern geglitten. Er war gerade mit der Niederschrift zweier Werke befaßt, *Unter zehn Königen* sowie *Keltische und antediluviale Altertümer*.

Machen wir einen Sprung in die Dordogne!

»Selbst ein flüchtiger Ausblick auf den schwarzen, geheimnisvollen Fluß bei Domme von der großartigen, steil aufragenden Anhöhe am Stadtrand aus ist etwas, für das man sein ganzes Leben lang dankbar sein muß«. Mit diesen Worten führt uns Henry Miller in seinem Buch *Der Koloß von Maroussi* in die Dordogne, ein Département, das er als »Paradies der Franzosen« bezeichnet.

Der geistreiche Text Millers führt uns zurück in das Jahr 1868, in dem Boucher de Perthes gestorben ist. Im Zuge der industriellen Revolution werden überall Eisenbahnlinien gebaut. Eine dieser Eisenbahnstrecken soll in der Dordogne errichtet werden und durch das Tal der Vézère die Städte Périgeux und Agen miteinander verbinden. Arbeiter, die auf der Höhe des Dorfes Les Eyzies-de-Tayac an der zukünftigen Bahnlinie arbeiten, besichtigen eine Höhle, die zwischen der Bahnlinie und dem sogenannten Cro-Magnon-Felsen liegt. Nachdem sie sich durch eine unförmige Masse von jahrhundertealten Ablagerungen gearbeitet haben, stoßen sie auf Tierknochen und Feuersteinwerkzeuge.

Weil in diesem Landstrich, in dem es zahllose Höhlen gibt, sehr viele Ausgrabungen durchgeführt werden, ist man es mittlerweile schon gewohnt, die lokalen Wissenschaftler zu benachrichtigen, wenn man auf eine möglicherweise alte Fundstätte gestoßen ist. Man informiert also umgehend Édouard Lartet, dem wir bedeutende Entdeckungen unter anderem in Aurignac und Seissan verdanken. Ähnlich wie der berühmte Geoffroy Saint-Hilaire muß Lartet gegen die ungläubige Skepsis der Akademie der Wissenschaften ankämpfen, die sich in Fragen der »Vorgeschichte« auf Cuviers entschiedene Behauptungen stützt. Aber trotz ihrer Verleumder hat die neue Wissenschaft nun ihre eigenen Organe und Einrichtungen: Zeitschriften, Museen, Kongresse und Informationseinrichtungen. Überall mehren sich die Ausgrabungen, und die Neugierde ist allenthalben erwacht.

Weil Édouard Lartet erkrankt ist, besichtigt sein 28 Jahre alter Sohn Louis, Professor für Geologie und Anthropologie, die Fundstätte. Er läßt die restlichen Ablagerungen in der Höhle abtragen, legt den Eingang eines Saales frei und entdeckt dort zahlreiche Überreste: bearbeitete Feuersteine, mit Schnitzereien verzierte Rentiergeweihe, Zähne und durchbohrte Muschelschalen ... Die Spur ist vielversprechend. Sicherlich empfindet Lartet die gespannte Aufregung des Jägers, der die nahe »Beute« riecht. Irgend etwas läßt ihn hoffen, daß die unter dem Felsüberhang entdeckten Spuren der Beweis für eine Siedlung in der Tiefe der Höhle sind. Und wirklich findet er dort eine fossile Nekropole, eine Grabstätte: darin ein alter Mann, zwei Erwachsene und eine Frau mit einem Fötus. Es sind aufregende, bewegende Skelette, die aus dem langen Schlaf der Vorgeschichte zu erwachen scheinen.

So wird nach dem Neandertaler ein anderer ferner Vorfahre aus der Erde geborgen. Schon bald sieht man in ihm den Vertreter einer anatomisch modernen Menschenrasse, der man den Namen »Cro-Magnon-Mensch« gibt. »Nichts wird mir die Überzeugung nehmen«, schreibt Henry Miller weiter, »daß der Cro-Magnon-

Mensch sich hier niederließ, weil er äußerst intelligent war und einen hochentwickelten Sinn für Schönheit besaß. Nichts wird mich daran hindern zu glauben, daß auch seine religiösen Gefühle bereits sehr entwickelt waren und daß sie hier gediehen, obwohl er wie ein Tier in tiefen Höhlen hauste.«

Wenngleich ein neuer Streit unter denen entbrennt, die von der Echtheit des Fundes ausgehen, so scheint eine Sache von vorneherein eindeutig zu sein: Der »alte Mann« ist ein Nachfolger des Neandertalers. Er ist erdgeschichtlich jünger, hat weniger affenähnliche, dafür »feinere und elegantere« Züge als sein Vorgänger. Daher die Vorstellung einer »Cro-Magnon-Rasse«. Und man stellt sich die Frage, ob diese Neuankömmlinge an die Stelle der Neandertaler getreten sind, sie vielleicht sogar ausgerottet haben, ob sie eine Zeitlang miteinander verkehrt haben oder ob letztere die Nachkommen ersterer sind. Diese Überlegungen laufen auf die Gretchenfrage hinaus, ob diese Neuankömmlinge vielleicht das Ergebnis jener berühmten Evolution sind, von der Darwin spricht.

Auf jeden Fall atmet man in den künstlerischen, wissenschaftlichen und kirchlichen Kreisen auf. Louis Figuier wird in seinem Buch *L'Homme primitif* (*Der primitive Mensch*) schreiben können: »Die große Schädelkapazität der Cro-Magnon-Menschen beweist, wie wenig die Theorie, die aus irgendeinem Grund den Menschen mit dem Affen verbindet, gesichert war.« Vielerorts erkennt man sehr schnell in diesen in Cro-Magnon aufgefundenen Resten unsere frühesten Vorfahren, Vorfahren freilich, die sich glücklicherweise sehen lassen können. Man liest nunmehr auch wieder das Werk des Comte de Gobineau, der zehn Jahre zuvor sein *Essai sur l'inégalité des races humaines* (*Versuch über die Ungleichheit der Menschenrassen*) veröffentlicht hat, in dem er den weißen Menschen zum »überlegensten Zweig der Spezies« erklärt. »Die Geschichte zeigt uns«, so schreibt er, »daß jedwede Zivilisation aus dieser Rasse hervorgeht, daß keine ohne ihre Einflüsse existieren kann; eine Gesellschaft kann nur in dem Maße groß und glanzvoll sein, wie sie sich die edle Gruppe, aus der sie entstanden ist, über die Zeit hinweg zu bewahren weiß.«

Die Kontroversen, die gestern noch den widerstreitenden gelehrten Gesellschaften und den kirchlichen Behörden vorbehalten waren, erstrecken sich jetzt auch auf den philosophischen und den politischen Bereich. In seinem Refugium in England bringt Darwin seine Erschöpfung und Verzweiflung zum Ausdruck: »Das ist mir alles lästig«, erklärt er, »es läßt mir keine Ruhe und zerstört mich. Ich kann nicht mehr schlafen.« Am 9. Januar 1882 hört sein Herz auf zu schlagen. Bevor er die Augen für immer schließt, sagt er ganz leise zu seiner Tochter Emma: »Ich habe keine Angst vor dem Sterben.«

Wir sind mittlerweile also im Jahr 1882 angelangt. Das 20. Jahrhundert steht vor der Tür, und mit ihm der Rausch des Fortschritts, der die Welt jedoch bald an den Rand des Abgrunds führt – sie wird in ihren Grundfesten erschüttert werden. Und dennoch, außer einer kleinen Schar – einander widersprechender – Wissenschaftler will der Mensch immer noch nicht wissen oder akzeptieren, daß er eine sehr lange Geschichte hat. Er glaubt sich »jung«, mit den Worten von Boucher de Perthes. Immer noch möchte man den Menschen voll ausgebildet, gewappnet und gerüstet aus vier- oder fünftausend Jahren *geschriebener Geschichte* hervorgehen sehen. Die Wahrheit freilich ist eine ganz andere. Die Erde hat nämlich noch nicht aufgehört, ihre Skelette freizugeben. Wieviele Millionen und Abermillionen sind es, die Schicht um Schicht in den unterirdischen Tiefen vergraben sind? Erdbeben, Eiszeiten, Sintfluten, die langsame Verwesung der Körper, die gierigen Geier, die Würmer und die Insekten, sie haben nur einen winzigen Bruchteil von ihnen übriggelassen.

Dennoch sind sie da, wie Gefangene des Planeten, auf dem sie vor Tausenden, vielleicht vor Millionen von Jahren geboren worden sind. Sie bevölkern den Boden unter unseren Füßen. Sie haben uns mitzuteilen, wer wir sind, und sie stoßen am Ende des 19. Jahrhunderts – das einige als »dumm« bezeichnet haben – meistens nur auf eine ebenso hochmütige wie erstaunliche Gleichgültigkeit.

Es sind die Schriftsteller, die sich als erste für diese Vorgeschichte interessieren, die der Abbé Cochet 1860 als »seltsame, gleichsam unerwartete Neuigkeit« bezeichnet. Und die Schriftsteller werden sie auf ihre Weise populär machen. Selbst Victor Hugo wirft sich in die Schlacht. Wie so oft, fällt seine Meinung kategorisch aus: »Der fossile Mensch existiert!« Hugo bezeugt es, ja er legt sogar die Details seiner Entdeckung fest. Das Datum: 1863. Der Ort: die Kiesgrube von Moulin-Quignon in der Nähe von Abbeville. Die Tiefe: 4,32 Meter unter der Oberfläche des weißen Kreidebodens. Der Fund: ein menschlicher Kiefer mit einem schräg von vorn nach hinten eingesetzten Zahn.

Jules Verne tritt in die Fußstapfen von Hugo. In seine *Reise zum Mittelpunkt der Erde* (erschienen 1865) fügt er zwei Kapitel ein, in denen seine furchtlosen Forscher antediluviale Tierknochen und einen fossilen Menschen finden und – in einem visionären Moment – sogar einem unserer frühesten Vorfahren leibhaftig begegnen.

Höhepunkt dieses Trends ist 1870 die Veröffentlichung von Louis Figuiers *L'Homme primitif* (*Der primitive Mensch*), einem von den Entdeckungen des vorangegangenen Vierteljahrhunderts, vor allem von dem in Moulin-Quignon gefundenen Kiefer und der Höhle in Aurillac inspirierten Werk. Das Buch, das mit erstaunlichen Abbildungen aufwartet, wird ein überwältigender Erfolg. In ihrem Band über Boucher de Perthes schreiben Claudine Cohen und Jean-Jacques Hublin: »Man hat die Cro-Magnon-Menschen in eine Art von Eskimos verwandelt, die ihren Fellschurz und ihren prächtigen Bart gegen Lederanoraks und Schlitzaugen getauscht haben.«

Angefangen hat es mit einem am Strand gefundenen Feuerstein und den Schlußfolgerungen, die ein junger Naturforscher aus seinen Reisebeobachtungen gezogen hat – wie z.B. aus den seither berühmten Finken der Galapagos-Inseln, deren 14 Arten eine vollkommene Entwicklungsreihe bilden. Erst ist es eine kleine Gemeinschaft von Wissenschaftlern, die nach und nach in ihrem Credo ins Wanken geraten, und nun, durch teils bewundernswerte, teils fragwürdige Publikationen, hat das Thema schließlich auch die breite Öffentlichkeit erreicht. So steht die beunruhigende Frage, die Darwin so herben Kummer bereitet hatte, nun also im Blickpunkt des öffentlichen Interesses: Stammt der Mensch vom Affen ab oder ist er, gemäß der Klassifizierung von Buffon, im Gegensatz zum vierhändigen Affen ein Zweihänder?

Und immer noch ist da die Dordogne, immer noch liefert ihre Erde mögliche Antworten. Von nun an wird sie nahezu jedes Jahr neue Entdeckungen freigeben, wie ein Baum, der Früchte trägt. Vom Neandertal in Deutschland bis zur Dordogne im französischen Périgord ist gerade ein entscheidender Schritt gemacht worden. Andere werden folgen. Dann wird sich herausstellen, daß ausgerechnet in dieser Region die meisten Wunder und Entdeckungen ans Licht gebracht werden, wo doch überall auf der Welt im Inneren der Erde sorgsam gehütete Geheimnisse vergraben sind.

»Ich bin der festen Überzeugung«, erklärt Henry Miller abschließend, »daß diese weite und friedliche Region Frankreichs stets ein für den Menschen heiliger Fleck Erde bleiben wird und daß, wenn die Großstadt die Dichter ausgerottet haben wird, ihre Nachfolger hier einen Zufluchtsort und eine Heimat finden werden. Der Besuch der Dordogne war für mich, ich wiederhole es, von entscheidender Bedeutung: Mir bleibt eine Hoffnung für die Zukunft der menschlichen Rasse, sogar für die Zukunft der Erde. Es mag sein, daß Frankreich eines Tages nicht mehr existiert, die Dordogne aber wird überleben, genauso wie die Träume, von denen sich die menschliche Seele nährt.«

# III

# Sturm unter zwei Schädeln

»Man sagt, daß der moderne Mensch den Neandertaler verdrängt habe. Ich behaupte: Das stimmt nicht. Es sind moderne Menschen, die die Neandertaler verdrängt haben; aber nicht alle modernen Menschen.«

*Bernard Vandermersch*

»Am Anfang hat man aufgrund der archaischen Merkmale, die der Neandertaler aufwies, in Erwägung gezogen, daß er ein Vorfahre des modernen Menschen sein und eine lineare Beziehung zwischen beiden bestehen könnte. Erst viel später hat man festgestellt, daß der moderne Mensch nicht zwangsläufig vom Neandertaler abstammt, daß er vielleicht nur dessen Vetter ist und daß er aus einer anderen Entwicklungslinie hervorgegangen sein könnte.«

*Jean-Philippe Rigaud*

»Die Unterschiede zwischen dem Neandertaler und dem Cro-Magnon-Menschen sind faszinierend. Man darf die Frage jedoch nicht unter dem Aspekt der Unter- oder der Überlegenheit betrachten. Es gibt keine Hierarchie, sondern es bestehen faszinierende Unterschiede.«

*Catherine Perlès*

Für fast 25 Jahre verstummt die neugeborene Wissenschaft nun wieder. Als wenn der Mensch die größten Schwierigkeiten damit hätte, das Wiederaufleben einer Vergangenheit zu akzeptieren, die so alt, so umfassend und so unannehmbar ist wie die, die da aus den Tiefen der Erde emporgetaucht ist. Dennoch wird überall gegraben. In Europa, besonders in Westeuropa mit Frankreich als dem Kernland, mehren sich die Entdeckungen. Und wenn es keine vollkommen neuen Entdeckungen sind, dann handelt es sich um »Wiederentdeckungen«, wie im Falle der berühmten »roten Dame«, die 1822 von Reverend William Buckland in einer Höhle in Wales ausgegraben wird. Diese ockerbedeckte »Dame« wird erst Jahre später begutachtet und als eines der ersten Exemplare der Cro-Magnon-»Spezies« anerkannt werden. Aber all diese Forschungen bleiben noch den Spezialisten vorbehalten, sind Anlaß für Kontroversen und Gelehrtenstreit.

Die Öffentlichkeit, selbst der gebildete Teil, ist noch weit davon entfernt, die geistige Revolution zu begreifen, die die wenigen, hier und da ausgegrabenen Knochen eingeleitet haben. Überdies erlebt Europa die letzten friedlichen Augenblicke, denn die großen Gemetzel zeichnen sich schon ab. Man träumt lieber (was ganz natürlich ist), anstatt sich Fragen zu stellen. Und wenn die Vorgeschichte auch keine philosophischen Grundsatzdiskussionen auslöst, so wird sie doch ein höchst literarisches Thema.

1911 erscheint das berühmte Buch *Am Anfang war das Feuer*. Der aus Belgien stammende Verfasser heißt eigentlich Joseph Henri Buex, hat sich aber das Pseudonym J. H. Rosny zugelegt. Sein Roman erregt großes Aufsehen, und zweifellos ist es dieser Roman, mit dem der ›Roman der Menschheit‹ romaneske Züge erhält. Während Camille Jullian, der am Collège de France auf den Lehrstuhl für Historische Geographie berufen worden ist, seine Antrittsvorlesung einem »Plädoyer für die Vorgeschichte« widmet, begeistert sich die Öffentlichkeit für die Abenteuer eines Stammes, der nach dem verlorenen Feuer sucht – weshalb J. H. Rosny in den Genuß einer regelrechten Hinrichtung durch den Schriftsteller Paul Léautaud kommt, die in der für Léautaud typischen Art als Huldigung beginnt: »Er ist ein großer Schreiber. Er fabriziert die ersten, wie es scheint bemerkenswerten Romane über die Vorgeschichte. Ich habe sie nicht gelesen. Ich werde sie auch nicht lesen. Die Vorgeschichte ist mir vollkommen gleichgültig.«

Unmittelbar vor dem Ersten Weltkrieg veröffentlicht Edmond Haraucourt, der Dichter des berühmten *Rondel de l'adieu* – »Fortgehen ist ein wenig wie sterben« –, bei Flammarion ein Buch mit dem Titel *Daâh ou le premier Homme* (*Daâh oder der erste Mensch*), dessen erste Auflage von 8 000 Exemplaren sehr schnell vergriffen ist. In einem langen Vorwort wendet sich der Autor an den ehemaligen Premierminister Waldeck-Rousseau, um die These zu verteidigen, die das Gerüst seines Buches bildet: Die »vor kurzem [1908] erfolgte Entdeckung« eines Neandertaler-Schädels in La Chapelle-aux-Saints beweise, daß »der Neandertaler zur Zeit der Klingenkultur noch lebte und daß eine Kreuzung zwischen dieser Rasse und der Cro-Magnon-Rasse überhaupt keinen Anachronismus mehr darstellt.« Eine Frage, die, wie wir sehen werden, die Prähistoriker immer wieder faszinieren und umtreiben wird, sowohl die Laien als auch die Fachleute.

Haraucourts Buch bietet eine sehr dichte und sehr bildhafte Darstellung. Der Autor, der wohlklingende Formulierungen nicht scheut, behauptet darin, daß sein Held Daâh »unbeugsam ist, weil er den Menschen in seinem reinsten Ursprung verkörpert«. Haraucourt stellt ein Prinzip auf, nach dem »der erste Mensch noch im letzten weiterleben wird.« Man kann sich die Aufregung der Leser lebhaft vorstellen. Haraucourts Modell schließt aber auch die Theorie ein, daß die von den Abdrücken im afrikanischen Laetoli bis zu den ersten Schritten auf dem Mond reichende Kette vollständig, unversehrt und ohne ein fehlendes Glied sei. Nachdem Haraucourt die Szenerie geschildert hat, präzisiert er den Handlungszeitraum: »Es war in den ersten Tagen der Menschheit, lange bevor die bittere Kälte unsere Vorfahren zwang, einen Unterschlupf im Inneren der Höhlen zu suchen; und dennoch ist dies erst gestern geschehen, oder beinahe gestern, denn es war erst vor *tausend oder zweitausend Jahrhunderten*.«

Dann schildert er recht eindrucksvoll, wie unser frühester Vorfahre ausgesehen hat:

»Im Grunde genommen war er eine Art Monster, ganz anders als all die Tiere, denen man in Wald und Flur begegnet. Als ob er nur auf der Welt gewesen wäre, um eine Entwicklungsstufe seiner Spezies zu markieren, hatte er die Häßlichkeit und Plumpheit der Wesen, die in Veränderung begriffen sind, die ihr Gleichgewicht suchen und die in ihrem jetzigen Zustand nicht überleben werden. Er sah ziemlich genau so aus, wie er in Wirklichkeit auch gewesen ist: ein riesenhafter Fötus. Das zu früh geborene Kind, das schon bald die Muskulatur von Herkules entwickeln und wie wild gestikulieren würde. So ungefähr muß man sich diese ebenso groteske wie riesige Gestalt vorstellen.«

An diesem Beispiel läßt sich ermessen, in welchem Maße sich die evolutionistischen Thesen durchgesetzt haben, bis hinein in jene Literatur, die man heute als »Populärliteratur« bezeichnen würde. Die bevorzugte Wortwahl sowie die dem Leser suggerierten Bilder – labiler Zustand, im Ungleichgewicht, in Veränderung begriffen – wären noch 50 Jahre zuvor unvorstellbar gewesen.

Dennoch beschränken sich diese Schilderungen noch überwiegend auf eine Art romanhafte Phantastik, ähnlich wie die in den Kolonien angesiedelten Abenteuerromane, Gespenstergeschichten und generell Science-Fiction-Literatur. Jules Verne hat seine Nachfolger gefunden, an die Stelle von Phantastereien sind Maschinen und Zukunftsstädte getreten. Lesestoff also zur Entspannung, zur Befriedigung der Lust am Wunderbaren und am wohligen Grusel in einem Europa, das gerade eine Blütezeit der Publizistik und der Massenliteratur erlebt – und das dunkel ahnt, daß die wachsenden Städte, die mit Fabriken durchsetzten Vorstädte, die immer schneller rotierenden, dröhnenden und zermalmenden Maschinen, die riesigen Schiffe, die Autos und die Flugzeuge, kurzum: all dieser faszinierende Fortschritt eine Kehrseite haben und das Ende eines angenehmen, friedlichen Lebens ankündigen könnte.

In der Tat erlebt Frankreich die letzten friedlichen Jahre vor dem Ausbruch des Ersten Weltkrieges. Man kann sich heute nur schwer die beschauliche Stille einer Provinz vorstellen, wie sie das Périgord darstellt, eine jener Regionen Frankreichs, in denen die ländlichen Traditionen noch tief verwurzelt sind, wo in den Ortschaften jeder jeden kennt und einzuordnen weiß, wo ein Name auf eine Familie, einen Stammbaum verweist, wo die Geduld der Menschen und ihre arglose Begeisterung – man denke nur an die rechtschaffenen und fleißigen Lehrer, Notare, Ärzte oder dörflichen »Entdecker«, für die Edouard Lartet und sein Sohn das beste Beispiel sind – für einen Augenblick den Fortschritt der Wissenschaft und der Technik »aufgehalten« zu haben scheinen. Die Begeisterung für die Mechanik, die Astronomie oder die Vorgeschichte hat die alten Lebens- und Verhaltensweisen noch nicht ins Wanken gebracht. Um ein Bild von dieser Welt zu bekommen, die in den Schützengräben durch Feuer und Bajonette hinweggerafft, völlig ausgeblutet und für immer vernichtet werden sollte – all diese Leben, die durch einen einzigen großen Sensenschlag mit den in der Erde vergrabenen Leichen zusammenkommen und ihre Knochen mit denen ihrer frühen Vorfahren vermischen werden –, um sich eine dieser Provinzen Frankreichs vor der Sintflut des Krieges vorstellen zu können, muß man Follain, Genevoix oder Jouhandeau lesen und wiederlesen. Auch wenn diese Texte in der Zeit zwischen den beiden Weltkriegen geschrieben worden sind, so ermöglichen sie uns besser als jedes Soziologiebuch, das tatsächliche Leben in der Provinz zu verstehen, die besondere Eigenheit des Zeitgefühls und der verstreichenden Zeit, das Geflecht der zwischenmenschlichen und gesellschaftlichen Beziehungen sowie die (ganz im Gegensatz zur landläufigen Meinung) enorm hohe Zahl an wirklichen Persönlichkeiten und außergewöhnlichen Menschen – an »Typen«, wie man damals sagte. So zum Beispiel der junge Élie Faure, 1873 in Sainte-Foy-la-Grande geboren, der durch seine *Histoire de l'art* (*Geschichte der Kunst*) berühmt werden wird und der nach der Aussage seines Freundes Pierre Abraham »hier [in der Dordogne] zuhause war, mehr als jeder andere große Geist, dem zu begegnen ich das Glück hatte«.

»Ich sehe dem Tanz zu«, seufzte Élie Faure, »leider bin ich kein Tänzer.«

Die Geschichte sollte sehr bald die Choreographie bei diesem Reigen übernehmen.

Wie ein Vorbote des Gewitters taucht am 7. März 1908 in der Gegend um Cro-Magnon und Les Eyzies ein seltsamer fremder Forscher auf. Er behauptet, Schweizer zu sein. Wegen seines Akzents hält man ihn für einen Deutschen. Er heißt Otto Hauser, und auf den ersten Blick scheint es ihm ziemlich gleichgültig zu sein, was die Leute von ihm denken. Doch er versteht es gut, aus seiner eigentlich ungünstigen Ausgangsposition einen Vorteil zu ziehen, wie früher die Händler auf den Dorfmärkten: rauhe, aufschneiderische Männer, die den Leuten nach Bedarf schön tun konnten und die immer bereit waren, in der Kneipe mit einem späten Gast noch einen zu heben. Aus einer Behinderung aus seiner Jugendzeit hat er einen unbeholfenen Gang zurückbehalten, nichtsdestotrotz geht er unbeirrt seinen Weg, schwerfällig, unbeliebt und völlig unbeeindruckt von dem Gerede über ihn.

Weshalb ist er in die Dordogne gekommen? Aus einem ganz einfachen Grund, wegen der prähistorischen Funde – er handelt mit ihnen. Ohne die geringste wissenschaftliche Vorbildung, dafür mit einem ausgeprägten Geschäftssinn stellt er im gesamten Tal der Vézère Arbeiter ein, die im übrigen gut bezahlt werden und in seinem Auftrag die Ausgrabungen durchführen. Eine obskure Gestalt, ein gewisser Klaatsch, ist sein ständiger Begleiter, und bald heißt es, dieser sei sein böser Geist.

Als schlauer Händler verkauft er seine Funde an Museen und private Sammler. Auf dieser Weise schafft er den ersten Markt dieser Art, einen Markt für archäologische Antiquitäten. Natürlich kommt es zu Gerüchten über seine Person. Der Mann macht mächtig Eindruck und scheint sich der Tatsache nicht bewußt zu sein, daß er überall nur Antipathie weckt. Zumal die Lage zwischen Frankreich und Deutschland seit der französischen Niederlage 1870 reichlich angespannt ist. Wie vielerorts sind an den Schulen der Dordogne die

»schwarzen Husaren der Republik« am Werk und diktieren den Kindern das entsprechende Feindbild: Das Böse ist jener Dämon, den der arrogante Bismarck so vollendet verkörpert. Schon den Pariser Akzent hat man im Périgord noch nie sehr geschätzt, und der deutsche ist zweifellos mehr als verdächtig. Für die einen ist Otto Hauser ein Gauner, für die anderen ein Spion.

Vor einigen Monaten lebte in dem Dorf Le Moustier noch die sechsundneunzigjährige Madame Guimbaud. Sie lag damals wegen einer Beinamputation gerade im Krankenhaus. Sie war die letzte, die Otto Hauser noch persönlich gekannt hatte, und ich besuchte sie im Krankenhaus. Als ich zu ihr kam, war ihr zuerst daran gelegen, mir zu versichern: »Ich bin noch ganz bei Verstand!« Ihre Erinnerung an diesen deutschsprachigen Schweizer war ganz anders als die landläufige Meinung über ihn.

»Ich kann mich sehr gut an ihn erinnern«, hat sie mir erzählt. »Man hat ihn jeden Tag im Dorf gesehen. Er hat in Les Eyzies gewohnt. Ist zu den Arbeitern gekommen. Inzwischen sind sie alle gestorben. Er wollte nach dem Rechten sehen und begutachten, was sie gefunden hatten. Er war beliebt, weil er seine Arbeiter gut bezahlte. Sie haben mehr verdient als bei den Bauern. Er hat einen Handel mit Feuersteinen betrieben. Es sind immer Leute gekommen, die sie ihm abkauften.«

Mehrere Photos zeigen Otto Hauser bei den Ausgrabungen oder vor seinem Büro. Ein korpulenter Mann mit Schnauzbart, sehr gut gekleidet – helle Weste und gestärktes Hemd –, mit einer Melone oder auch barhäuptig, immer in der vorteilhaften Pose des Pioniers, einer Pose, durch die sich seine Beziehungen zu seinen zahlreichen Feinden sicher nicht gebessert haben.

Man kann tatsächlich von Feinden sprechen und von geradezu verbissenen Gegnern. Er wird mit Kritik überhäuft, und die Gazetten lassen sich über seine finsteren Machenschaften in einem Ton aus, der beinahe diffamierend ist. Sogar Maurice Barrès mischt sich ein. Für einen Augenblick wendet er seinen Blick von der blauen Linie der Vogesen ab und läßt seinen Zorn in Richtung der Dordogne erschallen. Im *Echo de Paris* zieht er über diesen Kerl, »der wenig sympathisch ist, der hinkt und der übermäßig ißt und trinkt«, nach allen Regeln der Kunst her. Sein Angriff gipfelt in der Behauptung, daß Hauser »alle Mittel recht waren, um sich die erforderlichen Rechte und Genehmigungen zu besorgen. Geld, Versprechungen, Drohungen und sogar Orgien, zu denen er einlud und an denen er selbst teilnahm. Für nichts war sich dieser üble Bursche zu schade. Am Anfang war er ein armer Schlucker, dann konnte man sehen, wie er allmählich zu Reichtum kam, das Geld zum Fenster hinauswarf, wie er die Dorfbewohner mit seiner Arroganz und seiner Überheblichkeit niederwalzte ...« Zum Abschluß dieser Schmährede sagt Barrès: »Die vielen Orgien aber empörten die rechtschaffenen, friedlichen Menschen von Les Eyzies und Le Bugue, und sie waren aufgebracht wegen seines rücksichtslosen Siegerverhaltens im eroberten Land.«

Barrès' Kampfrhetorik hat in ihrer Übertriebenheit zumindest den Vorzug, daß sie das undurchsichtige Wesen eines Menschen und auch einer Epoche veranschaulicht, sowie die Einstellung dieser Epoche zur wissenschaftlichen Forschung. Otto Hauser ist ein »*Boche*« [französisches Schimpfwort für die Deutschen, Anm. d. Übers.] inmitten der französischen Provinz. Er ist ein Mann, der es nur aufs Geld abgesehen hat, und das in einer Zeit und in einer Umgebung, in der Geld tabu ist. Er ist Unternehmer in einem Milieu von Rentnern und Sammlern. Nicht aus Wissensdurst interessiert er sich für die Vorgeschichte, sondern aus beruflichem Ehrgeiz.

Die wissenschaftliche Forschung scheint er nicht um ihrer selbst willen zu betreiben. Sein Ziel ist nicht, sich Fragen zu stellen oder zu »suchen«, sondern zu finden. Er ist ein Vertreter der angewandten, technisierten Wissenschaft, ein Mann der Entdeckungen, die man ausstellt und die man in klingende Münze verwandelt.

Ob er nun gehaßt oder geschätzt wurde, man kommt nicht um die Annerkennung der Tatsache herum, daß er am 7. März 1908 in einem Felsüberhang bei Le Moustier das Skelett eines Jünglings vom Neandertaler-Typus findet. Genauer gesagt, wie es Erik Trinkaus und Pat Shipman schildern, »unmittelbar unter dem Felsüberhang, wo Lartet Ausgrabungen gemacht hatte und für den er den Begriff der Moustérien-Kultur geprägt hatte.«

Dieses Mal ist das Ereignis von weltweiter Bedeutung. Denn man fragt sich immer noch, ob Neandertaler und Cro-Magnon-Menschen miteinander in Berührung gekommen sind und ob vielleicht letztere die ersteren ausgerottet haben. In den Jahren 1899 und 1900 nämlich hatte der kroatische Paläontologe Gorjanovic auf der prähistorischen Fundstätte von Krapina (in Kroatien) Tausende von fossilen menschlichen Fragmenten zusammen mit Tierknochen ausgegraben. Die meisten dieser fossilen Knochen waren zertrümmert und verrenkt, die Markknochen zerbrochen und verbrannt wie die Tierknochen. Gorjanovic (dessen These von Klaatsch wieder aufgegriffen wird) war zu dem Schluß gelangt, daß »diese Menschen ihresgleichen aßen und die Röhrenknochen spalteten, um das Mark auszulecken«. Krapina wäre folglich ein riesiges Schlacht- und Vernichtungsfeld gewesen.

Der verhaßte »Deutsche« hat also gerade in der Dordogne eine außergewöhnliche Entdeckung gemacht, die beweist, daß die beiden »Spezies« miteinander gelebt haben und unweit voneinander bestattet worden sind.

Madame Guimbaud erinnert sich sehr gut an diesen Tag:

»Vor dem Restaurant war ein Gitter ... Dorthin hatten sie den Schädel gebracht, um ihn zusammenzusetzen. Wir Kinder standen hinter den Gitterstäben und schauten zu. Sie haben ihn zusammengesetzt, und als sie weggegangen sind, sind sie ein wenig dagegen gestoßen. Der Schädel ist zu Boden gefallen, und sie mußten wieder von vorne anfangen.«

Otto Hauser sorgt dafür, daß das Skelett dorthin zurückgebracht wird, wo seine Arbeiter es gefunden haben. Unverzüglich lädt er eine Kommission von lokalen Honoratioren ein, damit sie an seiner »Freilegung« teilnehmen und anschließend ein Echtheitsprotokoll unterschreiben können. Dies wird ihn jedoch nicht davon abhalten, ein paar Monate später, am 10. August des gleichen Jahres, mehrere Dutzend Spezialisten zu einer neuerlichen »Freilegung« einzuladen, nach welcher er abschließend behaupten wird: »Wir wußten noch nicht, daß das Gelände, auf dem wir ausgruben, ein Skelett enthielt, den schönsten ›Faustkeil‹, den diese Anlage jemals freigab.« Unter den Persönlichkeiten, die angereist sind, befinden sich der treue Klaatsch und Hans Virchow, ein Anthropologe und der Sohn des Mannes, der die Identifizierung des Neandertalers vorgenommen hat.

Es steht jedenfalls fest, daß Otto Hauser den ›fossilen Daumen‹ hat, so wie man von einem Gärtner sagt, er hätte den grünen Daumen. Am 26. August 1909 bergen seine Arbeiter ein zweites Skelett in Combe-Capelle. Dieses Mal ist es ein Skelett des Typs Cro-Magnon. Klaatsch ist sofort zur Stelle. Er vergleicht beide Schädel, den von Le Moustier und den soeben gefundenen, und erklärt apodiktisch: »Der negroide Stamm geht zurück auf die Neandertaler und bringt grobe, wenig zivilisierte Menschen hervor, während der weiße, kaukasische Stamm aus der Cro-Magnon-Rasse hervorgeht und sich durch seine Feinheit und künstlerische Begabung auszeichnet.«

Bald danach werden die wackeren Nachkommen des »weißen kaukasischen Stammes« beschließen zu kämpfen, und der Krieg bricht aus. Otto Hauser fühlt sich bedroht. Er hat das Gefühl, daß man in ihm einen Deutschen, also einen Feind sieht. Daher kehrt er in die Schweiz zurück. Das erste Skelett, den Fund von Le Moustier, hat er der Prähistorischen Abteilung des Völkerkundemuseums in Berlin verkauft, und zwar zu dem damals sehr ansehnlichen Preis von 125 000 Francs. Er könnte mit dem Handel vollkommen zufrieden sein, aber dann gerät die Schweizer Bank, die er mit der Transaktion beauftragt hat, in Konkurs. Sie reißt fast das gesamte Vermögen unseres Helden mit in die Pleite.

Zur gleichen Zeit spielt sich noch ein ganz anderes Drama ab. Es herrscht ein totaler, erbitterter Krieg, der den Untergang Europas beschleunigen wird. Die Waffe der Propaganda wird mit der gleichen Verbissenheit und Brutalität eingesetzt wie die Batterien, die Tag und Nacht die Ebenen von Verdun und der Somme mit Geschützfeuer überziehen. Deutsche Soldaten werden beschuldigt, sie würden belgischen Kindern die Hände abhacken. (Eine englische Briefmarke zeigt ein gefoltertes Kind. Darunter kann man lesen: »Der Preuße ist von Natur aus grausam. Die Kultur wird ihn zur Bestie machen. Goethe.«) Weiter wirft man den Deutschen die »Zerstörung« der Kathedrale von Reims sowie andere Schandtaten vor. Umgekehrt wird Frankreich von Deutschland als die ewige Hure dargestellt, als ein »weibliches Land«, wie es Wilhelm II. gerne ausdrückte, und infolge seiner Kolonialtruppen als buntscheckiges Land, »verdorben« und »bastardisiert«.

Die rassistische Argumentationsweise ist jetzt von sehr großer Bedeutung, und der von Klaatsch angefachte Streit flammt erneut auf. Einige belasten den Neandertaler schwer, behaupten, er sei eine Beleidigung für die Spezies, und schlagen sich demnach auf die Seite des Cro-Magnon-Menschen. Man greift die Gelegenheit beim Schopf und macht aus dem Neandertaler den Archetypus des Deutschen: brutal, plump, affenähnlich – während der »Künstler« Cro-Magnon selbstverständlich zum Vorfahren der Franzosen wird. Schließlich liegt die Dordogne ja in Frankreich.

Einige Wissenschaftler geben sich da zurückhaltender. Vermutlich sei der Neandertaler 350 000 Jahre v. Chr. in Erscheinung getreten und 35 000 Jahre v. Chr. gestorben. Der Cro-Magnon-Mensch wäre dagegen 150 000 bis 100 000 v. Chr. im Nahen Osten und 40 000 bis 30 000 v. Chr. zum ersten Mal in Europa aufgetreten. Er sei also aus dem Südosten des Kontinents gekommen. Die gemeinsame Periode der beiden Spezies würde sich also auf eine sehr kurze Epoche beschränken, auf etwa 5 000 bis höchstens 10 000 Jahre.

Es ändert aber nichts daran, daß der Neandertaler vergleichsweise schlecht wegkommt. Wenn es um den Gedanken geht, daß wir vom Affen abstammen könnten, scheint der Neandertaler all unsere Ängste, unsere Ablehnungen und unsere Abwehrhaltung auf sich zu ziehen. Er ist eine Art Ungeheuer, der Inbegriff unserer gewalttätigen Natur und unserer niedrigsten Instinkte.

Dennoch ist man sich darüber einig, daß, ungeachtet verschiedener sukzessiver Besiedelungen von Nomaden, diese beiden »Spezies« einander begegnet sind, daß sie wahrscheinlich zusammen gelebt und sich vielleicht vermischt haben. Was mag das heißen, einander begegnen? Vielleicht haben die Cro-Magnons, die geschickteren, die Neandertaler in dieser schrecklichen Nacht von

Krapina besiegt, auf die ein nicht weniger schreckliches Festessen folgte. Wahrscheinlicher und auch seriöser ist jedoch die Vermutung, daß sie nicht weit voneinander entfernt gelebt haben und sogar nebeneinander gestorben sind. Denn Otto Hauser hat seinen Neandertaler-Jüngling »unmittelbar unter dem von Lartet entdeckten Cro-Magnon-Menschen« gefunden.

Außerdem kann man die Hypothese einer Epidemie nicht ausschließen, wie zum Beispiel die Spanische Grippe (die gerade am Ende des Ersten Weltkrieges so viele Opfer gefordert hat) oder auch ein Virus, das »die Stirnhöhlen der Neandertaler, deren Augenbrauenbögen ebenfalls vorspringend und schwammig sind«, angegriffen hat. Noch heute sind die Prähistoriker mit diesen noch nicht endgültig geklärten Fragen beschäftigt. Lassen wir die Spezialisten zu Wort kommen.

Für Catherine Perlès verfügte der Neandertaler über ein Lebenssystem – oder Überlebenssystem –, das so vollkommen war, daß er es gar nicht nötig hatte, etwas daran zu ändern, während um ihn herum Fauna und Flora und die ganze Umwelt Veränderungen unterworfen waren. Er konnte seine Abenteuer unbeirrt und erfolgreich fortsetzen, immer mit demselben Grundwerkzeug. Es ist zwecklos, ihn mit dem Cro-Magnon-Menschen zu vergleichen oder zu versuchen, unter dem Aspekt der Überlegenheit oder der Unterlegenheit zwischen den beiden eine Hierarchie festzulegen. Viel faszinierender ist es, sich zu fragen, wie diese zwei unterschiedlich begabten und ausgestatteten Gruppen in denselben Landstrichen haben leben können, angesichts so unterschiedlicher technischer und wirtschaftlicher Systeme.

Jean-Philippe Rigaud erinnert an die Tatsache, daß Neandertaler und Cro-Magnon-Menschen mehrere Jahrtausende lang dasselbe Gebiet bewohnt haben. Ob sie

Kontakt zueinander hatten? Man möchte meinen, daß dem so gewesen ist, denn es scheint kaum vorstellbar, daß ein so begrenztes Gebiet wie etwa der Norden des Aquitanischen Beckens von Menschen durchschritten werden kann, ohne daß sie einander begegnen.

Bedeutet die Tatsache, daß sie während einer langen Periode Zeitgenossen gewesen sind, daß die eine Gruppe die andere letztendlich ausgerottet hat? Obwohl man nicht sehr viel über die Art ihrer Beziehungen weiß, erinnert Bernard Vandermersch an folgendes, gesichertes Faktum: Die Neandertaler sind ausgestorben. Doch daraus zu folgern, daß es einen Sieger und einen Verlierer gegeben hat, ist ein vorschneller Schluß. Schließlich ist der morphologisch moderne Mensch vor ungefähr 150 000 Jahren im Orient aufgetreten. So alt sind wir nämlich. Während die Neandertaler mindestens doppelt so lange überlebt haben. Zum gegenwärtigen Zeitpunkt gilt noch, daß ihre Lebensdauer größer gewesen ist als die unsrige. Man sagt, die modernen Menschen hätten die Neandertaler verdrängt. Genauso gut könnte man behaupten, daß *bestimmte* »moderne« Menschen den Weg gegangen sind, der zu uns führt. Wenn die Neandertaler ausgestorben sind, dann ist das nicht unbedingt ein Einbruch in der menschlichen Evolution. Vielleicht ist es im Grunde das Schicksal aller Arten, daß sie nur eine zeitlich begrenzte Lebensdauer haben. Wie die anderen Menschengruppen – oder Hominiden – haben die Neandertaler ihre eigene Geschichte gelebt, eine Geschichte, die für die Menschen nicht unbedingt als verloren gelten muß hinsichtlich so unterschiedlicher Bereiche wie der Technologie und der Kultur: Verdankt man den Neandertalern zum Beispiel etwa nicht die ersten planvoll durchgeführten Bestattungen?

So wird noch vor dem Ersten Weltkrieg, nämlich am 3. August 1908, also ein paar Wochen nach Otto Hausers Entdeckung, der bis dato vollständigste Neandertaler freigelegt. Zwei junge Geistliche, Amédée und Jean Bouyssonie, graben südlich von Brive ein Skelett aus, das unter dem Namen »der Alte von La Chapelle-aux-Saints« bald Weltruhm erlangen wird.

»Der Mensch, den wir gefunden haben«, erklären die beiden, »lag tief unten in einer rechteckigen Grube. Wie nach einer regelrechten Bestattung.«

Dies würde natürlich den Neandertaler »rehabilitieren«, will sagen: menschlicher machen, denn von derlei Normen und Wertvorstellungen ist unsere Denkweise eben geprägt. Im Grunde freilich führt dieser ganze Streit mit dem Barbaren hier und dem Künstler da, mit dem Krieger auf der einen und dem Dichter (einem Dichter allerdings mit sehr großer Neigung zum Fleischfressen) auf der anderen Seite zu rein gar nichts. Genausogut könnte man den einen Umweltschützer und den anderen Techniker nennen, doch auch mit diesem Gegensatz wäre nicht viel gewonnen.

Wenn wir einen entscheidenden Unterschied finden wollen, dann müssen wir uns vielmehr mit der Anpassungsfähigkeit befassen. Der Neandertaler scheint die Natur zu akzeptieren, wie sie ist. Er durchstreift die verschiedenen Landstriche, nimmt Klimaveränderungen und Gefahren mit einem Kampfgeist und einer Unbekümmertheit hin, die erstaunlich sind. Das Ergebnis dieser Anpassungsfähigkeit ist nicht zu unterschätzen: 300 000 Jahre Präsenz auf der Erde. Der Cro-Magnon-Mensch dagegen scheint eher danach zu streben, die Dinge um sich herum zu verändern, seinen Lebensraum zu gestalten, damit das Leben sicherer und angenehmer wird. Im Laufe der Jahrtausende wird er sich anpassen, wird analysieren, wird mit List und Tücke die Dinge nach seinen Vorstellungen einrichten oder sich bei Bedarf den Umständen fügen.

Ein Rückblick auf unseren guten alten Schädel von Gibraltar kann die Weiterentwicklung der Kenntnisse auf diesem Gebiet sehr gut veranschaulichen, ebenso die Komplexität des Problems, vor das die Prähistoriker sich gestellt sehen. Im Juni 1992 bringt der englische Paläontologe Gerry Hooker seinem Züricher Kollegen Christoph Zollikofer fünf Schädelfragmente, die er sorgsam in einen Metallkasten gesperrt und wie eine Reliquie aufbewahrt hat. Diese Überreste eines Neandertaler-Kindes, das vor 40 000 Jahren in Gibraltar gelebt haben soll, werden es dem Schweizer Team ermöglichen, den Schädel vollständig zu rekonstruieren, und zwar per Computer mittels einer speziellen Zeichensoftware. Für jedes einzelne Fragment werden Hunderte von Bildern erstellt; es werden die kompliziertesten medizinischen Geräte eingesetzt, darunter auch ein Tomograph. Nach Abschluß dieser Forschungsarbeiten sagt Christoph Zollikofer zu Pedro Lima: »Unsere Berechnungen über die Hirnschale der Neandertaler-Kinder zeigen, daß es große Unterschiede zum Cro-Magnon-Menschen gibt, dem Vorfahren des modernen Menschen. Für uns ist das der Beweis, daß es sich um *zwei unterschiedliche Arten* handelt.«

Zwei unterschiedliche Spezies, die *alle beide* spezifisch »menschliche« Merkmale erworben und entwickelt haben: die Sprache, bestimmte Techniken, die vielfältigen Beziehungen zum Leben und zum Tod, Werkzeug. Für viele Leute heißt dies jedoch, daß es einen »Vorfahren« oder einen »Vetter« zuviel gibt. An diesem Punkt werden die Schlußfolgerungen zwangsläufig ebenso verlockend wie sinnlos. Man sieht – oder glaubt zu sehen –, wie sich die ewigen Gegensätze abzeichnen: Räuber/Ackerbauer, Nomade/Seßhafter, Jäger/Siedler. In der Tat sind solche Oppositionen belanglos. Denn haben wir nicht alle, und zwar unterschiedslos alle modernen Völker, gegensätzliche Merkmale und Eigenschaften, die sich vielleicht ergänzen und die uns beiden Spezies annähern?

Eine Spezies zuviel, in der Tat. Das Problem ist, daß eine erst kürzlich gemachte Entdeckung, bei der die höchstentwickelten Techniken der Molekularbiologie eingesetzt wurden, die Frage »endgültig« zu klären scheint.

Im Juli 1997 berichtet ein deutsches Forscherteam unter der Leitung von Svante Pääbo und Matthias Krings im englischen Magazin *Cell* über ein außergewöhnliches wissenschaftliches Experiment: die DNA-Entnahme aus einem Knochenfragment, das von dem 1856 im Neandertal entdeckten Fossil stammt. Anschließend vergleichen die Forscher die DNA dieses 50 000 Jahre alten Neandertalers mit der DNA des jetzigen Menschen. Das Ergebnis schlägt ein wie eine Bombe: »Heute sind wir absolut sicher«, erklärt Matthias Krings, »die DNA des Neandertalers ist völlig anders als unsere. Es ist vollkommen ausgeschlossen, daß wir von ihm abstammen.«

Die Analyse des Erbgutfragmentes des Neandertalers und der Vergleich mit dem Erbgut des *Sapiens sapiens*, des modernen Menschen, sollte jeden Zweifel ausräumen: Die Schwankungen bei einer DNA-Sequenz von 379 Basenpaaren – das sind die Grundmoleküle – betragen zwischen verschiedenen Typen moderner Menschen nicht mehr als 8 Paare, das heißt, nur 8 der 379 »DNA-Buchstaben« weichen voneinander ab. Dagegen »unterschied sich die rekonstruierte Neandertaler-DNA in durchschnittlich 27 Positionen von den heutigen«.

Für manche ist das die endgültige – und wissenschaftlich nachgewiesene – Lösung des Rätsels. Neandertaler und Cro-Magnon-Mensch sind im besten Falle entfernte Verwandte. Wenn beide vom *Homo erectus* abstammen, dann wäre der Neandertaler der letzte Sproß eines Zweiges, der vor 600 000 Jahren vom Hauptstamm abgebogen wäre. Seinen Höhepunkt hätte er ungefähr 100 000 Jahre vor der christlichen Zeitrechnung erreicht. Vor 35 000 Jahren wäre er dann verschwunden, während sich zeitgleich die »Menschheit« über den Cro-Magnon zum modernen Menschen entwickelte. Wie jedoch läßt sich das völlige Aussterben des Neandertalers erklären? Diese Frage wird vermutlich neue, äußerst bilderreiche und sehr spekulative Kapitel in den Roman der Menschheit einfügen, der sich unablässig vor unseren Augen schreibt und der ständig weitergeschrieben wird.

Andere, behutsamere Wissenschaftler erinnern daran, daß jede neue Entdeckung die vorige in Frage stellt und daß, sobald eine Behauptung aufgestellt wird, sie sofort angefochten werden, ja daß sie sogar schon überholt sein kann. Weiter wäre folgendes zu bedenken: Auch wenn die Begeisterung der Entdecker – sowie die Ernsthaftigkeit ihres Unterfangens – unbestritten sind, so hängen ihre Schlußfolgerungen doch von Mutmaßungen (die eines Tages vielleicht bewiesen werden können) über die Entwicklung der DNA-Struktur und von der Annahme ab, das Fossil sei seit seiner Entdeckung durch »einen schützenden Lack« gegen jede Verseuchung gesichert gewesen. Doch man kann sich zu Recht fragen, ob dieser Schutz mehr als ein Jahrhundert lang so vollständig hat sein können, wie es das Team von Matthias Krings behauptet.

Der finstere Neandertaler würde sich also von uns entfernen, tief hinein in die Nebel einer Verwandtschaft mit einer ähnlichen, aber verschwundenen Spezies. Und dennoch denkt man unwillkürlich an die durchaus schon »menschlichen« Dinge und Eigenheiten, an die sehr menschlichen Verhaltensweisen, über die er verfügte: das Werkzeug, das Feuer, die Sprache, die Bestattung der Toten …

Darin unterscheidet er sich nicht von seinem entfernten Cousin, dem Cro-Magnon-Menschen, der wiederum in seinem Aussehen und in seinem Verhalten so sehr »verfeinert« war und folglich der Vorstellung von »unserer Mission« auf der Welt viel eher entspricht. Freilich wird jener Cro-Magnon-Mensch dem Menschheitsroman eine neue Dimension hinzufügen, nach der ein gewisser Élie Faure intensiv suchen wird: diese seltsame und nutzlose, an uns vererbte Tätigkeit, den Willen zum Ausdruck und zur Vermittlung durch die Zeichen und die Darstellung, kurz: die Kunst.

# IV

## »Die Kunst, Abbild des Lebens«[8]

»Weder Kunst noch Religion, aber dennoch etwas, das Wurzeln schlägt und uns unter allen anderen Lebewesen diese große menschliche Dimension verleiht.«

»Lascaux ist der einzige Ort und die einzige Zeit auf der Welt, wo man diese unterirdische, von der Wirklichkeit und vom Alltag losgelöste Kunst findet.«

»Tausende und abertausende Hände. Bedeuten all diese Hände das gleiche? Es ist absolut unmöglich, diese Frage zu beantworten.«

*Denis Vialou*

8 Édouard Manet.

O*rthogenese*[9] … Für die Geistlichen wurde dieser Aspekt eine dringliche Angelegenheit. Im Interesse ihres Seelenfriedens mußten sie einen Kompromiß finden zwischen ihrem Glauben und ihrer Neugierde bezüglich der Herkunft des Menschen, zwischen zwei Verhaltensweisen, die sich auf den ersten Blick auszuschließen schienen. Sie konnten nicht, um Denis Vialous geistreiche Bemerkung wieder aufzugreifen, »weiterhin Vorgeschichte betreiben, ohne sich dessen bewußt zu sein, als ob man unbewußt Prosa schriebe.«

Es hat den Anschein, als ob die Idee aus dem Saint-Sulpice-Seminar in Issy-les-Moulineaux kommt. Dort entsteht eine »modernistische« Bewegung, die nach eigenem Bekunden auf der Suche nach einem Kompromiß zwischen zwei Offenbarungen ist: den Offenbarungen der Naturwissenschaft und der Offenbarung des Evangeliums. Diese »Synthese« nennt man Orthogenese. Der Trick dabei, wenn man so sagen darf, ist die Tatsache, daß man die Existenz einer Vorherbestimmtheit der Arten akzeptiert, ohne jedoch das Wort Evolution auszusprechen. Im Rahmen dieser Theorie der Geschichte der Lebewesen hätten die menschlichen Bipeden (Zweifüßer) eine ganz besondere Eigenschaft entwickelt, sich der Umgebung und den Umweltveränderungen anzupassen. Diese einzigartige Eigenschaft hätte im Laufe der Jahrtausende dazu geführt, daß sie sich von den anderen Tieren der Schöpfung unterschieden. Man hütet sich freilich sehr wohl davor zu behaupten, daß der Mensch allein für diese »Evolution« verantwortlich sei – selbstverständlich schließt man die Hypothese einer

9 Orthogenese: Anschauung, daß die stammesgeschichtliche Entwicklung der Lebewesen jeweils in einer von Beginn an vorgezeichneten Richtung fortschreitet. (Anm. d. Übers.)

»gelegentlichen und wunderbaren« Intervention Gottes nicht aus. Aber Wissenschaft und Religion einigen sich sozusagen auf ein Gebiet, auf welchem man sich verständigen kann, auf eine Art Niemandsland.

Jean Bouyssonie, der spätere »Entdecker« des »Alten von La Chapelle-aux-Saints«, besucht in den letzten Jahren des 19. Jahrhunderts das Saint-Sulpice-Seminar, wo er sein Zimmer mit einem anderen Seminaristen teilt, mit Henri Breuil. Über den Dienst an Gott hinaus entdecken die beiden jungen Männer bald eine gemeinsame Leidenschaft für die Vorgeschichte. Dies verdanken sie, wie es scheint, dem prägenden Einfluß eines ihrer Lehrer, dem Abbé Guibert, der wissenschaftliche Apologetik unterrichtet und 1896 einen Essay mit dem prophetischen Titel *Les Origines* (*Die Ursprünge*) veröffentlicht.

Obwohl mittlerweile nahezu völlig vergessen, ist dieses Buch dennoch in vielerlei Hinsicht von großer Bedeutung aufgrund seines – wie wir sehen werden – nicht unwesentlichen Einflusses und seiner außergewöhnlichen Seriosität und Aufgeschlossenheit jüngste, die wissenschaftliche Welt bewegende Fragen betreffend. Nachdem Guibert ausführlich Pasteurs Denken untersucht hat, entwickelt und analysiert er nicht nur Darwins Thesen, sondern auch die Thesen derjenigen, die unlängst dessen Arbeiten weitergeführt haben. Es handelt sich hierbei um zwei Wissenschaftler, auf die wir später erneut stoßen werden, um Russel Wallace und vor allem Ernst Haeckel. Darin liegt eine zusätzliche Leistung Guiberts: Vor dem Hintergrund der wissenschaftsgläubigen und atheistischen »Entgleisung« des Evolutionismus legt er den strengen Rahmen einer Orthogenese fest, die der Wissenschaft die Tür umso weiter öffnet, als Gott bereits drinnen ist. Guibert analysiert den ursprünglichen Beginn des Lebens und äußert drei Gewißheiten, die seine Methode gut veranschaulichen: Erstens »ist es sicher, daß das Leben auf der Erde begonnen hat«; zweitens »geht das Leben nicht auf eine Urzeugung zurück« – darin unterscheidet er sich von Haeckel, wobei er hinzufügt: »Ein solches, gänzlich willkürliches Postulat würde voraussetzen, daß all die Probleme, welche die Philosophie gerade zu klären versucht, schon gelöst wären« –; und drittens »hat das Leben mit einem göttlichen Schöpfungsakt begonnen«.

Im Gegensatz zu den Darwinisten davon überzeugt, daß »die Evolutionstheorie sich nicht auf den Menschen beziehen kann«, stellt Guibert weiter fest, daß es die *Seele* sei, die »einen regelrechten Wesensunterschied zwischen Mensch und Tier« ausmacht. Den Unterschied sieht er in der *artikulierten Sprache* und der *Sittlichkeit* des Menschen. »Für uns«, so ergänzt er, »besteht kein Zweifel daran, daß *die Seele von Gott geschaffen* worden ist, und daß sie nicht das Ergebnis der Evolution sein konnte.«

Dies ist die gelehrte ›Muttermilch‹, die unsere beiden Seminaristen, die ein Jahr vor dem Erscheinen von Jean Guiberts Buch nach Saint-Sulpice gekommen sind, eingesogen haben. Abgesehen von den alles andere als hervorragenden Noten eines Henri Breuil, enthält sein Zeugnis folgende Beurteilung: »intelligent, nicht sehr redegewandt, hat einen schlechten Geschmack«. Guiberts Unterricht wird die beiden jungen Leute grundlegend verändern.

Ihre Leidenschaft für die Wissenschaft ist keine flüchtige Anwandlung. In der Tat werden sie ein Leben lang davon gefesselt sein. So kommt es Ende der zwanziger Jahre dazu, daß der nunmehr zum Abbé ernannte Breuil nach Rom fährt, wo er die Dreistigkeit besitzt,

Seiner Heiligkeit, dem Papst Pius XI. die Photographien fossiler Neandertaler-Skelette zu zeigen. Diese Dreistigkeit erscheint allerdings in etwas milderem Licht, hält man sich die große Bekanntheit Breuils vor Augen und die Tatsache, daß er unter anderem das meisterhafte, 1912 erschienene Buch *Les Subdivisions du paléolithique supérieur et leur signification* (*Die Untergliederungen des Jungpaläolithikums und deren Bedeutung*) geschrieben hat. Doch damit nicht genug: Die dem Papst vorgeführten Fossilien stammen nämlich, so erzählt man sich, aus einer kürzlich entdeckten Fundstätte in Sichtweite des Vatikans![10]

»Der alte Papst setzt sich die Brille auf die Nase«, wird der Abbé erzählen, »betrachtet das Dokument, wendet sich mir zu und sagt: ›Mein Sohn, die Evolution ist nun nicht mehr länger eine Hypothese, sie ist ein Faktum.‹«

Diese Begebenheit ist in zweierlei Hinsicht außergewöhnlich. Zunächst einmal enthüllt sie die Zerrissenheit der Kirche angesichts des zunehmenden Fortschritts in der Lehre oder Wissenschaft vom Menschen. Dennoch wird diese Kirche, gleich wie man darüber denken oder urteilen mag, in der Lage sein, diese Zerrissenheit zu überwinden, ohne von ihren Dogmas in irgendeiner Weise abzuweichen. Wenn es eines Beweises dafür bedarf, dann braucht man sich nur an Jean Guitton zu halten, dessen gesamtem Werk genau dieser doppelte Anspruch zugrunde liegt: die Einsicht in die Notwendigkeit der wissenschaftlichen Kritik und der absolute Respekt vor der Offenbarung. Jean Guitton, geboren 1901 (als unsere Seminaristen Saint-Sulpice verließen), wird später erklären: »Die Vorstellung, wonach

---

[10] Es handelt sich um die Fundstätte Saccopastore, ein Vorort von Rom. (Anm. d. Übers.)

der Glaube mit der Intelligenz verknüpft ist, hat mich bereits in der Kindheit beherrscht.«

Was uns bei diesem Ereignis ebenfalls fesselt und nachdenklich stimmt, ist der Umstand, daß es in einem besonderen politischen Kontext angesiedelt ist. Das Gesetz des Ministerpräsidenten Emile Combes, das in Frankreich die radikale Trennung von Staat und Kirche einführt, ist erst 1904 verabschiedet worden. Die Wunden aus dem Kampf zwischen Paris und dem Vatikan waren daher noch längst nicht verheilt. Die Heftigkeit der Auseinandersetzung, welche Staat und Kirche im solchermaßen »geteilten« Frankreich ausgetragen haben, ist den Menschen noch in lebhafter Erinnerung. Dennoch aber reihen sich jetzt zahlreiche Dorfpfarrer mit ihren schwarzen Soutanen unter die Fußsoldaten, Kärrner und Erdarbeiter dieser darwinistisch geprägten Vorgeschichte ein. Wollte man an den Klischees festhalten, dann hätte man in dieser Rolle eher den Volksschul- oder den Gymnasiallehrer erwartet, dieses ganze republikanische Heer eben, von dem man a priori annimmt, daß es der wissenschaftlichen Forschung aufgeschlossener gegenübersteht. Selbstverständlich waren auch Lehrer unter den Frontarbeitern, aber wir müssen feststellen, daß die Scharen der Geistlichen eine entscheidende Rolle in diesem Abenteuer gespielt haben. Denn diese Dorfpfarrer stehen den Bauern nahe, sind mit den Gräbern vertraut und begleiten die Toten. Eigentlich sind es die Geistlichen, die den engsten Bezug zu den vergangenen Zeiten haben. Die besten unter ihnen flüchten sich nicht in die Haltung des Nichtwissenwollens, vielmehr suchen sie nach der Wahrheit, fühlen sich angestachelt, ja geradezu »herausgefordert« durch die enorme Bedeutung unserer freigelegten, weit zurückliegenden Vergangenheit. So bereiten sie sich in der Dordogne unter anderem darauf vor, eine herausragende Rolle bei den Entdeckungen der Höhlenkunst und ihrer verborgenen Felswände zu spielen, einer Kunst, der man schlicht und einfach den Namen Felsmalerei geben wird.

Diese Kunst ignoriert man noch. Zu Unrecht – denn sie ist bereits zutage gefördert worden: 1879 in Altamira, im Kantabrischen Gebirge in Nordspanien.

Marcelino Sainz de Sautuola, ein besessener Forscher und bedeutender Pionier, betritt eine Höhle, um sie zu erkunden. Seine kleine, erst fünfjährige Tochter begleitet ihn. Anscheinend handelt es sich eher um einen Spaziergang als um eine wirkliche Ausgrabung. Den Vater aber läßt die Neugierde nicht ruhen, und als er die Öffnung zu einem Gang entdeckt, kann er nicht anders: Er geht hinein. Am Ende befindet sich ein kleiner unterirdischer See.

Sie erreichen das andere Ufer, hinter dem scheinbar eine Sackgasse liegt. Jetzt müssen sie umkehren und zurückkriechen …

Nachdem unsere beiden Abenteurer mehrere hundert Meter auf dem Boden gekrochen und aus ihrem Tunnel aufgetaucht sind, richtet das kleine Mädchen die Augen zur Decke empor und erblickt die erste Felsmalerei, auf der erstaunliche Tiere dargestellt sind: Büffel, Wildschweine, Pferde und Fohlen. Es sind genaue, fast stilisierte Zeichnungen. Jahre später wird Élie Faure notieren: »Das Deckengemälde taucht auf; breite synthetische Bilder, ockerfarben, schwefelgelb, beinahe schrecklich anzusehen in der Finsternis und wegen des unergründlich hohen Alters … Manchmal befinden sich alle Tiere in einer ungeordneten Herde, und mitten unter ihnen wunderschöne Gestalten, die einzig ein großer Künstler hat schaffen können.«

Dies sind außergewöhnliche Momente: Ein kleines Mädchen und sein Vater, beide allein wie Gefangene der Erde und des Felsens, den zu entweihen sie sich erdreistet haben; diese beiden entdecken einen Kunstschatz, ein regelrechtes Museum mit Werken, die zugleich vertraut und doch fremd sind. Bilder voller Farben, kraftvoll und so schön, daß einem vor Bewunderung Schauer über den Rücken laufen. Ein völlig unbekannter Tempel der Kunst.

Kaum ist er bekannt geworden, wird er auch schon abgelehnt. Bei seiner Rückkehr ins Dorf erzählt Don Marcelino von seiner Entdeckung, und schon wird er als jämmerlicher Träumer beschimpft. Als er auf seinem Fund beharrt, sich gegen den Spott verwahrt und sich verteidigt, verdächtigt man ihn sogar des Betruges. Wenn die Malereien so seien, wie er sie beschrieben habe, dann könnten sie nicht das Werk von Steinzeitmenschen sein. Die Qualität der Zeichnung, der Bewegung und der Farbe seien es, die diese Fresken sozusagen datiert. Und dieses Datum könne nur in der historischen Zeit liegen. Die Fresken seien das Werk von Hirten – frühestens ausgeführt während des späten Mittelalters. Dieser natürliche Felsüberhang, zu dem es damals zweifellos einen Zugang gab, habe den Hirten als Unterschlupf gedient. Auch die Gelehrten oder die angeblichen Gelehrten, die sich zur Fundstätte begeben haben, streiten hinterher das hohe Alter der Deckenmalereien ab. Don Marcelino wird sterben, noch bevor die Echtheit seiner Entdeckung anerkannt wird.

Auch wenn man es bedauert, so überrascht es doch nicht, daß Wegbereiter wie Boucher de Perthes oder Darwin der Reihe nach auf Ablehnung gestoßen sind. Denn sie stellten festgefügte Überzeugungen, die etwa 2 000 Jahre alt waren und im wesentlichen unsere *Conditio humana* betrafen, grundlegend in Frage. Über Don Marcelinos Entdeckung hingegen kann man scheinbar Genugtuung empfinden: Sie bescheinigt Wesen, deren Erben wir sind, die man aber definitiv für *Primitive* hält, künstlerische Fähigkeiten und einen hohen Kenntnisstand.

Vielleicht liegt es an diesem Beiwort »primitiv«, das sich gut dazu eignet, die Distanz zu diesen halbfertigen, in Höhlen hausenden Wesen zu wahren. Es galt, möglichst nicht mit ihnen in Berührung zu kommen. Und falls sich herausgestellt hätte, daß einer dieser Knochenspalter und Marklecker eine künstlerische Begabung entwickeln konnte (die wir als höchsten Ausdruck unserer Schöpfungskraft und als unseren ureigenen Bereich ansehen), dann wäre die Vorstellung, die wir Ende des 19. Jahrhunderts von uns bewahren wollten, nur noch mehr durcheinander geraten. Wir wären demnach nämlich älter als vorgesehen gewesen; und wenn man den ersten Prähistorikern glauben konnte, dann wären unsere Vorfahren Leute gewesen, mit denen man keinesfalls Umgang hätte pflegen wollen. Nicht gesellschaftsfähig, Rohlinge und fast wie Tiere. Darüberhinaus hätte man akzeptieren müssen, daß diese Wesen, die man am liebsten wie ein böses Familiengeheimnis verdrängen wollte, bereits vor 30 000 Jahren (also zehnmal die historische Zeit) malen, gravieren, schnitzen und meißeln konnten ... Daß sie »die sichere, kraftvolle Strichführung, die subtile und wie Moiréseide fließende Gestaltung, die unauffälligen Übergänge, das wilde Leben, den großartigen Charakter« hervorgebracht haben – alles Qualitäten, die Élie Faure zufolge der Beweis einer echten, gemeisterten Kunst sind und nicht, was man vermutlich eher akzeptiert hätte, verworrene, unsichere und kindische Spuren. Die Fundstätte Altamira wird also ad acta gelegt, wie man ein Buch zuklappt, das man lieber nicht lesen möchte.

Doch wir sollten uns erneut davor hüten, voreilige Schlüsse zu ziehen. Denn die Sturheit der einen, die nicht von ihren Gewißheiten abrücken wollen, und die Hartnäckigkeit der anderen, die im Innern der Erde nach neuen Wahrheiten suchen, bringen im gegenseitigen Widerspiel die Dinge voran.

So ist es auch im Jahr 1900, als in La Mouthe, im Herzen des Périgord, die gleiche Aufregung herrscht: In der Verlängerung eines Felsüberhanges entdeckt man einen langen, feuchten Gang mit matschigem Boden und scharfen Felsspalten, und dort, im Licht der Fakkeln, Gravierungen ... Der gleichen Aufregung folgt sehr schnell die gleiche Antwort der wissenschaftlichen Behörden: »Hirten, wie in Altamira.«

Aber dieses Mal betritt Abbé Breuil die Bühne und macht die ersten Aufzeichnungen. Seine Schlußfolgerungen sind deutlich: Die Theorie einer Besiedelung, die sowohl vorübergehend als auch erst jüngeren Datums ist, hält einer Untersuchung nicht stand. Noch heute erinnert sich Monsieur Lapeyre, der Enkel des Entdeckers der Fundstelle, der den Abbé Breuil benachrichtigt hatte, an die Auseinandersetzung zwischen den Anhängern der beiden gegensätzlichen Thesen. Altamira, La Mouthe: zwei Kerben in einer zwar noch vorherrschenden Überzeugung, die aber infolge der sich häufenden Entdeckungen ins Wanken gerät.

So entdeckt Breuil zusammen mit Denis Peyrony, einem Prähistoriker und Fachmann für das Paläolithikum, am 8. September 1901 Gravierungen auf den Felswänden der Höhle von Combarelles. Und keine zwei Wochen darauf, zusammen mit anderen Helfern, die polychromen (mehrfarbigen) Malereien in der Höhle von Font-de-Gaume, auch »Höhle des Tauben« genannt.

Bald werden in der gleichen Region andere Entdeckungen folgen, und zwar in einer solchen Häufung, daß sie uns unwillkürlich zurückverweisen auf die erstaunliche poetische Passage, in der Henry Miller die Dordogne preist und die bei besagtem Élie Faure, den Miller als »Riesen« bezeichnete, einen vollkommenen Widerhall findet: »Die ältesten bekannten Menschen wohnten in zahlreichen Höhlen der Haute-Dordogne in der Nähe fischreicher Flüsse, die zwischen roten Felsen und durch die Wälder einer von Vulkanen übersäten Gegend fließen … *Hier lag die Wiege der Kunst.*«

In der Tat ist dies eine Besonderheit, für die man anscheinend keine Erklärung gefunden hat. Es ist eine auffällige Tatsache, daß die meisten ausgeschmückten Höhlen der Vorgeschichte, mit Ausnahme Altamiras, im Südwesten Frankreichs aufgefunden worden sind. Eine derartige Ballung auf einer so kleinen Fläche des Globus überrascht, erstreckt sich die vorgeschichtliche Forschung heute doch auf alle Kontinente und interessiert eine Vielzahl von Spezialisten.

So geht die Erfolgsgeschichte der bemerkenswerten Sammlung weiter: 1881 in den Pyrenäen mit Marsoulas, die man die »Feen-Höhle« genannt hat, zwei Jahre später mit Pair-Non-Pair in der Gironde und nicht zuletzt mit den entscheidenden Fortschritten, die Abbé Breuil zu verdanken sind. Und die längst überfälligen offiziellen Anerkennungen bleiben dann letztlich doch nicht aus. So bestätigen die Archäologen am 14. August 1902 die Echtheit der Gravierungen und Malereien von Altamira. Nunmehr hat sich die Sachlage vollkommen verändert. Als Abbé Breuil – schon wieder er – am 9. August 1905 bei der Erkundung der Höhle von Commarque in Sireuil Felsreliefs und Pferdegravierungen entdeckt, bezweifelt niemand mehr deren Herkunft.

Bald sind auch die Künstler mit von der Partie. Der unermüdliche Geistliche zieht zahlreiche Persönlichkeiten in die Dordogne, unter ihnen der Maler Foujita, und Paris richtet jetzt den Blick auf das Tal der Vézère.

Selbstverständlich wird Élie Faure nicht müde, überwältigte Kommentare abzugeben, in seiner besonderen Art der Darstellung, die zugleich darlegt und kommentiert. Indem er diese Kunst der Felsbilder wieder zum Leben erweckt, gelingt es ihm besser als jedem anderen, sie bekanntzumachen und der intellektuellen Welt wie auch einer breiten Öffentlichkeit die historische Tragweite dieser Entdeckungen bewußt zu machen.

Tag für Tag hebt sich die Morgendämmerung der Menschheit aus dem Dunkel: 1902 Bernifal, 1906 Niaux, 1914 die Höhle Les Trois-Frères ... Eine verborgene, schwer zugängliche Kunst aus grauer Vorzeit, die es wieder zum Leben zu erwecken, ins rechte Licht zu rücken und den Ungläubigen zum Beweis vorzuzeigen gilt. Eine Kunst außerdem, um die man sich mehr als um andere Formen der Kunst verdient machen muß.

Und wer ist immer zur Stelle? Der Abbé! Er rackert und schuftet, ist überall gleichzeitig. Man erzählt sich sogar, daß sein Augenlicht allmählich nachlasse, nach den Tausenden von Stunden des Studiums bei flackerndem Kerzenlicht. Bald nennt man ihn den »Papst der Vorgeschichte«. Seine Feinde – denn wer hätte keine? – sehen in ihm lediglich einen »genialen Antiquitätenhändler«, der aus seinen Entdeckungen geschickt Nutzen zu ziehen weiß – was Erik Trinkaus und Pat Shipman wie folgt darstellen: »Dies könnte als Kompliment genommen werden, aber auch als eine indirekte Aussage darüber, daß er ein gewiefter Verkäufer von Altertümern war, der kaum mehr Achtung genoß als seinerzeit Hauser.«

Mit Reispapier bewaffnet, das er zum Kopieren der Malereien von den Felswänden benutzt, hinterläßt er bei jeder Gelegenheit seine Spuren. Er entwickelt die von Salomon Reinach initiierten ethnographischen Vergleiche weiter, vervollkommnet die Technik des Abkopierens, katalogisiert gleichsam die Vorgeschichte und verleiht ihr somit eine neue Dimension. 1903 veröffentlicht er in Zusammenarbeit mit Emile Cartailhac *L' Art et la Magie* (*Die Kunst und die Magie*), ein Buch, in dem ungefähr 100 Seiten der Höhle von Altamira gewidmet sind. Daraus läßt sich der Weg ermessen, der seit der unterirdischen Expedition von Don Marcelino und seiner kleinen Tochter zurückgelegt worden ist.

Dann entschließt man sich zum Ersten Weltkrieg. Der Krieg von 1914–1918, der die Dörfer der Dordogne entvölkert und der Gefallenendenkmal an Gefallenendenkmal reiht. Dann der Waffenstillstand von Rethondes und der prekäre Sieg eines ausgebluteten Volkes.

Aus einem Krieg kehrt man zurück, jedenfalls die Überlebenden. Und wenn man überlebt hat, dann möchte man aufatmen und seine Wunden heilen lassen. Man möchte weiterleben und vergessen. Es war der »Große« Krieg, dem keine weiteren mehr folgen werden, wie man damals denkt.

Das Vorwort, das Élie Faure 1921 dem Abschnitt über die *Antike Kunst* voranstellt, der die neue Auflage seiner monumentalen *Geschichte der Kunst* einleitet, klingt ganz anders als das ursprüngliche Vorwort von 1909. Inzwischen hat Élie Faure seine Pflicht als Militärarzt erfüllt. Sein Text schlägt eine düstere Tonart an, in einer Mischung aus Erschöpfung und Schärfe, aus Überzeugung und Bitterkeit. »Ich habe nicht aufgehört zu glauben«, schreibt er, »daß die Kunst nützlich ist ... Die Kunst ist nicht nur nützlich, sie ist zweifelsohne das einzige, das uns allen wirklich von Nutzen ist, nach dem täglichen Brot. Vielleicht sogar mehr als das Brot ...«

Stellen wir dieser Passage einen anderen Satz gegenüber, der eines der Kapitel einleitet: »Vermutlich ist also das Höhlenfresko die erste sichtbare Spur der Religion, die fortan ihren Weg gemeinsam mit der Kunst beschreiten wird.« Vergleichen wir die beiden Aussagen, dann können wir erkennen, daß nach Ansicht des Autors auf diesem langen Weg die Religion verschwunden zu sein und alles der Kunst überlassen zu haben scheint. Dieser Zweifel, die Angst, das Gefühl der Auflösung der Welt und der Dinge, die den Liebhaber zeitgenössischer Kunst, der Faure gewesen ist – der Dreyfus-Anhänger und Nietzsche-Leser war mit Rodin, Bourdelle und Nadar befreundet und begeisterte sich für alle Kunstformen, von den ältesten bis zu den modernsten wie das Kino –, so sehr beeindruckt haben; dieser Zustand der Angst, des Zusammenbruchs und der Auflösung der Religiösität, der nahezu die gesamte westliche Welt zu Beginn dieses Jahrhunderts charakterisiert, ist dramatisch verstärkt worden durch die Erfahrungen, die Élie Faure bei den Metzeleien des Ersten Weltkrieges gemacht hatte.

Faure, der von sich sagte, »Ich suche und weiß schon jetzt, daß ich nicht lange genug leben werde, um zu finden«, ist wie die anderen Helden dieses Abenteuers des Menschen auch ein Entdecker gewesen, ein Erfinder. Nicht zuletzt ihm beziehungsweise der Verbreitung und der großen Wirkung seiner Bücher und Artikel ist es zu verdanken, daß mit den Felsbildern die Höhlenkunst Eingang in das »imaginäre Museum« der Menschheit gefunden hat.

»Ich rede nicht gerne über Kunst. Ich rede nie über Kunst und bin seit jeher weit weg von der Kunst und den Künstlern. Ihr Buch aber bildet die Ausnahme … Es ist meine Bibel.« Diese Worte schrieb ihm Ende 1932 kein geringerer als Louis-Ferdinand Céline, der in einem späteren Brief noch hinzufügen wird: »Ich habe Ihren Text geplündert, ihn gelernt und buchstabiert, und ich werde es immer tun. Sie sind einer meiner wenigen Meister.« Die beiden haben mehrere Dinge gemeinsam: Da ist zum Beispiel die Medizin – wie Céline ist auch Faure Arzt. Wie er möchte er weiterhin seinen Beruf ausüben, »um sagen zu können, was er denkt, ohne sich dem Verdacht der Bestechlichkeit auszuliefern, und um seine Unabhängigkeit zu bewahren«. Weiter sind da Élie Faures Bewunderung für den Roman *Reise ans Ende der Nacht*, dem er einen langen und hymnischen Artikel widmen wird; im Gegenzug Célines Bewunderung für *Die Geschichte der Kunst* und wahrscheinlich für *La Sainte Face [Das heilige Antlitz]*. Schließlich die dramatische Erfahrung des Krieges »mit seinem blutigen Schlamm, dem Waten in zerquetschten Schädeln …«, wodurch die Desillusion des einen und der unendliche Zorn des anderen noch verstärkt worden sind.

Es folgen zwei Jahre einer engen Freundschaft, eines regen Austauschs zwischen Élie Faures Wohnung am Boulevard Saint-Germain und der Brasserie Lipp. Dann trübt sich das Verhältnis plötzlich. »Sie sind keiner aus dem Volk«, schreibt Céline 1934, »Sie sind kein gewöhnlicher Mensch. Sie sind ein Aristokrat, das sagen Sie selbst. Sie wissen nicht, was ich weiß. Sie haben das Gymnasium besucht.« Über ihre politischen Überzeugungen hinaus, die nunmehr erheblich auseinandergehen – »Fragen Sie Brueghel oder Villon, ob sie politische Überzeugungen haben?«, so wird Céline voller Überheblichkeit schreiben –, trennt sie in den Jahren vor dem Zweiten Weltkrieg etwas viel Bedeutenderes. Wo Céline Erschütterungen, Konvulsionen und den Zusammenbruch voraussagt, da hält Faure unermüdlich an der Freske fest, an derjenigen, die auf Altamira zurückgeht und die noch nicht zu Ende gemalt worden ist. Er hält fest am Roman des Menschen, nicht an dessen Hölle. »Sie haben recht«, wird Élie Faure an Céline schreiben, »vollkommen recht … Der Mensch hat immer nur auf die Illusion gebaut, nie auf die Realität. Ihr transzendenter Realismus, das wissen Sie sehr gut und deshalb halten Sie so erbittert daran fest, mündet ausschließlich im Tod …«

Élie Faure erlebt nicht mehr, was danach kommt. Er stirbt als erster, 1937, unmittelbar vor Erscheinen der antisemitischen Hetzschrift *Die Judenvernichtung in Frankreich*. Er wird sie nicht mehr lesen, die schreckliche Passage – ein Drittel Zuneigung, zwei Drittel Beschimpfungen –, die Céline ihm widmet und die die Form einer unfreiwilligen Grabinschrift annimmt. Auch den sich abzeichnenden Zweiten Weltkrieg wird Faure nicht mehr erleben. Und er wird nichts von jener großartigen Entdeckung erfahren, die den Weltruf der Dordogne noch festigen wird.

Dabei hätte dieses Wunder, das sich im Herbst 1940, zu Beginn einer von Tod und Schande geprägten Epoche ereignen wird, das ideale Musterbeispiel sein können für die Eingebungen, denen Élie Faure unablässig Gestalt verleihen wollte.

»Er hat bereits die Waffe, den Faustkeil, jetzt braucht er den Schmuck, der verführt oder erschreckt: Vogelfedern im Nacken, Ketten aus Krallen oder Zähnen, geschnitzte Werkzeuggriffe, einen mit frischen Farben bunt bemalten Körper … Einer der Männer vom Stamm ritzt geschickt eine Form in den Knochen … Bei der Rückkehr von der Jagd hebt er ein Stück Holz auf und gibt ihm die Form eines Tieres; ein Stück Lehm, um es zu einer kleinen Figur zu kneten; einen flachen Knochen, um eine Gestalt darauf zu gravieren … Er hat Freude an dieser Arbeit … Die Kunst ist geboren …«

Dieses Abenteuer beginnt damit, daß ein Jäger ein Stück Holz aufhebt oder ein Stück Lehm knetet, und steht im Zeichen der ersten Kontaktaufnahme des Menschen mit der Kunst, einer ersten Konfrontation mit keinem anderen Einsatz als dem Unaussprechlichen. »Die Kunst der Höhlenbewohner des Périgord ist nicht die belächelnswerte Kunst aus der Kindheit des Menschen«, ergänzt Élie Faure, »sondern die notwendige Kunst aus seiner Jugend.«

Da hätten wir die Schlüsselbegriffe. Als ich sie wieder las, um sie hier in diesem Buch niederzuschreiben, fiel mir eine sehr seltsame Begegnung ein, die ich hatte, als ich mich einmal in der Ausgrabungsgegend der Dordogne gründlich umsah. Es geschah an der Fundstätte von Regourdoux. Jedesmal wenn ich dort war, überraschte mich die Kassiererin der Fundstätte, die ansonsten als Küchenhilfe arbeitete, mit einer »Mitteilung«. Es waren Worte, die sie auf die Rückseite einer Deutschland-Karte, von der sie nach und nach einzelne Stücke abtrennte, kritzelte, wenn sie mich sah. Hier ein Auszug: »Im Grunde ist die Vorgeschichte unsere frühe Kindheit. Der Mensch hat nur wenige Erinnerungen daran, lediglich Bilder. Er muß eine lange innere Reise machen, um sie – vielleicht –entschlüsseln zu können. Wenn man weiß, daß das Wesen eines Individuums wesentlich von den ersten fünf Lebensjahren geprägt wird, dann kann uns die Vorgeschichte sicherlich lehren, wer wir sind.«

Ich hatte irgendwie das Gefühl, einem Gespräch beizuwohnen, das diese junge Frau wie selbstverständlich mit Élie Faures Geist führte, dessen Namen und Werk sie möglicherweise nicht einmal kannte. Was verband die beiden miteinander? Daß sie beide aus dem gleichen Land stammten, der Dordogne – die Faure wie »Nornogne« aussprach –, daß sie sich Fragen stellten und dabei sinnierten – hier spricht nun wieder Élie Faure: »Die Winterabende, die Abende am Feuer und all die Geschichten ... Die erlegten Tiere, die zurückkehren, und die noch zu erbeutenden, die den Jäger herausfordern. Die Tiere, von deren Fleisch der Stamm so viel gegessen hat, deren Knochen er so oft bearbeitet hat, daß sie zu Schutzgeistern geworden sind. Von nun an muß ihr Abbild in den abgelegensten, schwärzesten Winkeln der Höhle festgehalten werden, in den Schlupfwinkeln, in denen ihre Macht in den Schatten von Finsternis und Geheimnis weiter wachsen wird.«

Dies alles geschah lange Jahre, bevor Lascaux »entdeckt« wurde.

Daß Lascaux überhaupt entdeckt wurde, ist einem Hund namens Robot zu verdanken. Denn an einem schönen, goldfarbenen Tag geht der junge Marcel Ravidat mit seinen Freunden im Wald von Lascaux spazieren. Sie scherzen und laufen umher ... Sie sind auf dem Land, haben Schulferien. Sie wissen, daß weiter oben, jenseits der Demarkationslinie, die Deutschen sind. Hier verabscheut man sie. Man ist frei. Die welken Blätter rascheln unter ihren Füßen ...

Heute muß man sich für diese Geschichte an Marinette halten, Marcel Ravidats Witwe, die von ihrem Mann und ihrer Jugend erzählt. Die beiden kannten sich seit jeher. Die Geschichte vom aufspringenden, davonhoppelnden Hasen und von Robot, der hinter ihm herstürzt, hat sie schon hundertmal gehört ...

»Plötzlich ist der Hund davongerannt ...«

Die Jungen in ihren Nagelschuhen sofort hinterher. Völlig außer Atem können sie gerade noch sehen, wie der Hase in ein Loch kriecht, gleich dahinter Robot, der in seinem Jagdeifer ebenfalls in dem Loch verschwindet. Diesem mutigen Robot sollte man im Namen der

Vorgeschichte ein Denkmal errichten, denn er ist es, der soeben die Höhle von Lascaux entdeckt hat. Oder der anonyme Hase.

Den weiteren Verlauf der Unternehmung hat Ravidat mit makelloser Handschrift in einem peinlich genauen, detaillierten Bericht festgehalten. Er hat kein einziges Detail ausgelassen und alles präzise in die richtigen Worte gefaßt, als würde er freiwillig eine Aussage bei den Gendarmen machen. Aus diesem Bericht geht hervor, daß der flinkste der Jungen in das Loch schlüpft, es durchsucht und den Hund zurückbringt. Weil die Buben mangels Seilen in dem Loch nicht weiter hinabsteigen können, verabreden sie sich für den darauffolgenden Sonntag.

An dem Punkt beginnt die Kontroverse. Eine erbitterte, der Bedeutung der Entdeckung durchaus angemessene Kontroverse. 46 Jahre später haben sich die Freunde von einst im Rathaus von Montignac wiedergesehen. Seit damals hatten sie kein Wort mehr miteinander gewechselt und der Streit ging sofort wieder los: »Warum bist du vor dem Sonntag zurückgegangen?«

Tatsächlich hat Ravidat den Sonntag nicht abgewartet und ist in Begleitung von dreien der Freunde an Ort und Stelle zurückgekehrt. Diesmal sind sie wie für eine großangelegte Expedition ausgerüstet. Und die werden sie auch erleben!

Kälte, Feuchtigkeit und Finsternis ... Dieser Eindruck packt jeden, der eine Höhle betritt. Man fragt sich, wie unsere weit entfernten Vorfahren, auch die ältesten, die noch nicht die »rote Blume« des Feuers erobert hatten, die Höhle gefunden haben mögen. Wie haben sie dort leben und malen können?

Denn die Freskomalerei ist unter der Erde entstanden, gleichsam wie ein Samenkorn. Dieses Wort prägte

Saint-Exupéry, als er von der Nachkriegszeit, der Zeit der Niederlage spricht. Er sagt: »Die Besiegten müssen schweigen. Wie die Samenkörner.«

Ein Satz wie ein warnendes Vorzeichen. Denn die vier Jungen haben in der finsteren Nacht der deutschen Besatzung die sogenannte »Sixtinische Kapelle des Périgord« entdeckt, dank eines Hundes, der einen Hasen verfolgte.

Wer war der Namengeber dieser Höhle? Nun, natürlich niemand anderer als der Abbé Breuil, der sofort verständigt wird und der mit Pauspapier und Kerzen herbeieilt. Der Vergleich mit der Sixtinischen Kapelle mag übertrieben erscheinen, ist aber dem, was den Abbé erwartet, durchaus angemessen.

In unterirdischen Sälen befinden sich, in den Haupt- und in den Seitengang eingraviert, 247 Pferde, 85 Hirsche, 35 Steinböcke, 52 Auerochsen (von denen einer nicht weniger als 5,50 Meter mißt und für dessen Ausarbeitung ein kompliziertes Gerüst erforderlich gewesen sein muß), 35 Kühe, ein einziges Rentier (obwohl es damals anscheinend das Hauptnahrungsmittel war), eine Art Einhorn (das ein Rhinozeros sein könnte und dessen lockere Ausführung vermuten läßt, daß der Künstler es nur nach einer mündlichen Schilderung wiedergegeben hat) und 7 Raubtiere. Letztere finden sich alle im ersten Seitensaal, und wie beim Rhinozeros ist die Feuersteinspitze, mit der sie eingraviert wurden, einfacher als im Falle der anderen Tiere, bei denen es sich zum Teil um ausdrucksstarke und sehr präzise ausgeführte Meisterwerke handelt – eine Besonderheit, die den Prähistoriker André Leroi-Gourhan in den sechziger Jahren zu der Vermutung veranlassen wird, daß die Künstler wohl niemals Raubtiere von nahem gesehen hätten. Zu den Schätzen der Höhle gehört schließlich noch ein weiteres Tier, ein riesiger Höhlenbär vielleicht, der in der Brust eines der Auerochsen der Rotunde verborgen ist.

Gemäß der modernen C14-Datierung läßt sich heute die Ausführung dieser Fresken auf eine Zeitspanne von 17 000 bis 18 000 v.u.Z. datieren. Der Abbé Breuil verfügt 1940 aber noch nicht über eine entsprechende Ausrüstung. Er beginnt seine Aufzeichnungen und Skizzen auf Reispapier, eine besonders mühselige Prozedur. Marcel Ravidat, der unter der Leitung des Abbés daran mitgewirkt hat, erinnert sich, daß sie, auf dem Rücken liegend und mit ausgestreckten Armen, nicht mehr als drei Stunden am Tag durchhalten konnten. »Alle zehn Minuten machten wir eine Pause und rauchten eine Zigarette (sie waren streng rationiert). Dabei unterhielten wir uns. Der Abbé erzählte von den anderen Höhlen. Er war ein hochgelehrter Mann.«

Der »hochgelehrte Mann« stößt hier auf die außergewöhnlichen Zusammenhänge, nach denen er seit seiner Zeit am Seminar gesucht hat. Nun hat er den augenfälligen Beweis für eine sehr alte Kultur, jene Kultur, der ein Élie Faure den gebührenden Platz in der langen Geschichte der Kunst des Menschen und des Zeichnens zuerkennt. André Malraux, der ebenfalls ein begeisterter Leser der Faure-Werke *Das heilige Antlitz* und *Der Geist der Formen* war, wird in seinem kunsthistorischen Werk *Stimmen der Stille* (1951) diese Kultur folgendermaßen begrüßen: »Die Kunst einer jeden entstehenden Kultur […] hat nicht vom Menschen zu Gott geführt: Sie hat von Gott, vom Sakralen zum Menschen geführt. […] So weit wir auch in der Zeit zurückgehen, ahnen wir noch andere Formen hinter denen, die uns bewegen; die Gestalten in den Höhlen von Lascaux […] sind zu umfangreich, als daß sie in einem Zug gemalt worden sein könnten; ihr Standort ist so eigentümlich, daß der Maler sie auf dem Rücken liegend oder sehr weit nach hinten gelehnt hat ausführen müssen. Sie sind wahrscheinlich ›Vergrößerungen‹ und sicherlich keine spontanen Kunstwerke. Sie lehnen sich auch nicht an gegenwärtige Modelle an.«

Nach einem sehr langen Schlaf erwacht Lascaux und tritt ein – oder kehrt zurück – in das kulturelle Erbe der Menschheit. Natürlich erregt diese Entdeckung großes Aufsehen. Vor einem besonderen historischen Hintergrund erscheint Lascaux als ein Symbol. Ein besiegtes, der Barbarei unterworfenes Land (nachdem die deutschen Truppen die südliche Zone besetzt haben, wird auch die Dordogne von einer Reihe »blutiger Vergeltungsmaßnahmen getroffen, wovon die Märtyrer-Dörfer Rouffignac – mit der berühmten Höhle – und Mouleydier zeugen«[11]) gebiert plötzlich aus seiner Erde den »Beweis« eines außergewöhnlich »hohen Alters« der menschlichen Kultur. Als einer der jungen Entdecker deutschen Offizieren die Fundstätte Lascaux zeigt und sie diese besichtigen läßt, wird man darin eine Art Sakrileg sehen, und der Junge wird aus der Gruppe ausgeschlossen. In einer sehr merkwürdigen Entsprechung, derzufolge sich das sehr Alte oft mit dem Modernen verbindet, erfüllen diese Höhlen, die den prähistorischen Menschen vor allem als Zufluchtsorte dienten, in der Zeit der feindlichen Besatzung genau diesen ursprünglichen Zweck wieder: sie gewähren Widerstandsgruppen Unterschlupf.

Die anderen, die »edlen« Gründe für das große Aufsehen, das diese Entdeckung erregt, liegen auf der Hand. Der Vorfahre des Menschen ist innerhalb eines knappen Jahrhunderts prähistorischer Forschung nicht nur sehr viel älter geworden; darüber hinaus zwingt das

---

[11] Annie-Paule und Christian Félix: *La Dordogne d'autrefois [Die Dordogne in früherer Zeit]*, Horvath, 1993.

Zeugnis all dieser ausgeschmückten Höhlen, unter denen Lascaux die Krönung darstellt, zur Akzeptanz der Tatsache, daß der »moderne«, »historische« Mensch, so wie wir ihn verstehen – als ein soziales Wesen mit Gemeinschaftssinn sowie Sinn für das Heilige und die Kunst –, entweder viel älter ist, als wir dachten, oder daß bereits diese uralten Arten, von denen er abstammt, bestimmte Merkmale besaßen, von denen wir glaubten, sie seien allein ihm vorbehalten.

Fernab von diesen Fragen setzt der Abbé Breuil unermüdlich seine Aufzeichnungen fort. Zehn Jahre nach der Entdeckung von Lascaux veröffentlicht er *Quatre cents siècles d'art pariétal* (*Vierhundert Jahrhunderte Felsbildkunst*). Zehn Jahre später, im Alter von 84 Jahren, wird er sterben. Hier aber, in diesen Höhlen, ist er noch eifrig mit Notieren und Messen, Aufzeichnen und Analysieren zugange. Kinder stehen um ihn herum und hören ihm staunend zu. In der Gegend ist eine Vielzahl von Gerüchten im Umlauf. Die »Entdecker« haben sich bereits in verschiedene Lager aufgespalten. Man ahnt, daß hier etwas über die gegenwärtigen historischen Wechselfälle und Widrigkeiten hinaus Bedeutendes ausgegraben worden ist. Daß ein Name wie Lascaux – und wer kannte den schon? – bald sehr berühmt werden wird.

Man hält sich also an den Abbé, man folgt ihm überall hin und tut, was er anordnet. Viele anstrengende Stunden lang arbeitet man tief unten in den Höhlen. Dort reden alle vom Geruch der Erde. Ein Hauch von Lebendigbegrabensein. Fleischig, stark, frisch, unvergeßlich. Diejenigen der Entdecker, die später die Möglichkeit hatten, Lascaux II – eine getreue Nachbildung der ursprünglichen Höhle – zu besichtigen, fanden sich kaum mehr zurecht. Aus einem besonderen Grund: wegen des fehlenden Geruchs.

Lascaux wurde 1963 geschlossen. Die elektrische Beleuchtung und der feuchte Atem unzähliger Besucher hatten zur Folge, daß die Malereien von Algen und Fäulnispilzen befallen wurden.

# V

# Barbaren in Asien

»Die fossilen und archaischen Überreste von Menschen in Südostasien sind eher eine große Seltenheit … In einigen Lagerstätten Chinas und auf der Insel Java hat man welche gefunden. Wenn Eugène Dubois kein Holländer gewesen wäre, hätte er wahrscheinlich woanders gegraben, und zweifellos vergeblich.«

*Yves Coppens*

»Die aufrecht gehenden Menschen Asiens sind hier gefunden worden. Man sollte sich mit ihrer Geschichte beschäftigen, denn sie unterstreicht zugleich die Macht einer Hypothese und die Tatsache, daß ein außergewöhnliches Glück notwendig ist, um menschliche Fossilien zu finden.«

*Jean Chaline*

»Man interessierte sich für die Inseln Sumatra und Borneo, weil es auf diesen Inseln die heute lebenden Menschenaffen wie den Orang-Utan gab. Die Wiege der Menschheit und das fehlende Glied mußten also auf diesen indonesischen Inseln zu finden sein.«

*Dominique Grimaud-Hervé*

Die Frage der monophyletischen Entstehung der Menschheit scheint mittlerweile weitgehend geklärt zu sein. Als wissenschaftlich gesichert sehen wir die These an, nach der alle menschlichen Rassen von einem einzigen primitiven Paar abstammen.« Jetzt ist der Zeitpunkt gekommen, einen Schritt weiter zu gehen, scheint uns Abbé Guibert mit diesen Worten sagen zu wollen. Die von ihm gestellte, alles entscheidende Frage nach der Entstehung des Menschen ist für den Wissenschaftler tatsächlich vor allem eine topographische. Wo befinden sich die Beweise, die Zeugen, die Reste, die Fossilien? An welchem Ort? Auf welchem Kontinent?

Um so weit in Raum und Zeit zurückzugehen, müssen wir die Felsbildkunst nun vergessen und noch weiter zurückschauen, wenn auch nur eine einzige Generation.

Irgendwo spielt ein Junge namens Henri Breuil zusammen mit seinen Kameraden mit Knöchelchen herum, und im kantabrischen Gebirge wird die Entdeckung Altamiras mit einem Achselzucken ad acta gelegt.

Was ist Ende des 19. Jahrhunderts, ungeachtet des Ansturms der wissenschaftlichen und technischen Revolution, noch tief in unserem kollektiven Gedächtnis verwurzelt, wenn nicht die Grundlagen der Schöpfungsgeschichte, der Anfänge der Menschheit und des Garten Eden? Dieser wesentliche »Bodensatz« kann in seiner Formulierung zwar je nach den Religionen und den heiligen Büchern variieren, er betrifft trotzdem einen bedeutenden Teil der Menschheit. Was die Denkzirkel, die Wissenschaftsgläubigen und andere atheistische Materialisten anbelangt, so ist festzuhalten: Auch wenn sie verbissen das Irrationale und Phantasmatische dieser grundlegenden »Legenden« betonen, so spuken dennoch Vorstellungen wie die vom irdischen Paradies oder vom Garten der Schöpfung mehr oder weniger ausgeprägt in den menschlichen Gehirnen herum, wahrscheinlich bis auf den heutigen Tag.

Diesen Umstand hat die darwinistische Theorie um die Hypothese ergänzt, daß der Mensch nicht von einer Art abstammt, die von Anbeginn schon so war, wie wir sie heute kennen, sondern daß er der Abkömmling einer sehr langen Entwicklungslinie ist, an der die Menschenaffen ihren Anteil hatten. »Die wichtigste Folgerung, zu der ich in diesem Werke gelangte, nämlich daß der Mensch von einer niedriger organisierten Form abstammt, wird für viele Personen, wie ich zu meinem Bedauern wohl annehmen muß, äußerst widerwärtig sein. Es läßt sich aber kaum daran zweifeln, daß wir von Barbaren abstammen.« Dies hat Darwin unermüdlich immer wieder mit Nachdruck betont, als habe er es seinen Zeitgenossen einhämmern wollen. Mit einer ähnlichen, genauso bewundernswerten Hartnäckigkeit haben sich später Forscher und Prähistoriker, Erben oder Feinde des alten Meisters, immer wieder mit diesem durch die Evolutionstheorie zurechtgerückten Garten Eden beschäftigt: mit diesem Ort, an dem aus der Finsternis die »Barbaren« aufgetaucht sind, um sodann Glied für Glied die lange Odyssee anzubieten, die bis zum modernen Menschen hinführte.

Will man auf der Landkarte den ursprünglichen Ort herausfinden, an dem unsere Vorfahren vermutlich aufgetaucht sind, dann muß man den biblischen Spuren folgen und überdies der verrückten, fixen Idee, die jener alte, jähzornige Engländer formuliert hat. Dann muß noch die Mode der Forschungsreisen hinzukommen, die Ende des 19. Jahrhunderts in der westlichen Gesellschaft aufkam. In der Zusammenschau dieser Faktoren kann man recht plastisch die Entwicklung erkennen, die zu dem gesuchten Ort führt: Es mußte eine warme, feuchte Gegend sein mit einer üppigen Vegetation und einer reichhaltigen Fauna; eine Gegend, in der alles schneller und besser wächst als anderswo, in der es aus dem Boden sprießt und wuchert; eine Region, in der es noch bedeutsame Gruppen großer Primaten gibt, wie zum Beispiel den Orang-Utan. All diese notwendigen Bedingungen erfüllt Südostasien.

Offenbar ist es Ernst Haeckel, ein deutscher Ethnologe und Professor in Jena, der in seinen Vorlesungen als erster diese Hypothese vorträgt. 1868 veröffentlicht er in seiner *Natürlichen Schöpfungsgeschichte* einen Stammbaum der Spezies, der auf einer einzigen Entwicklungslinie von den Menschenaffen (am Anfang steht ein *Homo primigenus*) zum modernen Menschen führt, und zwar – darin liegt die Neuerung – über einen hypothetischen Vorfahren einer ausgestorbenen Rasse, den er *Pithecanthropus alalus* nennt, eine Art Bindeglied zwischen Affe und Hominide, des Sprechens nicht mächtig, wie das Wort *alalus* besagt. Dieser Pithekoid stünde auf der 21. Stufe einer langen Entwicklungslinie, die 22 Stufen umfaßt. Die unteren Säugetiere stehen auf der 17. Stufe, die Anthropoiden (die Menschenaffen) wie der Orang-Utan, der Gorilla oder der Schimpanse auf der 20. Stufe. Indem Haeckel diesem »Affenmenschen« die artikulierte Sprache und das Selbstbewußtsein abspricht, stattet er uns mit einem sprachlosen Vorfahren, einem Übergangswesen aus, in dem man bald das *fehlende Bindeglied* zwischen dem wahrlich unannehmbaren Affen und uns, die wir auf der 22. Stufe stehen, sehen wird.

Dieser 1834 geborene deutsche Anatom und Zoologe wird in der Folgezeit große Bedeutung erlangen, im guten wie im schlechten Sinne. Als Verbreiter der Lehre Darwins in Deutschland, als verbissener Forscher und unermüdlicher Propagandist, wird er mit seinen Büchern und seinen Artikeln so unterschiedliche Persönlichkeiten beeinflussen wie Dubois, Wallace, Abbé Guibert oder Teilhard de Chardin, bevor er in die trüberen Gewässer der Eugenik und des Deutschtums abdriftet. 1868 aber wendet er sich noch an seinesgleichen, an die Welt der Gelehrten und Akademiker, unter denen seine Thesen allmählich Verbreitung finden.

Ideen sind etwas Flüchtiges, ungreifbar wie Luft. Man weiß nicht genau, wie sie vermittelt und verbreitet werden. So ist es mit der hohen Literatur, die sich seit den Ursprüngen der Schrift entwickelt hat, mittels Entlehnungen und »Plagiaten«, die oft unbewußt und unbeabsichtigt sind. So verhält es sich auch mit der Entwicklung der Wissenschaft und der Technik. Diese Feststellung mag sich sonderbar ausnehmen, aber die Wissenschaft unterliegt ebenfalls gewissen Modeströmungen. Eine Idee kommt in Umlauf, verbreitet sich, erweckt Neugier und provoziert, lockt zum Widerspruch, und plötzlich ist es ein ganzes Forschungsgebiet, das die Aufmerksamkeit auf sich zieht.

Nunmehr also ist Asiens Stunde gekommen. Wie bei der Entdeckung bearbeiteter Feuersteine in der Nähe vorsintflutlicher Knochen sind es erneut europäische Wissenschaftler, die den ersten Anstoß geben: in einer illustren, bunt zusammengewürfelten Gruppe, die in vielerlei Hinsicht an die Galerie der großen Persönlichkeiten, der »Entdecker« der ursprünglichen prähistorischen Forschung, erinnert. Wieder stößt man auf den gleichen Kern hartnäckiger, abenteuerlustiger Wissenschaftler, die mit pedantischer Konsequenz ihrer Intuition folgen, und dies trotz der vielen Steine, die man ihren Forschungen in den Weg legt, trotz der Niedergeschlagenheit, der Isolierung, der Gefahr und sehr oft des Verzichts auf ihr Privat- oder Familienleben. Wer sind diese Männer?

Da ist natürlich Haeckel, der sich mit dem gefürchteten Rudolf Virchow einen erbitterten Kampf liefern wird um die Vorrangstellung und die Herrschaft über die deutsche Wissenschaft – mit jenem Rudolf Virchow, Arzt und Begründer der Zellularpathologie, der einst den Neandertaler offiziell anerkannt hat und der, wie Haeckel, später Talent und Autorität in den Dienst des Pangermanismus stellen wird.

Weiter ist da ein Engländer, Alfred Russel Wallace, ein Bewunderer Darwins und dessen junger plebejischer Konkurrent – er war etwa zehn Jahre alt zu der Zeit, als dieser auf der *Beagle* segelte –, der sich 1854 in Richtung Südostasien einschifft, wo er 8 Jahre lang bleiben wird. Dieser hervorragend begabte autodidaktische Naturforscher (so wie man von Élie Faure sagen kann, daß er ein Autodidakt in der Kunstgeschichte gewesen ist), ein Nacheiferer und manchmal auch Vordenker des »Meisters« der Evolutionstheorie, ist zu diesem Zeitpunkt etwa dreißig Jahre alt. Ein Artikel, den er von Sarawak aus veröffentlichte[12], hat die Aufmerksamkeit der Spezialisten auf sich gezogen und gleichzeitig eine gewisse Besorgnis auf Seiten Darwins hervorgerufen, der stets darauf bedacht ist, von niemandem überflügelt zu werden. Wallace schrieb: »Eine jede Art trat in räumlicher und zeitlicher Übereinstimmung mit einer bereits existierenden, eng verwandten Art in Erscheinung.«

Der Abbé Guibert, der die Arbeiten von Wallace gut kannte, hat es sich nicht nehmen lassen, auf folgenden Umstand aufmerksam zu machen: »Im Jahr 1859, als Darwin erfuhr, daß Russell Wallace ähnliche Überle-

---

12 Es handelt sich um den Artikel *Über das Gesetz, das die Einführung neuer Arten beherrscht*, der im September 1855 in den *Annals and Magazine of Natural History* erschien. (Anm. d. Übers.)

gungen wie die seinigen veröffentlichen wollte, hat er sich eilends daran gemacht, die erste Ausgabe seines Buches *Von der Entstehung der Arten* zu Ende zu schreiben und herauszubringen.« Wie wir schon einmal festgestellt haben, verfolgen zu einem bestimmten historischen Zeitpunkt mehrere miteinander konkurrierende »Entdecker« parallel einen Weg, der bislang niemanden interessiert hat. Darwin wird der schnellste sein und überdies den vollständigsten Bericht vorlegen, und er wird durch den Skandal und die Anerkennung gleichermaßen zu Ruhm gelangen (die bescheidene soziale Herkunft von Wallace wird diesem nicht zugute kommen: in der viktorianischen Ära ist sie ein großer Nachteil, insbesondere auf dem Gebiet der Wissenschaft). Aber zu unserer Geschichte hat Wallace nichtsdestotrotz einen entscheidenden Beitrag geleistet: durch seine Beobachtungen über die Ökosysteme Südostasiens.

Und schließlich wäre da noch, als eine Art »Doppelgänger« des Franzosen Boucher de Perthes, ein gewisser Eugène Dubois, ungeachtet seines Namens ein Niederländer. Er begeistert sich für die Ideen von Haeckel und Wallace. Besonders ein langer Artikel, in dem Wallace behauptet, daß die Spuren dieses »Affenmenschen« in den Tropen gesucht werden müßten, läßt ihm keine Ruhe. Wallace erwähnt darin bereits die Inseln Sumatra und Borneo, und zwar aufgrund ihrer Population von derzeit lebenden Menschenaffen wie den Orang-Utans. Für Wallace besteht kein Zweifel daran, daß sich die Wiege der Menschheit, die Spuren des fehlenden Gliedes, hier befinden müssen, auf diesen heute zu Indonesien gehörenden Inseln am Ende der Welt.

In der Tat verfügt der indonesische Archipel über alles, was geeignet wäre, Entdecker und Forscher anzulocken. Er ähnelt einem Laboratorium der Schöpfung: eine beispiellose Vegetation und Fauna, die sich ausbreiten und einander auf mehreren tausend Inseln verschlingen, von denen einige – wie Borneo oder Sumatra – größer sind als die alten Länder Europas; Seen so groß wie Binnenmeere; und überall Vulkane, Hunderte von Vulkanen, die sich jedes Jahr mal hier, mal dort den Menschen nachdrücklich in Erinnerung rufen. Diese gesamte Zone im Pazifik heißt zu Recht »Feuergürtel«, wie es jener düstere Augusttag im Jahr 1883 illustriert, als der Krakatau regelrecht explodiert und die augenblicklich von einer Flutwelle überschwemmte Insel Rakata Besar unter seinen Trümmern zermalmt. Schmelzende Lava und Staub werden mehr als 20 000 Meter über das Meer hochgeschleudert, einige vulkanische Trümmer landen auf Madagaskar. Die Explosion ist so gewaltig, daß sie bis Australien zu spüren ist, das 4 000 Kilometer weit weg liegt. 30 Meter hohe, sich überschlagende Wellen reißen etwa 200 Dörfer an den Küsten Javas und Sumatras mit sich fort.

Kein Zweifel, diese Welt übt einen magisch lockenden Zauber auf die Handvoll europäischer Wissenschaftler aus, die dort den »alten Garten Eden« zu entdecken glauben. Indonesien, das mehr Pflanzenarten aufweist als die tropischen Zonen Amerikas oder Afrikas, ähnelt in der Tat einer Art Buch der Rekorde für fanatische Gärtner: 35 000 blühende Pflanzenarten, 250 Arten Bambusgewächse und 150 Arten Palmen; Bäume, die bis zu 60 Meter hoch werden können, mit bis zu sechs Meter dickem sichtbarem Wurzelwerk; unglaubliche Blumen wie die Riesenrafflesie (die größte Einzelblüte auf der Erde), dazu Dutzende von Säugetierarten, Tausende Vogelarten, Myriaden von Insekten sowie etliche Raritäten, so recht nach dem Geschmack poetisch veranlagter Naturforscher: zum Beispiel Fische, die auf der Suche nach Insekten in die Mangobäume klettern;

Spinnen, die in ihren Riesennetzen Vögel fangen können und sie verschlingen; oder Riesenschmetterlinge und leierförmige Koleopteren (Käfer).

Seit 1824 ist Indonesien überdies eine niederländische Kolonie – ein glücklicher Umstand für Dubois, der wenn schon nicht mit der Unterstützung, so doch mit dem wohlwollenden Wegsehen der örtlichen Verwaltung rechnen kann. In gewisser Weise hat sich hier der Zufall einen Spaß erlaubt, wie Professor Jean Charlier verschmitzt anmerkt: Südostasien geizt eigentlich mit Fossilien, gibt sie nicht gerne her, und doch findet man sie ausgerechnet da, wohin Dubois geht; und wenn er dorthin geht anstatt irgendwo anders hin, dann einzig aus dem Grund, daß er Niederländer ist und die Inseln, zu denen er unterwegs ist, zu den Kolonien seines Landes gehören.

Europa, die Wiege der industriellen Revolution, hat die Welt unter sich aufgeteilt. In aller Unschuld, möchte man beinahe sagen. Und in aller Unschuld erlebt es den Höhepunkt seiner kaiserlichen Macht, die sich nicht nur auf den kaufmännischen und den militärischen Sektor, sondern auch auf den ideologischen und den wissenschaftlichen Bereich erstreckt. Europa teilt den Kuchen der Kolonien auf – wie es scheint, ohne sich groß um die aufziehenden Gewitter zu kümmern. Im Rückblick staunt man über dieses seltsame Bild, wo ein Barbar aus dem Norden in ein besiegtes Land kommt, in ein Land, das dennoch Erbe alter, komplexer Kulturen ist, um die Spuren der großen antediluvialen Barbaren zu erkunden. Bewußt zwischen zwei Entwürfen schwebend, wird Henri Michaux später den jetzt ebenfalls besiegten Europäern dieses andere »Glied«, das sie »verfehlt« haben, schildern, nämlich die stumme Präsenz dieser Völker, die das koloniale Zwischenspiel gerade hinter sich gebracht haben. In *Ein Barbar in Asien*, erschienen 1933, das eine Erzählung und zugleich ein Sittengemälde ist, schildert er diese Javaner, »die im Gänsemarsch auf der Straße gehen, miteinander reden, ohne den Kopf zu bewegen, auch dann nicht, wenn ihnen jemand etwas laut zuruft. Auch wenn sie angesprochen werden, achten sie immer noch darauf, daß sie sich nicht umdrehen müssen; dieser Mangel an Haltung wäre ihnen nämlich zuwider.« Solche und andere Szenen hat Eugène Dubois sicherlich erlebt, hat sich darüber gewundert und vielleicht versucht, sie zu deuten. Auf jeden Fall aber war er nicht ihretwegen hierher gereist.

Ein Photo, eine sehr romantische Aufnahme, zeigt Dubois in einem Sessel sitzend. Neben ihm steht seine junge Frau, würdevoll und zart, an seine Schulter gelehnt. Dubois' Gesicht ist schön und ernst, eine Krause schmückt sein Kinn. Dieses Porträt ist 1887, kurz vor ihrer Abreise, aufgenommen worden. Dubois hat endgültig alle Brücken hinter sich abgebrochen, wieder einmal. Einst hatte sein Vater einen Apotheker aus ihm machen wollen – er ist Arzt geworden. Der Glaube seiner Kindheit, die katholische Religion, »hinderte ihn daran, klare Gedanken zu fassen«, also hat er sich davon gelöst. Darwins Theorien, Haeckels Arbeiten und die Artikel von Wallace faszinieren ihn. Mit großer Entschiedenheit hängt er seinen Beruf an den Nagel und verläßt sein Land, um die Theorien in die Praxis umzusetzen.

Die Dubois lassen sich auf Sumatra nieder, der größten Insel. Dubois, nunmehr Militärarzt der Königlichen Indischen Armee, im Exil zwischen Indischem Ozean und Pazifik, übt seinen Arztberuf aus und führt daneben mit von ihm angestellten Erdarbeitern Ausgrabungen durch. Seine tatkräftigen, unermüdlichen Nachforschungen bleiben lange Zeit ohne Ergebnis. Dubois verliert die Geduld und den Mut, beklagt sich über die Tonnen von Erde, die vergebens umgegraben worden sind. Er glaubt aber nach wie vor an sein Unterfangen, denn man braucht nur im Wald spazierenzugehen, um sich zu überzeugen: Alles deutet darauf hin, daß sich die Wiege des Menschen, falls dieser in Asien entstanden ist, ganz eindeutig in diesem undurchdringlichen Dschungel befindet, in dem es von Gibbons und Orang-Utans wimmelt.

1888 wird Dubois vom Amt für Erziehung, Religion und Industrie berufen und mit einem paläontologischen Forschungsauftrag betraut. Nun fühlt er sich schon eher in seinem Element, freilich ohne daß seine Bemühungen von Erfolg gekrönt wären.

Erst 1890 ist es soweit: Er hört von der Entdeckung eines fossilen Schädels auf Java. Sofort begibt er sich auf diese Insel, die Jahre später einen Teilhard de Chardin so bezaubern wird, eine Insel »mit so kleinen, verstreuten und verlorenen Hütten … inmitten einer so gewaltigen Vegetation, daß man nur einen Palmenhain erblickt, der Reisfelder umgibt; das Ganze wird von einer Reihe von Vulkanen überragt, von denen jeder so groß ist wie der Ätna.« Fauna und Flora, die sich gegenseitig an Üppigkeit und Eigenartigkeit übertreffen wollen, sind natürlich wie geschaffen, um die Phantasie anzuregen und Dubois wieder neuen Mut zu verleihen … auch wenn man mittlerweile weiß, daß der Tropenwald in früherer Zeit viel lichter war als heute. Das geht aus Büffelresten hervor, deren Hörner einen Abstand von über zwei Metern haben, weshalb sich die Büffel folglich durch Bäume von der jetzigen Größe nie hätten einen Weg bahnen können. In den prähistorischen Zeiten mußten Nashörner und Flußpferde in der Nähe der Stegodonten gelebt haben, den Vorfahren des Elefanten.

Der vorherrschenden Auffassung nach haben sie etwa zwei Millionen Jahre v.u.Z. die infolge der Eiszeiten eingetretene Senkung des Meeresspiegels dazu genutzt, um auf der Insel an Land zu gehen.

Dort, in der Lagerstätte Najak, gräbt Dubois einen zweiten Schädel aus. Doch welches Pech für Dubois, der darauf hofft, Haeckels *Pithecanthropus* zu finden – es sind jedesmal schrecklich gewöhnliche, moderne Schädel, wahrscheinlich aus der Zeit des Jungpaläolithikums. Dubois gibt nicht auf, läßt sich an den Ufern des Flusses Solo nieder und erkundet systematisch die dort liegenden Höhlen. Er tut dies mit der Hilfe einer Gruppe von Sträflingen, die man ihm zur Verfügung gestellt hat.

Erst im September 1891 gräbt er an einem Ort namens Trinil ein Stück aus, das endlich »seinen ehrgeizigen Plänen angemessen zu sein scheint«. Nachdem er kistenweise Tierknochen freigelegt hat, entdeckt er einen Mahlzahn, danach eine Schädeldecke, die – nach eingehender Untersuchung – seiner Meinung nach von dem berühmten fehlenden Zwischenglied stammt. Er gibt dem fossilen Schädel den Namen *Anthropopithecus javanensis*. Dubois ist Feuer und Flamme, schreibt im Gefühl des Triumphes sofort an den »hoch verehrten Professor« Haeckel, um ihm von seiner Entdeckung zu berichten. »Es besteht kein Zweifel«, schreibt er, »daß wir es hier mit der Form zu tun haben, die dem menschlichen Säugetier am nächsten steht.«

Dubois setzt seine Ausgrabungen fort und entdeckt ein Jahr später einen vollständigen linken Oberschenkelknochen, der seiner Meinung nach zum selben Wesen gehört. Die Entdeckung dieses Oberschenkelknochens scheint ihm von großer Bedeutung zu sein: Für ihn liegt es nahe, daß dieser fossile Hominide aufrecht ging. Dies betont und bestätigt Dubois offiziell, indem er seine Entdeckung in *Pithecanthropus erectus* (aufrechtgehender Affenmensch) umbenennt – in Anlehnung an die Terminologie Haeckels, der sich geschmeichelt fühlen wird – und das Wort *alalus* durch *erectus* ersetzt. Der aufrechte Gang ist für Dubois von viel wesentlicherer Bedeutung. Dieser nämlich würde das besondere Merkmal des Bindeglieds zwischen Affe und Mensch darstellen: »Der *Pithecanthropus erectus*«, erklärt Dubois, »ist die Übergangsform zwischen dem Menschen und den Menschenaffen, die es den Evolutionsgesetzen gemäß gegeben haben muß. Er ist der *Ahne des Menschen.*«

Wenngleich Dubois im übrigen vorsichtig erklärt, daß »diese pleistozäne Form, obschon sehr weit auf dem Weg der Differenzierung fortgeschritten, den menschlichen Typus noch nicht ganz erreicht hat«, so kann diese Absicherung nicht verhindern, daß die Polemik losbricht und er auf erbitterten Widerstand stößt, sobald seine Arbeiten 1894 veröffentlicht werden. Handelt es sich tatsächlich um die Reste des Vorfahren des Menschen oder um Fossilien von Menschenaffen? Heute werden sie dem *Homo erectus* zugeschrieben – das hypothetische »fehlende Glied« wird somit verschoben und in noch frühere Zeiten zurückverlegt. Damals ist der »menschliche« oder vormenschliche Charakter dieser Überreste heftig in Frage gestellt worden.

Die wissenschaftliche Welt entschließt sich nicht leicht, das Wort »Mensch« auszusprechen, wenn es sich um »tierische« Skelette handelt. Einige »Evolutionisten« ziehen es vor, den *Anthropopithecus javanensis* zwischen den Neandertalern und den Affen einzuordnen, weil ihn seine charakteristischen Merkmale vom Menschen entfernen. Es werden nun gegen Dubois die gleichen Anschuldigungen der Inkompetenz erhoben wie seinerzeit gegen die Entdecker des Neandertaler-Schädels. Wie soll man akzeptieren, daß unsere Vorfahren eine Schädeldecke hatten, die 10 Millimeter dick war, das heißt zweimal so dick wie die unsere, daß sie aber im Gegenzug ein Gehirnvolumen von nur 900 Kubikzentimetern hatten?

Der holländische Redakteur der Zeitschrift, die Dubois' Monographie veröffentlicht, fügt ohne Wissen des Autors eine an den Leser gerichtete Warnung bei. Und auch unter den Vertretern der damaligen wissenschaftlichen Welt werden viele Stimmen laut, die »die dünnen, spekulativen Hypothesen« und die »voreiligen« Schlußfolgerungen kritisieren. Die wissenschaftlichen »Riesen« der ersten Generation wie Darwin oder Huxley, die sich für diese Entdeckungen hätten begeistern und stark machen können, sind inzwischen verstorben. Von Haeckel abgesehen, sind ihre Nachfolger viel vorsichtiger und zurückhaltender, so zum Beispiel der französische Anthropologe Léonce-Pierre Manouvrier, der seine Zweifel öffentlich bekundet, oder auch der Deutsche Virchow, der es um so weniger an Sarkasmus fehlen läßt, als er damit indirekt seinen alten Erzfeind Haeckel treffen kann. Einer der wenigen, die sich hinter Dubois stellen, ist seines Zeichens – ein Zeichen der Zeit? – Amerikaner, nämlich Othniel Charles Marsh, ein Paläontologe aus Yale, der von der »wunderbaren« Publikation Dubois' spricht und sie folgendermaßen feiert: »Diese Entdeckung ist genauso bedeutend wie die Entdeckung des Neandertaler-Schädels.«

Bei seiner Rückkehr nach Holland ist Eugène Dubois ein am Boden zerstörter, desillusionierter und zutiefst verbitterter Mensch. Er hüllt sich in Schweigen, verkriecht sich. Und von nun an wird er an allem, vor allem an sich selbst zweifeln, bis er 1938 an einem Herzinfarkt stirbt. »Er war ein Idealist«, wird der schottische Anatom Arthur Keith, einer von Dubois' wissenschaftlichen Kontrahenten, über ihn schreiben. »Seine Vorstellungen waren so tief in ihm verankert, daß sein Geist dazu neigte, die Fakten zu verdrehen, anstatt seine Vorstellungen zu verändern, um sie den Fakten anzupassen.« Zum Schluß war Dubois so verbittert, daß er den *Pithecanthropus erectus* unter den Dielenbrettern seines Eßzimmers versteckte und sich 30 Jahre lang weigerte, ihn Wissenschaftlern zu zeigen, geschweige denn mit ihnen über dieses Thema zu sprechen.

Java hat aber noch nicht aufgehört, seine sehr alte, sehr weit zurückreichende Vergangenheit preiszugeben. In den Schichten von Sangiran wird der Kiefer eines etwa zwölfjährigen Kindes gefunden, der Spuren eines ausgeheilten Bruches aufweist. Alles deutet darauf hin, daß das Kind sich bei einem Unfall den Oberkiefer gebrochen hat und daß es nicht daran gestorben ist. Das würde bedeuten, daß es monatelang überlebt hat, dank der anderen Hominiden seiner Gruppe, die es ernährt und durchgebracht haben, indem sie ihm die Nahrung vorgekaut haben. In Anbetracht der Tatsache, daß dieser Oberkiefer heute auf 500 000 Jahre geschätzt wird, müßte man akzeptieren, daß diese Hominiden der Solidarität und der Anteilnahme fähig waren – Werte also, die wir eher exklusiv mit unserer geschichtlichen Menschheit und der Humanität in Verbindung bringen.

Wer waren diese Erwachsenen, die sich als Beschützer verhielten? Wo soll man sie einordnen, und wie kann man sie sich vorstellen? Das Beweisstück dieses gebrochenen und wieder verheilten Kiefers zwingt uns dazu, ihnen eine schon weit entwickelte Gemeinschaftsfähigkeit zu attestieren. Was soll man aber von einer anderen Entdeckung halten, die aus der Fundstätte Ngandong stammt? Dort sind zwölf Schädel gefunden worden, von denen zehn ein erweitertes Hinterhauptsloch aufweisen, das heißt, deren Schädelbasis aufgeschlagen worden ist, um das Gehirn entnehmen zu können. Eine rituelle Handlung? Oder Kannibalismus? Oder handelt es sich etwa um Trophäenschädel? Dies wird der Paläontologe Koenigswald jedenfalls behaupten, ein Holländer deutscher Abstammung, der 1941 die kostbaren javanischen Funde vor der Beschlagnahme durch die Japaner retten wird.

Nach dem abenteuerlichen Unternehmen von Eugène Dubois, das seine Zeitgenossen als fruchtlos und wenig ertragreich abtaten, läßt die Neugierde an der Vorgeschichte spürbar nach. Überdies hat man im neuen Jahrhundert andere Sorgen. Es ist wie ein böses Erwachen: Das kaiserliche Europa, seiner selbst und seiner Werte einst so sicher, wird sich bald selbst zerfleischen.

Java, das liegt sehr weit weg, fast so weit wie China. Wer interessiert sich in Europa schon für den Chinesen Pei Wenzhong? Ihm haben die Pekinger Behörden und der kanadische Anatomieprofessor Davidson Black die Leitung der archäologischen Ausgrabungen von Zhoukoudian übertragen, das 50 Kilometer südwestlich der Hauptstadt Peking gelegen ist. Auch ohne die Anteilnahme Europas haben dort Ausgrabungsarbeiten begonnen. Am 2. Dezember 1921 beschließen Pei und seine Arbeiter, im Inneren einer Höhle zu graben, die so niedrig ist, daß man darin nicht aufrecht stehen kann. In der einen Hand halten sie eine Kerze, in der anderen die Schaufel oder die Hacke, die beiden Grundwerkzeuge der prähistorischen Forschung. Vorgeschichte, das heißt Wühlen, Hacken, Schaufeln. Man kann sich den Schauplatz lebhaft vorstellen: die wie Glühwürmchen in der finsteren Luft flackernden Flammen, mal dumpf und mal metallisch klingende Geräusche, da plötzlich ein Schrei, dann völlige Stille: Pei ist soeben auf eine fast vollständige Schädeldecke gestoßen. Er kniet nieder, löst sie vollends aus dem Boden und untersucht sie im Schein der Fackeln.

Als er ins Lager zurückgekehrt ist, kann er folgendes triumphierendes Telegramm an Black abschicken: »Schädeldecke gefunden – vollständig – menschenähnlich.« Bald wird man seinen Fund *Sinanthropus pekinensis* nennen, den Peking-Menschen.

Bei Ausgrabungen ist das Glück oft das Resultat von viel Geduld und ein wenig Zufall. So hat sich Haberer, ein deutscher Paläontologe, schon 1903 über die großen Mengen Knochenpulver gewundert, die in den Pekinger Apotheken verkauft wurden. Als er der Herkunft dieser Knochen und Drachenzähne, denen man große Heilwirkung zuschrieb, nachging, fand er schließlich heraus, daß sie vom Berg Zhoukoudian stammten. In der Tat wimmelte es in dem riesigen Tumulus von Knochen, die der Volksglaube den sagenhaften Drachen zuschrieb. Haberer hat dort fossile Zähne von Säugetieren gesammelt. Erst 1918 haben zwei Forscher in einer Knochengrube, der Fundstätte von Zhoukoudian, zwei menschliche Mahlzähne gefunden. Und man wird nie genau wissen, wieviel von diesem aus den Resten prähistorischer Menschen gewonnenen Wunderpulver aus dem Boden von Zhoukoudian am Anfang dieses Jahrhunderts in die Nahrung der Chinesen gelangt ist.

Die Höhle aber gibt ihre Geheimnisse weiterhin preis. Die Analyse der ältesten Schichten des Wohnplatzbodens legt nahe, daß die Bewohner sich gegen Tiere zur Wehr setzen mußten und diese vertrieben haben. Nach einer Reihe verschiedener Benutzungsschichten gelangt man nämlich zu einer Periode, in der der Mensch endgültig die Herrschaft über die Höhle erlangt hat. Diese Periode erschließt sich aus den Spuren einer Feuerstätte. Die Beherrschung des Feuers hat die Inbesitznahme des Wohnplatzes ermöglicht und gesichert.

Einige der *Sinanthropus*-Schädel weisen eine zertrümmerte Vorderseite und ein erweitertes Hinterhauptsloch auf, was ebenso wie der auf Java gefundene Schädel auf Kannibalismus schließen lassen könnte. Die Hypothese eines rituellen Kannibalismus – also religiöser Bräuche – ist sehr ernsthaft in Betracht gezogen worden. Insgesamt hat die Fundstätte sechs Schädel, 150 Kiefer- und Zahnfragmente sowie neun Oberschenkelknochen von wahrscheinlich insgesamt etwa 50 Individuen freigegeben, die zwischen 600 000 und 500 000 Jahre v.u.Z. hier gelebt haben.

In einer Warnung am Ende des Vorwortes zu seinem Buch *Die Herkunft des Menschen* schreibt Abbé Guibert: »Abschließend möchte ich sagen, daß ich wesentlich angewiesen bin sowohl auf die Wissenschaft als auch auf die Glaubenslehre. Wenn die Wissenschaft durch neue Fortschritte fragliche Punkte erhellen oder Lösungen, die ich für sicher halte, widerlegen sollte, dann werde ich nicht zögern, ihren Anweisungen Folge zu leisten. Und wenn die Kirche, an deren Unfehlbarkeit ich felsenfest glaube, einige Fragen anders beantworten sollte, als ich es tue, dann bin ich sofort bereit, mich ihrer Lehre anzuschließen.«

In diesen wenigen Sätzen kommt das ganze Dilemma zum Ausdruck, in dem sich die Geistlichen und die katholischen Intellektuellen befinden, welche den Fragen, die der gewaltige Fortschritt der Wissenschaft aufwirft, aufgeschlossen gegenüberstehen. Sie bezeugen auch ihre Hoffnung, ihren noch unversehrten Glauben, und verweisen auf die Haltung, die sie einnehmen werden. 30 Jahre nach seiner Veröffentlichung könnte dieser Text zur Porträtierung jenes großen Jesuiten dienen, der an diesem Punkt in unsere Erzählung eingreift: Pierre Teilhard de Chardin.

Der Geologe und Spezialist für Humanpaläontologie, dieser Gelehrte mit dem schönen nachdenklichen Gesicht, der hohen, würdevollen Stirn und den ausdrucksvollen Augen, hat seinen Lehrstuhl für Geologie am *Institut catholique* in Paris aufgeben und 1926 nach China auswandern müssen. Seine alles verschlingende und verzehrende Leidenschaft für die Frage nach der Herkunft des Menschen ist der Grund für diesen Aufenthalt: Als Berater der chinesischen geologischen Behörden nimmt er an den Ausgrabungen in Zhoukoudian teil. Er ist hier, weil er von den Kirchenbehörden »strafversetzt« worden ist. Diese haben kaum Gefallen gefunden an seiner wenig orthodoxen Deutung der Erbsünde, die in ihren Augen zu sehr unter dem Einfluß der Evolutionstheorie Darwins steht.

Entsprechend der Warnung des Abbé Guibert und im Gefolge des Père Lagrange hinsichtlich der Bibelexegese ist es bemerkenswert festzustellen, daß sich Teilhard de Chardin trotz seiner ausgeprägten Persönlichkeit und der Festigkeit seiner Überzeugungen für die Treue entscheiden und einer Verbannung unterwerfen wird, die bis 1946 andauern sollte. Weiterhin ist erstaunlich, daß sein gesamtes philosophisches Werk erst posthum erscheinen wird, abgesehen von streng wissenschaftlichen Beiträgen wie *Les Mammifères dans l'éocène inférieur en France* (*Die Säugetiere im frühen Eozän in Frankreich*).

»Sein Buch hat alles in Gang gebracht«, schreibt er über Darwin. Dessen Buch *Von der Entstehung der Arten* war es nämlich, das Teilhard neben vielen anderen Büchern – wie etwa denen von Bergson – dazu brachte, das Notat niederzuschreiben, das schuld daran war, daß er ins Exil gehen mußte. Dabei hatte er bereits hier versucht, die Wissenschaft, die Philosophie und die christliche Theologie miteinander zu versöhnen. Die Passage lautet: »Wir müssen unsere Ansichten über die Erbsünde gewaltig erweitern. Wir können die Erbsünde nicht mehr hier, da oder dort einordnen, sondern lediglich erkennen, daß sie überall ist und genauso mit dem Wesen der Welt verbunden wie Gott, der uns schafft, und das fleischgewordene Wort, das uns erlöst.« Aus diesen Worten lassen sich die Folgen ermessen, die die Entdeckung eines Feuersteins oder eines vergrabenen Schädels für die Interpretation der Grundlagen des christlichen Dogmas selbst durch einen katholischen Intellektuellen haben konnte. »Vor Teilhard de Chardin«, wirft Jean Guitton in die Debatte, »war Christus der Anfang, das heißt, daß er in die Vergangenheit gehörte«. In eine Vergangenheit, die vor genau 2 000 Jahren begann, was einerseits zuviel und andererseits auch zuwenig ist. Zuwenig, weil die »vorbiblischen« Zeitalter aus Datierungen hervorgehen, die Zehn- und Hunderttausende von Jahren umfassen und an die es keine Erinnerung mehr gibt. Zuviel, weil diese Zehntausende von Jahren, die uns vorausgehen, genausogut auf uns folgen könnten. Und was wird in zwanzig- oder dreißig- oder hunderttausend Jahren von dem Bild des historischen Christus übrigbleiben? »Man wird«, ergänzt Guitton (der im übrigen Teilhards Auffassungen kritisch gegenübersteht), »in dreihunderttausend oder in einer Million Jahren sagen: ›Er ist ein Mythos.‹ Pater Teilhard de Chardin hat die geniale Idee gehabt, Christus nicht in die Vergangenheit, sondern in die Zukunft zu legen. Als das Omega … nicht der Anfang, sondern die Vollendung der Geschichte.«

Dieses Denken bleibt grundsätzlich ein einheitliches Denken, stützt sich auf die wissenschaftlichen Errungenschaften der Zeit und reiht diese ein in eine christliche Sicht der Evolution. Das führt jedoch dazu, daß der große Jesuit nach Peking gehen muß. Dort wird er Black bei seinen Arbeiten unterstützen, ja ihn später sogar ersetzen, nachdem dieser 1934 regelrecht an Erschöpfung gestorben ist. Als Geologe wird Teilhard zu der legendären Haardt-Citroën-Expedition stoßen, der ›gelben Kreuzfahrt‹ (1931–1932), die mit André Citroën als treibende Kraft über die alte Seidenstraße nach Peking ziehen wird.

Die Japaner stehen unmittelbar davor, in Südostasien anzugreifen. Teilhard setzt seine Forschungen und Überlegungen, die ihn nach seinem Tod (1955) berühmt machen werden, fort. Haeckel und Wallace sind schon seit 20 Jahren tot, Dubois ist ihnen wenig später nachgefolgt, verbittert und mit dem Gefühl, versagt zu haben. Von Java haben wir einen Sprung nach China gemacht, und der alte Adam scheint jedesmal etwas weiter in der Zeit zurückzuschreiten. Aber spielt das letzten Endes eine große Rolle?

Es hat den Anschein, daß dem tatsächlich so ist. Es gibt bereits einen Beweis dafür. Es ist die Leidenschaft, mit der sich die Japaner nach dem Überfall auf China und Java der von den Forschern zusammengetragenen Funde bemächtigen – zu einer Zeit, in der man davon ausgehen kann, daß sie eigentlich andere Sorgen hätten haben müssen. Und es ist der nicht minder große, mehr oder weniger von Erfolg gekrönte Eifer der Anthropologen, diese Funde in Sicherheit zu bringen und Abgüsse davon herzustellen.

Die Vorgeschichte ist ein äußerst modernes Streitobjekt geworden. Wie wir bereits im Falle von Guibert oder Teilhard gesehen haben, waren sie durch das religiöse Denken, das nach wie vor die Grundlage unserer europäischen Kultur ist, zu schmerzlichen Anpassungen gezwungen. Aber wie viele Anschauungen, die zunächst auf ein einziges wissenschaftliches Gebiet beschränkt bleiben, so ordnet sich auch das religiöse Denken in den großen Strom der allgemeinen Vorstellungen und der jeder Epoche eigenen Weltanschauungen ein.

Bereits Ernst Haeckel hat den Weg dafür gezeigt, indem er seine romantische Begeisterung für Deutschland an seine wissenschaftlichen Eingebungen angelehnt hat. Jetzt schon – und die Auseinandersetzung ist noch lange nicht abgeschlossen – bekämpfen sich die Anhänger eines einzigen Adams und diejenigen, die für eine Vielzahl verschiedener Geburtsstätten der Menschheit plädieren. Diese Kontroverse ist von übergreifender Bedeutung und erstreckt sich nicht nur auf die Sphäre des religiösen Glaubens. Schon 1896 griff Abbé Guibert heftig diejenigen an, die er »Polygenisten«[13] nannte, wobei die Rassenfrage bereits der wichtigste Aspekt gewesen ist: »Alle Argumente der Polygenisten«, schrieb er, »laufen auf folgende Feststellung hinaus: ›Der Unterschied zwischen dem Neger und dem Weißen ist zu groß, als daß beide dieselbe Spezies sein oder denselben Ursprung haben könnten.‹ Die Wahrheit dagegen scheint in einem ganz entgegengesetzten Satz zum Ausdruck zu kommen: ›Es ist so schwierig, Unterschiede zwischen den menschlichen Rassen zu finden, und die tatsächlich hervorgehobenen Unterschiede sind so minimal, daß es unmöglich ist, unterschiedliche Arten daraus abzuleiten und sie in Verbindung mit mehreren ursprünglichen Stämmen zu bringen.‹«

Und die Schlußfolgerung des Abbé Guibert lautete dann: »In einer weit zurückliegenden Zeit, welche von der

13 Polygenismus: Hypothese, nach der alle Lebewesen von vielen verschiedenen Stammformen abgeleitet werden. (Anm. d. Übers.)

Wissenschaft nicht genau datiert werden kann, die aber sicher jenseits von achtzehn- bis zwanzigtausend Jahren liegt, taucht auf der Erde das erste menschliche Paar auf, in seinem Wesen bestimmt und geschaffen von einer außerhalb stehenden, intelligenten und persönlichen Macht, *die wir Gott nennen*.«

Es erhebt sich die Frage, ob Teilhard diesen Satz gelesen hat – wahrscheinlich schon – und ob er sich gleichermaßen von einem Satz Darwins hat inspirieren lassen, der da lautet: »Wenn wir mit den Affen verwandt sind, dann liegen unsere Anfänge vermutlich in Afrika.« Teilhard äußert sich zu der Frage folgendermaßen: »Es ist eine gute Sache, den Peking-Menschen gefunden zu haben. Aber wollen Sie meine Meinung hören? Dieser Mensch war ein Reisender und Nomade, dessen Vorfahren von weit her kamen, höchstwahrscheinlich aus Afrika. Diesen Kontinent müssen wir sorgfältig im Auge behalten. Es könnte nämlich sein, daß er die Wiege der Menschheit ist.«

# VI

# Der Mensch aus Afrika

»Es war eine vollkommen zufällige Entdeckung, wie so viele andere, die in Südafrika, am äußersten Rand des afrikanischen Kontinents, gemacht worden sind.«

»Raymond Dart hat geahnt, daß er einen Vorfahren des Menschen ausgegraben hatte, obwohl er ihm den schrecklichen Namen *Australopithecus africanus* gab, was soviel wie ›der südafrikanische Affe‹ bedeutet.«

*Yves Coppens*

»Einige haben behauptet, daß das fossile Kind menschliche Merkmale aufwies, weil es jung, und nicht weil es wirklich ein Mensch war.«

»Ich habe das große Privileg gehabt, mit diesen beiden herausragenden Persönlichkeiten zusammenzuarbeiten: mit dem genialen Dart und mit dem glänzenden Paläontologen Broom. Dann hat es noch eine dritte Person in meinem Leben gegeben: Louis Leakey aus Nairobi.«

»Es besteht kein Zweifel, daß das Kind von Taung auf zwei, und nicht auf vier Beinen ging. Sein Gesicht war langköpfig und menschenähnlich, nicht prognath (mit vorstehendem Oberkiefer) wie bei den Affen. Dart wußte nicht, wo er es einordnen sollte, in die Familie der Affen oder in die Familie der Menschen. Deshalb schlug er eine neue, dazwischenliegende Familie vor.«

*Philip Tobias*

Ein weiteres Mal hat man sich neuen Erkenntnissen versperrt. Es erweist sich beinahe als eine Konstante in unserer Erzählung von den Ursprüngen. Man glaubt Dubois nicht. Auf ähnliche Weise hatte man Boucher verspottet, Darwin durch den Kakao gezogen, Hauser verleumdet oder Marcelino Sainz de Sautuola ignoriert. Bislang scheint einzig Lascaux von der systematischen Ablehnung durch die Wissenschaftler in Amt und Würden und die eingesetzten Gremien verschont geblieben zu sein. Tatsächlich hat die Entdeckung dieser großartigen Fresken etwas Überwältigendes, sie scheinen »unwiderlegbar«, ihre Bedeutung läßt sich nicht lange in Frage stellen – im Gegensatz zu einem Oberschenkelknochen oder einem beschädigten Schädel, deren Deutung man mit Vorsicht, Mißtrauen und Widerspruch begegnet, denen man lange jede Wichtigkeit per se abspricht. Und außerdem gab es da noch den Abbé Breuil. Das ist die andere Konstante, die nahezu symmetrisch zur Konstante der Genese der Vorgeschichte verläuft. Auf die Ablehnung, den Spott und die Verachtung, die man den Entdeckern immer wieder entgegenbringt, folgt eine eher unterschwellige Bewegung, eine Art Ablösung und Fortsetzung, durch die die Vermutungen und Entdeckungen nicht verlorengehen, sondern von anderen wiederaufgenommen und weitergeführt werden. Zuletzt haben sich die Feuersteine aus der Somme-Bucht und der Neandertaler-Schädel als das durchgesetzt, was sie sind; Darwin hat noch zu Lebzeiten – von seinem posthumen Ruhm zu schweigen – mitverfolgen können, wie sich einige Jahre nach dem Erscheinen seines Meisterwerkes ein bedeutender Teil der englischen Wissenschaftler auf seine Seite geschlagen hat. Nach Eugène Dubois sind Teilhard de Chardin und Raymond Dart auf die Bühne getreten.

Wenn der Mensch nicht im Garten Eden geboren ist, woher kommt er dann? Ist er von einem einzigen Paar gezeugt worden, wie es die Bibel sagt, ja fordert? Wie es auch – was niemand verwundert – die christlichen Wissenschaftler mit äußerstem Nachdruck behaupten, die dieses erste menschliche Paar in Anlehnung an den Abbé Guibert als »in seinem Wesen bestimmt und geschaffen von einer außerhalb stehenden, intelligenten und persönlichen Macht, die wir Gott nennen« beschreiben? Oder hat es doch eine mehrfache Entstehung gegeben? Sind die verschiedenen historischen und prähistorischen Menschentypen das Ergebnis einer langen Evolution, die sich von einem gemeinsamen Stamm weg in verschiedene Richtungen entwickelt hat? Entstammen sie unterschiedlichen Geburtsstätten, sind sie die Ergebnisse von Vermischungen dieser Geburtsstätten oder vielmehr Zeugen dafür, daß sich bestimmte Zweige des Stammes durchgesetzt haben? Kann man sich überhaupt vorstellen, daß das grundlegende Merkmal des Menschen eben darin besteht, *nur ein einziges Mal entstanden* zu sein?

Jedes prächtige Abenteuer bedarf eines Helden oder eines Herolds. Pierre Teilhard de Chardin mit seiner Uniform des Gottesdieners hat das nötige Format dazu. Er verfügt über eine Sprache, die sein Anliegen vermitteln kann, über einen nicht zu verleugnenden Charme, kurz: über Charisma. Seine Reisen und seine Kontakte, sein den Dogmen widerstrebender Charakter und seine lange Lehrzeit im Gefolge von Pei tragen dazu bei, daß er schon bald eine fast weltweite Glaubwürdigkeit erlangt. Wenn Teilhard de Chardin sich fragt, ob der Peking-Mensch nicht von woanders herkommt, und wenn er Afrika als dessen mögliche Wiege bezeichnet, von der aus dieser »Reisende« aufgebrochen sei, dann liegt darin nichts Neues. Andere vor Teilhard haben bereits diese Vermutung geäußert, und noch andere sind sogar schon vor Ort, um den afrikanischen Boden zu durchsuchen. In der gleichen Zeit gräbt Pei die Knochen in Zhoukoudian aus, und Teilhard läßt sich in seinem Pekinger Exil nieder. Auch wenn Teilhards Gedanke also nichts Innovatives an sich hat, so ist er doch ein hervorragender Indikator für die Richtung, die die wissenschaftliche Forschung nunmehr einschlagen wird.

Schon 154 Jahre v.u.Z. hatte der griechische Geschichtsschreiber und Offizier Polybios, der den Römern als Geisel ausgeliefert worden war und den *Bellum Numantium [Die Belagerung von Numantia]* verfaßt hat, die Aufmerksamkeit seiner Zeitgenossen auf den schwarzen Kontinent, das großartigste Tierreservoir unseres Planeten, gelenkt. So schreibt Polybios: »In Afrika gibt es Pferde, Rinder, Schafe und sogar Ziegen in so großer Anzahl, daß ich nicht weiß, ob man in der übrigen bekannten Welt genauso viele finden würde. Es liegt daran, daß die meisten Völker Afrikas keine Landwirtschaft betreiben, sondern von und mit ihren Herden leben. Hat je ein Schriftsteller von den Elefanten und den Löwen und den Leoparden gesprochen, von all diesen mächtigen Tieren, die dort sehr zahlreich sind, oder von den wunderschönen Antilopen und den riesengroßen Straußen? Während man in Europa nichts von alledem findet, besitzt Afrika eine Überfülle von solchen Tieren.«

Weil er der einzige vollständige, echte Bipede auf der Welt und anscheinend dazu bestimmt ist, ein Allesesser zu werden, muß der Mensch naturgemäß dort entstanden sein, wo die nährenden Viehherden im Überfluß vorhanden waren. Die Überlegungen, die einen Eugène Dubois nach Java geführt haben, lassen sich voll und ganz auch auf Afrika übertragen. Doch die europäische Geisteswelt Anfang des 20. Jahrhunderts schlägt Teilhards Warnung – »Es ist absolut ungerechtfertigt, zwei Menschen miteinander zu vergleichen, die nicht in der gleichen Epoche gelebt haben« – in den Wind und mischt stattdessen die romantisierten Vorstellungen von jenen beiden »Kontinenten« bunt durcheinander, die sich neuerdings dem europäischen Verlangen nach Träumen und Abenteuern öffnen: die Welt der Vorgeschichte und die Welt der kolonialisierten Völker.

Auf der einen Seite gibt es die gefühlsheischende Vision vom ersten, in ein gefährliches Tierreich hineingestoßenen Menschen, die Edmond Haraucourt den Lesern seines *Daâh oder der erste Mensch* bietet – »Sein einziges Schicksal besteht darin, früher oder später vom Stärksten gefressen zu werden. Sterben bedeutet nur den endgültigen Unfall, von einem anderen verschlungen zu werden. Den natürlichen Tod gibt es nicht, sondern nur den gewaltsamen Tod. Alle werden im gleichen Grab enden, nämlich in einem Bauch. Jeder weiß es, und niemand empört sich darüber.« Auf der anderen Seite stehen die Geschichten und Bilder von Forschern, die im Dschungel verschwunden sind, von im Hinterhalt lauernden Raubtieren und von riesigen schlammigen Flüssen voller Krokodile. Es sind ausnahmslos Geschichten und Bilder, die durchdrungen sind von der Angst und der Lust an der Angst, von der Faszination und den Qualen angesichts eines Todes, der einen jeden Augenblick ereilen kann. Und wie um die seltsame, beängstigende Atmosphäre in dieser letzten Eroberung des weißen Mannes zu vervollständigen, erklingt da noch der »Gesang der Trommeln«, in dem – wie es heute der Gabuner Ake Loba beschreibt – »die ganze Poesie Afrikas zum Ausdruck kommt, eine Poesie, die sich aus zwei Elementen nährt: aus einer tiefen Angst, der Quelle des Schreckens und des Aberglaubens, und aus einer frivolen Fröhlichkeit, die vergessen läßt.«

Diese große Angst, die in das Herz des im Busch verirrten Europäers schleicht und die den Leser von Fortsetzungsromanen erschauern läßt, ist ein ferner Nachhall der Urangst, gefressen zu werden – eine Angst, die den Kolonialforscher in weit zurückliegende Zeiten zurückzuversetzen scheint. Es sind unvergessene Zeiten, in denen die Stämme ihre Höhle gegen die angreifenden Raubtiere verteidigten.

Alles scheint sich also verschworen zu haben, sämtliche Blicke auf den afrikanischen Kontinent zu lenken: gute und schlechte Gründe, Groschenromane und paläontologische Arbeiten, Schauergeschichten über die Treibjagd nach einem menschenfressenden Löwen und furchteinflößende Schilderungen prähistorischer Raubtiere, ferner Haraucourt und Teilhard de Chardin, Rosny der Ältere und der Abbé Breuil, das *Collège de France* und das *Petit Journal* – sie alle sind Teil dieser »Verschwörung«.

Der erste Forscher, der fündig wird, hat den Namen Raymond Dart. Er ist Arzt, Anatomieprofessor an der Universität von Witwaterstrand in Johannesburg, und hat ein Faible für die Archäologie. 1893 in Sidney geboren, das damals unter britischer Oberhoheit stand, hat er sein Medizinstudium und seine akademische Laufbahn in Australien, England und den USA absolviert. Unmittelbar nach dem Ersten Weltkrieg hat ihm sein Förderer, der australische Anatom und Hirnspezialist Grafton Elliot-Smith, den Posten am äußersten Ende des afrikanischen Kontinents vermittelt.

Dart, der als brillanter Kopf gilt, steht dort in einem guten Ruf, wenngleich sich auch folgende aufschlußreiche Bemerkung über ihn findet: »Unstet, verachtet gängige Ideen, leidet außerdem an einem Mangel an Orthodoxie.« Dennoch wird ihm die Leitung eines Labors anvertraut, in dem er seine Laufbahn als Arzt und Forscher beginnt – in totaler Isolation, in völliger Mittellosigkeit.

1924 macht er dort eine entscheidende Entdeckung. Über die genauen Umstände dieser Entdeckung kursieren verschiedene Versionen, die allerdings in den wesentlichen Punkten übereinstimmen. Eine Version mit dem Vorzug des Romanesken besagt, daß eine etwas neugierige Studentin, die sich für Fossilien interessierte, bei einem Freund namens A. E. Spiers, Direktor der *Northern Line* im Betschuanaland, einen fossilen Schädel aus dem Kalksteinbruch von Taung gesehen haben soll. Dieser Schädel, der seit seiner Ausgrabung als Papierbeschwerer verwendet wurde, soll die Neugierde der jungen Frau geweckt haben. Sie habe sofort ihrem Professor, Raymond Dart, davon Mitteilung gemacht. Diese Version ist zwar amüsant, es gibt aber zumindest noch eine andere, die etwas nüchterner klingt und die leider auch wahrscheinlicher ist. Auf diese beruft sich Yves Coppens, wenn er »diesen kleinen, aus einer Breccie[14] hervorgetretenen Schädel aus einer Höhle in Südafrika, die Taung hieß«, erwähnt und berichtet, daß der Schädel »von einem Steinbruchbesitzer aufgesammelt worden und dann in den Besitz eines Geologen gelangt ist«.

Dieser besagte Geologe, R. B. Young, hat den Schädel angeblich untersuchen lassen, und zwar von einem seiner Freunde, einem Anatom, der zu dem Schluß kommt, daß es sich vermutlich um den schon sehr alten Schädel eines Buschmannes handele. Young, den diese Antwort nicht zufriedenstellt, zeigt Dart die »Reliquie«. Dart untersucht den Schädel eingehend und

---

14 Der Schädel war von einer dicken Kruste aus Kalkstein, Sand und Kies überzogen, einer zementartigen Substanz, die als Breccie bezeichnet wird. (Anm. d. Übers.)

schreibt ihn aufgrund seiner geringen Größe schließlich einem Pavian zu, wenngleich zu seinem eigenen Erstaunen, weil diese Affenart im Betschuanaland kaum verbreitet ist.

Dart ist von Natur aus ein neugieriger Mensch. Alles Außergewöhnliche interessiert ihn, weckt seine Neugier und verlockt ihn, zumal es ihm die Möglichkeit bietet, sein etwas ruhiges, langweiliges Labor zu verlassen. Er bittet den Steinbruchbesitzer, ihm alle fossilen Knochen, die im Steinbruch von Taung – in der Nähe von Buxton am Rande der Wüste Kalahari – entdeckt worden sind, zu schicken. Er wartet und wartet, voller Ungeduld. Man erzählt, daß er zu dem Zeitpunkt, als er endlich die große Kiste voller Knochen in Empfang nimmt, eigentlich zur Hochzeit eines Freundes gehen wollte, dessen Trauzeuge er war. Trotz der Proteste seiner Frau will Dart nicht länger warten. Mit einem Brecheisen öffnet er die Kiste. Was folgt, ist völlige Verblüffung. »Ich konnte nicht ahnen«, so schreibt er, »daß aus der Kiste ein Gesicht auftauchen würde, das in die Welt hinausblickte, als sei es eben nach einem Schlaf von nahezu einer Million Jahren erwacht.«

Eine heftige Aufregung ergreift den Mann, der bald zum Enfant terrible der Vorgeschichte werden wird. Sorgfältig verschließt er seinen Schatz in der Kiste und begibt sich zur Hochzeit seines Freundes. Man kann sich mühelos vorstellen, wie ihn eine fieberhafte Unruhe quält, wie er überhaupt nicht bei der Sache ist, als er zur Trauung kommt. Hat er die Liebenswürdigkeit seiner Gastgeber, die Wärme ihres Empfangs überhaupt wahrgenommen? Es handelt sich nämlich um ein außergewöhnliches Jahr. Da ist diese Hochzeit, und dann der Erfolg der »Nationalisten«, die zum ersten Mal in Südafrika die Wahlen gewonnen haben. James Hertzog ist Ministerpräsident geworden, und im Ballsaal feiert man zugleich die Anmut einer jungen Braut und den Sieg des einheimischen »kleinen Volkes«, der Buren, die bislang vom britischen Imperialismus unterdrückt worden sind. Im Grunde seines Herzens feiert der Trauzeuge des Bräutigams ein anderes, viel älteres Ereignis: das Auftauchen eines kleinen Schädels, der mitten unter den Knochen liegt, von einer Kruste aus Sedimenten überzogen, und den er vorhin nur wenige Minuten lang betrachten konnte … aber doch lange genug, um zu ahnen, daß dieser Schädel vielleicht nicht der Schädel eines Affen ist.

Raymond Dart sperrt sich einen ganzen Monat lang in seiner Studierkammer ein, zusammen mit dem Objekt seiner wissenschaftlichen Begierde. »Der Schädel war zur Gänze von einer Kruste aus sehr hartem Stein überzogen. Die Kruste mußte zunächst mit dem Hammer, dann vorsichtig mit dem Meißel abgeklopft werden.« Dart analysiert und mißt jeden Winkel dieses Schädels, der für ihn zweifellos der Schädel eines »Kindes« zu sein scheint. Er stellt weiter fest, daß das Gesicht weniger vorgeschoben ist als das Gesicht eines gleichaltrigen Schimpansen. Und er rätselt über die besondere Anordnung der Zähne in einem runden, parabolischen Bogen. Am 22. November 1924 war der kleine Schädel eingetroffen, vier Wochen später ist er für die Präsentation an Weihnachten bereit. Dart nennt ihn *Australopithecus africanus*, den aus dem Süden stammenden Affen aus Afrika.

Anstatt die üblichen Wege über die Gremien der Wissenschaftler zu gehen, um seine Entdeckung begutachten zu lassen, beschließt Dart ganz seiner Art entsprechend schon im Februar 1925, die englische Zeitschrift *Nature* zu bitten, der Welt die Geburtsstunde des *Australopithecus africanus* mitzuteilen. In einem Aufsatz beschreibt Dart ausführlich den Schädel des Kindes, das bei seinem Tod etwa fünf Jahre alt gewesen sein soll, sowie dessen Milchzähne, unter denen die ersten Mahlzähne eben durchbrachen. Dart rechtfertigt die von ihm gewählte Bezeichnung mit der Tatsache, daß er in diesem »Affen aus Südafrika« eines der ersten Glieder sieht, die vom Affen zum Menschen führen. Er wird die Funde aus dem Kalksteinbruch von Taung sogar ausdrücklich als »frühmenschlichen Bestand« bezeichnen. Ist es der Schatten Charles Darwins, der sich über das Schicksal dieses kleines Schädels legt? Doch Raymond Dart wird im Alter von 32 Jahren über Nacht weltberühmt.

»Jedesmal wenn eine neue lebendige Form vor unseren Augen auftaucht«, schreibt Teilhard de Chardin, »wissen wir dann nicht, daß sie vollständig ausgebildet und ihre Zahl bereits Legion ist?« Diese Worte sollten – oder könnten – ohne jede Einschränkung auch für Darts Entdeckung gelten. Doch wie dem auch sei, die Verärgerung und die Enttäuschung sind spürbar.

Dennoch nimmt die Bevölkerung an dieser Entdeckung leidenschaftlichen Anteil. Das ist ein unleugbares Zeichen für den allmählichen Durchbruch der evolutionistischen Thesen und für die Verbreitung der prähistorischen Forschung. Plötzlich kommt das Kind von Taung in Mode. Es wird Gegenstand von Witzen, Schlagern oder Gedichten:

*Sprachlos stumm, im Angesicht wie Menschenzier,*
*sich hier umsonst verbirgt ein Monstertier.*
*Doch nein, ein Kind ist es, ein schöner Mohr,*
*dem Geist nach keineswegs ein tumber Tor.*[15]

---

[15] Zitiert nach E. Trinkaus und P. Shipman, a.a.O.

Derartige Schwärmerei, getragen und verbreitet von den enorm einflußreichen ersten Massenmedien, von den auflagenstarken populären Zeitungen und Zeitschriften, wird es freilich nicht leicht haben. Das kann heutzutage auch Professor Philip Tobias bestätigen, der stolz eine Krawatte in den Farben seines Klubs und mit dem Taung-Schädel als Abzeichen trägt. Die öffentliche Begeisterung ist zwar unleugbar, hat aber unmittelbar zur Folge, daß die Diskussion die engen Zirkel der Experten- und Spezialistengremien verläßt und daß – den Gesetzen des Journalismus gemäß – ein unbedeutender Paläontologe zu einem Star der Wissenschaftsgeschichte wird. Beide Gründe reichen aus, um den Unwillen und die Verärgerung seiner angeseheneren Kollegen hervorzurufen.

Affe oder Mensch, das ist die Frage. Bei jeder neuen Entdeckung wird der Streit erneut entfacht, und die Spezialisten schlagen sich mit Feuereifer gegenseitig ihre Theorien um die Ohren. Der neue Vorfahre mag vielleicht ein menschliches Gebiß haben, aber sein Gehirn ist viel zu klein und läßt folglich Zweifel aufkommen. Wieder empört sich die Wissenschaftsgemeinde, man hat höchstens ein Achselzucken für den Fund übrig. Die Entdeckung wird als »unbedeutend« eingestuft, und Darts Behauptungen werden »als Ergebnis einer falschen Interpretation« abgetan.

Das »gute« Gebiß des Taung-Kindes reicht nicht aus, um einhellige Zustimmung auszulösen … und all die Dinge auszugleichen, die Dart vom wissenschaftlichen Establishment vorgeworfen werden. Für einige, darunter auch die angesehensten Wissenschaftler, ist die Angelegenheit noch vor der Anhörung erledigt: Dart redet irres Zeug, und man macht sich nicht einmal die Mühe, seinen Fund genau zu untersuchen.

So beschränkt sich der Anatom Arthur Keith, eine der Kapazitäten jener Zeit, darauf, seinen jungen Kollegen mittels einschmeichelnder, aber zweideutiger Komplimente herunterzumachen. Das geht folgendermaßen vor sich: »Professor Dart wird sich wahrscheinlich nicht täuschen lassen. Wenn er den Schädel gründlich untersucht hat, sind wir bereit, sein Untersuchungsergebnis zu akzeptieren.« Dem folgt der ironische Glückwunsch, eine neue Art von »Riesenaffen« gefunden zu haben. Andere wiederum, darunter die bedeutendsten Londoner Anatomen, gebrauchen deutlichere Worte, um Darts Kompetenz anzuzweifeln. Sie erklären, daß er den grundlegenden Fehler begangen habe, ein noch nicht voll entwickeltes, unreifes und mit dem Schimpansen verwandtes Wesen für einen Menschen zu halten. Weiter bemängeln sie die unzureichenden Informationen Darts über das Alter oder über den geologischen Standort des Fossils.

Ein Wissenschaftler jedoch wird die Phalanx der Skeptiker durchbrechen; eine »ehrbare«, von seinesgleichen geschätzte Persönlichkeit – ist er etwa nicht Mitglied der *Royal Society*? Die Kontroverse um Dart weckt die Neugier des schottischen Arztes und Paläontologen Robert Broom, und er faßt einen Entschluß, der eigentlich hätte selbstverständlich sein sollen, der ihn aber trotzdem über die Reihen seiner Kollegen erhebt: Broom begibt sich zum Fundort, um den fossilen Schädel zu untersuchen. Im Gegensatz zu all denen, die Darts Aufsatz von den Schreibtischen ihrer Londoner Büros aus zerpflückt haben, will er sich selbst eine Meinung bilden, indem er sich an nichts mehr und nichts weniger als an die Grundregeln der experimentellen Methode hält.

Eines Tages stürmt er unangemeldet in Darts Labor. »Er fiel auf die Knie aus Ehrfurcht vor unserem Vorfahren«, schreibt Dart dazu. Das Kind von Taung macht einen so übermächtigen Eindruck auf Broom, daß er beschließt, sich fortan nur noch der Paläontologie zu widmen und seine Forschungen auf den afrikanischen Kontinent zu konzentrieren. Als einziger wird er die Hypothese Darts unterstützen, nach der die Australopithecinen die Vorfahren nicht nur der Affen, sondern auch der Menschen sind. Um dies zu beweisen, wird es notwendig sein, Reste erwachsener Australopithecinen aufzufinden, was Broom jahrelang versuchen wird. Man kann sich Darts Genugtuung vorstellen, aber auch seine zunehmende Verbitterung angesichts der nahezu einhelligen Ablehnung, auf die er nach wie vor stößt.

Im übrigen, wo sind eigentlich die Werkzeuge? Das ist ein weiteres wichtiges Argument, das man Dart entgegenhält. Für eine Reihe von Fachleuten ist der Mensch anscheinend das einzige Lebewesen, das Werkzeuge herstellt. Man kann also erst dann sicher sein, Menschenknochen ausgegraben zu haben, wenn man in seinem Habitat Fragmente von Knochen, Feuersteinen oder bearbeiteten Geröllsteinen findet, die zum Zerstückeln der Beute, bei der Jagd oder für die Zertrümmerung eines anderen Materials verwendet worden sind. Welch herrliche, posthume Revanche für Boucher de Perthes, mit dem Beigeschmack der sprichwörtlichen Ironie der Geschichte: Die Entdeckung, deren Durchsetzung ihn, Boucher, so viele Mühen gekostet hat, ist zum unantastbaren Prinzip geworden, das man nun seinen Nachfolgern entgegenhält. »Ich denke«, stellt Yves Coppens fest, »daß viele Autoren sich das Werkzeug ohne den Menschen nicht vorstellen konnten und somit bewußt oder unbewußt die Menschlichkeit von Wesen, die es nicht verdienten, angezweifelt haben.«

Raymond Dart setzt seine Ausgrabungen und Forschungen unermüdlich fort. Und doch wird die geballte Kritik, die er nicht einfach wegstecken kann, allmählich an ihm zu nagen beginnen. Man lehnt seine Argumente ab. Also wird er seine Theorie mit den Argumenten der anderen untermauern. Was auf nichts anderes hinausläuft als auf die Tatsache, daß er die »fehlenden« Werkzeuge finden wird. Während Broom also die Höhlen von Sterkfontein erkundet, interessiert sich Dart für eine andere Gegend im Transvaal, nämlich für Makapansgat, wo eine prähistorische Fundstätte ans Licht gebracht wird.

Dort entdeckt er schließlich zahlreiche zertrümmerte Knochen von großen Säugetieren, die seines Erachtens von einer Gruppe von Australopithecinen verzehrt worden sind. Obwohl es keine Spuren von Steinwerkzeugen gibt, ist Dart nach wie vor der festen Ansicht, daß die ersten Menschen Hornstücke oder scharfe, den Kadavern ihrer Jagdstrecke entnommene Zähne dazu verwendeten, Fleisch und Knochen zu zerreißen oder zu schneiden. Zur Untermauerung seiner These verweist er auf die spitze Form dieser Knochenfragmente und auf die Rillen, die sie aufweisen. Er wagt sich sogar bis zu der Vermutung vor, daß diese einfachen Werkzeuge nicht nur dazu gedient hätten, Tiere zu töten, sondern auch andere Hominiden. Diese möglichen Ansätze oder Vorstufen von Werkzeugen und Waffen nennt Dart osteodontokeratisch, das heißt »Werkzeuge aus Knochen, Zähnen und Horn«.

»Das wiederholte Vorkommen bestimmter Typen von Bruchstellen«, schreibt Yves Coppens, »die sichtbaren und eindeutigen, wenn auch seltenen Nachbesserungen sowie die deutlich erkennbaren Gebrauchsspuren sind für mich der klare Beweis für eine Kultur, die ihr Erfinder mit der Bezeichnung ›osteodontokeratische Kultur‹ definiert ... Seine Verleumder dagegen sprechen von ›Dartefakten‹, eine spöttische Umschreibung, ein billiger polemischer Kalauer, der mit dem zusätzlichen *d* an ein für Raymond Dart charakteristisches ›Artefakt‹ denken läßt.« Als ob Dart ein Betrüger wäre …

Einzuräumen ist freilich, daß Dart absolut nichts unternimmt, um die Kritik zu entschärfen, die nun erneut wegen seiner Methode lautstark geäußert wird. Seinen reichlich perplexen Besuchern erklärt er, daß jener Antilopenschädel als Teetasse verwendet worden sei, oder daß diese schräg geschliffene Knochenserie wahrscheinlich Nadeln seien – und dies sind noch seine harmlosesten Scherze.

Als würde es ihm ein diebisches Vergnügen bereiten, genau jenem Urteil zu entsprechen, das seine ehemaligen Professoren über ihn abgegeben haben, setzt Dart seine Provokationen fort. Er macht sich alle neuen Ideen zu eigen und geht den unglaublichsten Thesen nach. Wenn darüber gerätselt wird, ob sein *Australopithecus africanus* bereits das Feuer entdeckt und verwendet habe, dann versucht er prompt zu beweisen, daß dem so gewesen sei. So gräbt er zum Beispiel 1948 in der Nähe verbrannter Knochen ein Skelettfragment eines menschlichen Fossils aus und zieht daraus den apodiktischen Schluß, daß er den *Australopithecus prometheus* entdeckt habe, ohne daß irgend etwas seine »Lesart« bestätigen kann.

Er ist vielmehr davon überzeugt, daß er das »fehlende Glied« gefunden hat, und da ein »Mensch« nicht ohne Werkzeuge und nicht ohne die Beherrschung des Feuers leben kann, gräbt Dart eben die Beweise sowohl für das Werkzeug als auch für das Feuer aus. Was darauf hinausläuft, daß er seinen Feinden sozusagen die Stöcke in die Hand gibt, mit denen sie ihn schlagen werden. Auf diese Weise wird Raymond Dart als impulsiver Eigenbrötler in Erinnerung bleiben, als besessener Arbeiter, mit einer außergewöhnlichen Phantasie begabt und zu wirklichen oder simulierten Halluzinationen neigend. Hinzu kommt noch sein sehr »moderner« Wunsch, im Vordergrund zu stehen (womit er die großen Wissenschaftsstars des Medienzeitalters vorwegnimmt), und nimmt man dies alles zusammen, gerät er zu einer faszinierenden, ja beunruhigenden Persönlichkeit mit einem ebenso heftigen wie ungeschickten Überzeugungswillen.

Denn Dart ist, mehr als ihm selbst lieb gewesen sein mag, sehr ungeschickt gewesen in seiner Ungeduld, immer der erste sein zu wollen – und als solcher anerkannt zu werden –, stets alles und zuviel beweisen zu wollen, ohne sich groß um die in der wissenschaftlichen Forschung seiner Zeit geltenden Vorschriften zu kümmern. Ungeschickt war er auch in seinem Mangel an Bescheidenheit und seiner allzu starken Empfindlichkeit gegen jedwede Kritik. Dieses Ungeschick nahm letztlich so sehr überhand, daß davon beinahe das Wichtigste überdeckt wird, nämlich Darts nicht zu verleugnender Beitrag zur Weiterentwicklung der paläontologischen Forschung.

Wie viele seiner Vorgänger hat Raymond Dart also sein Leben lang unter der Ächtung durch einen großen Teil der wissenschaftlichen Fachkreise seiner Zeit gelitten. Einige Wissenschaftler sagten sogar ganz offen, daß sie in ihm nichts anderes sähen als eine Art wichtigtuerischen, inkompetenten Gauner.

Man könnte folglich sagen, daß es wieder einmal Verleumdung, Verachtung und Arroganz waren, die einen Entdecker zerstört haben. Das wäre nicht ganz falsch, denn das extravagante Verhalten, das Dart an den Tag legen wird, ist zum großen Teil zweifellos eine Folge der Ablehnung, die er erfahren hat. Man könnte die Angelegenheit aber auch ganz anders sehen: Denn so engstirnig der Widerstand der wissenschaftlichen

Gremien gegen alles Neuartige gewesen sein mag, so wurden gerade durch ihn neue Erkenntnisse gefördert. Leben sind verpfuscht und ruiniert worden, die Entdeckungen aber, die sich gegen diesen Widerstand behauptet haben, haben sich mit der Zeit meistens durchgesetzt. Dagegen konnten falsche Fährten, Hirngespinste und wissenschaftliche Stümperei der Prüfung nicht standhalten.

Denn die Vorgeschichte ist noch ein ganz junges Gebiet, und ihre Untersuchungs- und Datierungsmethoden sind noch unsicher. Naturforscher, Geologen und Paläontologen wissen nur allzu gut um die vielen Lügengeschichten, die falschen ›Reliquien‹ und die gefälschten Fossilien, die geschickte Handwerker zur größten Freude jener Forscher angefertigt haben, die wie besessen waren von dem Zwang, etwas Neues zu finden. So ist die Erzählung von der Geschichte der Menschheit von einer ganzen Reihe von Entdeckungen gekennzeichnet, die ein wenig zu schön sind, um authentisch sein zu können.

Wenn es sich um reine Täuschungen und geschickte Fälschungen handelt, dann wird der Fortschritt in der Entwicklung der Kontrollinstrumente irgendwann dazu führen, daß der Betrug entdeckt und nachgewiesen wird. Schwieriger ist die Sache hingegen, wenn Falsches und Wahres eine enge Verbindung eingehen. So kann der Widerstand offizieller Gremien gegenüber der wirklichen Neuerung und der richtigen Eingebung, wie sie zum Beispiel Boucher de Perthes, Dubois oder auch Dart hatten, katastrophale Folgen haben. Gedemütigt und dem Spott preisgegeben, beengt durch geistige Isolation und Mittellosigkeit, mag der Entdecker, der sich seiner intuitiven Erkenntnis, der Bedeutung und der Echtheit seiner Entdeckung sicher ist, zwecks Anerkennung seiner ehrlichen Leistung versucht sein, die Entdeckung mit allen Mitteln, gleichsam ›auf Teufel komm raus‹ nachzuweisen. So gibt er im Notfall womöglich den fehlenden »Beweis« in Auftrag, frisiert seine Ergebnisse ein wenig zurecht oder unterschlägt die Mängel seiner Methode.

Die Affäre von Moulin-Quignon ist das beste Beispiel dafür, was passieren kann, wenn der Wunsch nach einem Beweis alles andere in den Hintergrund drängt. Boucher de Perthes grübelte. Da hatte er doch in der Bucht der Somme zahlreiche von Menschenhand bearbeitete Feuersteine gefunden – dessen war er sich sicher –, aber fossile Menschenknochen hatte er in deren Nähe nicht finden können. Derartige Fossilien wären ihm bei seinem Unterfangen zweifellos sehr zustatten gekommen, wollte er doch den Beweis antreten, daß diese Feuersteine das Ergebnis der Tätigkeit antediluvialer Menschen waren.

Also gibt er nicht auf, immer auf der Suche nach dem erhofften Fund. Demjenigen, der die ersten fossilen Menschenknochen ausgraben wird, bietet er eine Geldsumme von 200 Francs an – eine Menge Geld damals. Bei diesem Anreiz läßt die »Entdeckung« natürlich nicht lange auf sich warten. 1863 bringt man Boucher de Perthes einen Zahn aus der Kiesgrube von Moulin-Quignon, bald darauf einen weiteren. Boucher de Perthes begibt sich vor Ort und entdeckt einen menschlichen Kiefer. Damals war es mangels Vergleichsmöglichkeiten schwierig, antediluviale Knochen zu identifizieren. Dennoch wird dieser Kiefer wohlwollend von Anthropologen, Zoologen und Paläontologen untersucht. Die Akademie der Wissenschaften schließt sich an und schickt den Anthropologen Jean-Louis de Quatrefages, der die Authentizität der Entdeckung bestätigt. Erst durch einen Artikel des englischen Paläontologen Hugh Falconer in der *Times* wird man erfahren, daß es sich

»um eine Fälschung handelt, die von Erdarbeitern arrangiert worden ist.«

Daß Boucher de Perthes' Vermutungen in die richtige Richtung gehen, das wird im Grundsatz nicht angezweifelt. Nur zeitweise wird sein Ansehen ein wenig getrübt durch eine Fälschung, die er nicht gewollt hat, aber die er trotzdem nicht hat vermeiden können, weil sein Wunsch nach einem Beweis überhand genommen und ihn geblendet hat. Die Folge der Affäre wird sein, daß sich Journalisten und Karikaturisten einen Spaß daraus machen und Boucher de Perthes mit einem Eselskopf am Fenster von »Moulin-Quignon« erscheinen lassen.

Die englischen Wissenschaftler wiederum sind peinlich berührt und äußerst zurückhaltend, als sie in einer Nummer von *Nature* den Artikel des völlig unbekannten, irgendwo in Südafrika hausenden Dart lesen. Sie erinnern sich an die Moulin-Quignon-Affäre und an viele andere, insbesondere die sogenannte Piltdown-Affäre, die noch nicht allzu lange her und die für sie sehr peinlich gewesen ist.

Worum ging es dabei? Da haben wir einen glänzenden Rechtsanwalt, Charles Dawson, der sich leidenschaftlich für Geologie interessiert und davon träumt, in die *Royal Society* aufgenommen zu werden. Groß ist die Versuchung, dem Schicksal ein klein wenig nachzuhelfen und eine »meisterliche Fälschung« anzufertigen. Bis heute ist noch nicht ganz klar, wie diese Täuschung genau ausgetüftelt worden ist, denn sie ist sehr »geschickt eingefädelt« und ausgeführt worden. Mit Sicherheit weiß man jedoch, daß Dawson niemand anderen kennengelernt hat als – Teilhard de Chardin, der zwischen 1908 und 1912 im Jesuitenzentrum von Hastings weilte. Man weiß weiter, daß sich die beiden oft sahen und daß Teilhard durchaus eine gewisse Neigung zu Streichen hatte.

Dawson ist der Verwalter einer Kiesgrube und fordert seine Arbeiter selbstredend auf, sich dort umzusehen und zu graben. Genauso selbstverständlich bringen sie ihm zwischen 1908 und 1911 der Reihe nach Stücke einer Hirnschale sowie weitere Einzelfunde, unter anderem einen Kiefer und den Zahn eines fossilen Flußpferdes. Arthur Smith Woodward, Kustos der geologischen Abteilung des *British Museum*, untersucht diese Wunderdinge sehr eingehend. Bereits 1918 gibt es mehr als 120 Artikel, verfaßt von mehr als 50 verschiedenen Wissenschaftlern, über die Interpretation der Fossilien von Piltdown. Sehr viel später wird der Nachweis erbracht werden, daß der Kiefer von einem neuzeitlichen Orang-Utan stammte, daß er zerbrochen und manipuliert worden war, während der Schädel zwar fossil, allerdings geradezu unverschämt »jungen Alters« war.

All diese Irrtümer, Täuschungen oder Scharlatanerien haben natürlich zur Folge, daß sie zeitweise Wasser auf die Mühlen der Verleumder der wissenschaftlichen Vorgeschichte gießen. Sie verstärken den allgemeinen Argwohn, der sich in der breiten Öffentlichkeit als spöttisches, bei den Fachleuten als ängstliches Mißtrauen äußert. Eine weitere Folge ist jedoch auch, daß ein ganzes Arsenal von Untersuchungs- und Datierungsmethoden nunmehr auf größere Effizienz abgestellt wird und daß die Methoden der kritischen Prüfung noch strenger werden. Weil sich Raymond Dart dieser Prozedur leider entzieht und sich über eine Zeitschrift direkt an die Kollegenschaft und an die Öffentlichkeit wendet, macht er es sich noch schwerer. Eine außergewöhnliche Entdeckung und eine außergewöhnliche Persönlichkeit – beides auf einmal ist zuviel.

Wie immer die Widerstände gegen Raymond Darts Entdeckung auch geartet gewesen sein mögen, sie konnten auf jeden Fall nicht verhindern, daß sich die Forscher jetzt verstärkt für den afrikanischen Kontinent interessierten.

Ein Anthropologen-Ehepaar, Louis und Mary Leakey, wird sich neben anderen im Fortgang dieser Geschichte auszeichnen, durch die Erforschung der Olduvai-Schlucht in Tansania, die 20 Jahre zuvor von einem deutschen Entomologen auf der Suche nach seltenen Insekten entdeckt worden war. 1935 graben die Leakeys in den pliozänen Schichten den Eckzahn eines Hominiden aus, können seine Herkunft aber noch nicht bestimmen.

Während sie ihre Suche fortsetzen, entdeckt im darauffolgenden Jahr – das heißt zwölf Jahre nach dem kleinen Taung-Schädel – Robert Broom viel weiter südlich in Sterkfontein eine bedeutende fossile Sammlung. Die Untersuchung dieser Fossilien ermöglicht es ihm, Raymond Darts Schlußfolgerungen zu bestätigen. Das entspricht sozusagen der offiziellen Bestätigung des *Australopithecus africanus*, den Broom als den Vorfahren des Menschen präsentieren wird, versehen mit folgendem Kommentar: »Er ging auf zwei Beinen, und nicht auf vier; sein Gesicht ist langköpfig und menschenähnlich, nicht prognath wie das Gesicht der Affen.«

Der Steckbrief des *Australopithecus* zeichnet sich deutlich ab: Dieser Hominide mit vorstehenden Kieferknochen und einem langköpfigen, menschenähnlichen Gesicht soll drei bis eine Million Jahre v.u.Z. auf dem afrikanischen Kontinent aufgetaucht sein. Die genaue Untersuchung seines Gebisses, das aus verhältnismäßig großen Eckzähnen sowie kräftigen Vormahl- und Mahlzähnen besteht, deutet auf pflanzliche Nahrung hin, zu der vielleicht noch kleine Beutetiere gekommen sind. Als Erwachsener war er kaum größer als 1,25 Meter und wog circa 25 bis 30 Kilo. Er hatte eine Schädelkapazität von etwa 400 bis 500 Kubikzentimetern, also ein Gehirnvolumen, das eher dem eines Affen entsprach. Letztendlich kann Broom mit diesem Exemplar eindeutig beweisen, daß es sich um ein Wesen handelt, das bereits aufrecht auf zwei Beinen ging.

Die Jahre gehen vorüber, Jahre der Mühen und der Enttäuschungen. Ein heftiger Krieg setzt die Welt in Flammen und erlöscht wieder. Ein kalter Krieg löst ihn ab. Die Familie Leakey erforscht weiterhin die Olduvai-Schlucht, die sich als eine Art Fossilienreservoir erweist. Es handelt sich um einen enorm großen Einschnitt in der Serengeti-Wüste in Tansania, die Roland Fletcher, Privatdozent an der Universität in Sidney, folgendermaßen beschreibt: »Lange bevor die Schlucht entstanden ist, gab es in dieser Region einen See, der sich regelmäßig ausdehnte und wieder zurückging. Hominiden lebten an den Seeufern und entlang der kleinen Flüsse, die ihn speisten. Wenn der Wasserspiegel anstieg, dann bedeckten Ablagerungsschichten diese Fundstätte und die Knochen, die darin lagen.«

Am 17. Juli 1959 kommt es schließlich zur entscheidenden Entdeckung. Die Leakeys erfahren, daß eine fossile Schädeldecke freigelegt worden ist. Sicher handelt es sich wieder einmal um den Schädel eines Affen, dennoch begeben sich die Leakeys vor Ort. Nach 19 Tagen des mühevollen, äußerst behutsamen Bürstens und Kratzens haben sie den Schädel aus seiner Steinkruste herausgelöst. Endlich liegt er, zusammen mit ein paar einzelnen Zähnen, vor ihnen. Die Hoffnung wächst – »Das ist kein Affe!« –, gefolgt von Zweifeln. Bei jeder Entdeckung möchte man so sehr finden, wonach man sucht ... Diesmal jedoch scheint es wahr zu werden.

Wie es die Tradition verlangt, taufen sie den Fund, voller Erstaunen und Glück über ihren Sieg. Sie entscheiden sich für die Bezeichnung *Zinjanthropus boisei*. »Zinj« ist der alte ägyptische Name für Ostafrika, und »boisei« – schon etwas überraschender – verweist auf den Namen des britischen Mäzens, der Leakeys Expedition finanziert hat, auf Charles Boise. Mary Leakey hat den Finger sorgfältig auf die Teile des Schädels gelegt, die sie beschreibt und deren Merkmale sie hervorhebt: »Der Überaugenwulst ist kräftig entwickelt. Was aber viel bemerkenswerter ist, das ist die Erweiterung des Jochbogens. Da verlaufen die Muskeln, die den Kiefer mit der Spitze des Schädels verbinden. Der Jochbogen ist so kräftig entwickelt wie der eines Tigers, was bedeutet, daß dieses Exemplar in der Lage war, kräftig zu kauen.«

Gleich zu Beginn seiner Tätigkeit als Anthropologe in Ostafrika ist Yves Coppens zu Louis Leakeys Expedition in Olduvai gestoßen. So schreibt Coppens: »Ich kann Ihnen eine Anekdote erzählen über meine Ankunft an der Fundstätte. Louis Leakey hat uns zwei volle Tage lang die Höhle gezeigt, was mich sehr beeindruckt hat. Am dritten Tag hat er mich morgens um fünf Uhr zu einem Ausgrabungsort mitgenommen, den ich erforschen sollte, und mir das Schädelfragment eines Elefanten gezeigt mit der Aufforderung, dieses freizulegen. Er hat mir mitgeteilt, daß er mich am Abend wieder abholen würde. Dann hat er mich an diesem Ort allein zurückgelassen, mit ganz Afrika um mich herum ... Kurze Zeit später hörte ich, wie er mit seinem Jeep zurückkam. Er hat mir ein ›Panga‹ gegeben, ein Buschmesser, das man normalerweise benutzt, um sich den Weg durch den Busch zu bahnen. Leakey hat dazu gesagt: ›Verzeihen Sie mir, ich hatte vorhin vergessen, es Ihnen zu geben. In der Gegend gibt es nämlich Nashörner.‹ Von da an habe ich auf das leiseste Rascheln geachtet, werde mich aber immer fragen, wozu mir dieses Spielzeug hätte nützlich sein können.«

Yves Coppens macht keinen Hehl aus der herausragenden Bedeutung der Entdeckung des *Zinjanthropus*, bei dem man ein einigermaßen sicheres Alter von 1,75 Millionen Jahren angeben konnte – dank der vulkanischen Asche, die die Ablagerungen begleitete und die man datieren kann, indem man den Anteil des in Argon verwandelten Kaliums mißt. »Es war fabelhaft«, schreibt Coppens, »ein großes Datum. Und wie es für wissenschaftliche Kreise charakteristisch ist, wurde sofort auf offizielle Weise Skepsis zum Ausdruck gebracht. Das hohe Alter wurde akzeptiert, jedoch unter Vorbehalt, denn es wurden die Folgen in Betracht gezogen. Die Präsenz dermaßen alter Frühmenschen in Tansania legte die Vermutung nahe, daß es anderswo in Ostafrika, in Kenia oder in Äthiopien, noch andere geben könnte und daß man dann aufbrechen müßte, um auch diesen Teil der Welt zu erforschen.«

Nach diesem bedeutenden Erfolg setzen die Leakeys ihre Nachforschungen fort, ohne es zu versäumen, den zahlreichen Anfragen von wissenschaftlichen Zeitschriften aus aller Welt nachzukommen. Der Ruhm scheint sie nicht zu stören, und Mary macht es Spaß, jeder neuen Entdeckung einen phantasievollen Namen zu geben. George, dann Cinderella, schließlich Twiggy nach dem berühmten britischen Model. Twiggy nannte sie einen Schädel, den sie flacher fand als die anderen.

Freilich ist damit das Kapitel Afrika in unserer Erzählung noch nicht abgeschlossen. Afrika hält noch wunderbare Überraschungen für uns bereit, dazu auch seltsame Zufälle, die in unserer Geschichte gleichsam Brücken schlagen. Zum Beispiel erinnert sich Philip Tobias, ein bedeutender Spezialist auf dem Gebiet der

Vorgeschichte, an eine außergewöhnliche Persönlichkeit, die er in Johannesburg begrüßen durfte. Die Rede ist wieder einmal von unserem Abbé. Von Abbé Breuil natürlich, der nach Südafrika gekommen ist, um hier den Geist der Vorgeschichte tief einzuatmen und zu berühren. Er hält sich mehrere Jahre in Südafrika auf, studiert die Felsbildkunst in Namibia und in Zimbabwe, veröffentlicht in Afrika sogar mehrere Bücher, unter anderem einen Bericht über … Lascaux.

»Zum ersten Mal bin ich ihm 1945 begegnet«, berichtet Philip Tobias. »Damals war ich noch Student und wollte zu den Höhlen von Makapansgat gehen, die Raymond Dart so geliebt hat. Bevor ich aufbrach, habe ich den Abbé besucht, denn ich wußte, daß er sich ebenfalls dort aufhielt. Er war eine bedeutende Persönlichkeit der französischen und der internationalen Archäologie.«

# VII

# Lucy und die »erste Familie«

»Lucy ist eine kleinwüchsige Gestalt, etwa 1,00 bis 1,20 Meter groß. Deshalb wiegt sie auch kaum mehr als 25 Kilo, jedenfalls unter 30 Kilo. Im Verhältnis zu den unteren Gliedmaßen waren ihre Arme etwas länger als die unseren. Es fiel ihr schwer, auf den Hinterfüßen zu gehen, denn man kann nicht gleichzeitig ein perfekter Baumbewohner und ein perfekter Zweibeiner sein. Ihr wiegender Gang muß ziemlich spektakulär gewesen sein.«

»Die Fußabdrücke von Laetoli sind – es ist ergreifend – *das älteste Zeugnis für den aufrechten Gang in unserer Geschichte.*«

*Yves Coppens*

Sollte es auf der Welt einen Ort geben, an dem, wenn schon nicht der erste Mensch, so doch jedenfalls unser direkter Vorfahre zum ersten Mal aufgetreten ist, dann wäre dieser Ort Afrika. Der jetzige Stand der wissenschaftlichen Erkenntnisse läßt uns keine andere Wahl, als von der Richtigkeit dieser Annahme auszugehen. Im übrigen sind wir auch gern bereit, ihr gläubig zu folgen, auch wenn wir wissen, daß die Vorgeschichte eine junge Disziplin ist und daß – wer weiß – eine neue Entdeckung diese fast hundertprozentige Gewißheit morgen schon wieder entkräften könnte …

Afrika also. Und in Afrika findet sich der Afrikanische Grabenbruch, das *Rift Valley* – eine Wiege der Menschheit.

Vor etwa acht Millionen Jahren ist der östliche Teil des schwarzen Kontinents durch eine gewaltige geologische Bewegung in die Höhe geschoben worden. Wie in einen Schraubstock eingeklemmt liegt Ostafrika an der Stelle, an der sich gewaltige geologische Massen frontal gegeneinanderdrängen. Die Erdkruste hebt sich, wölbt sich auf und stürzt zusammen, wobei sie riesige Gräben bildet, die man Rifts nennt.

Das Rift, das uns hier interessiert, besteht aus einem 50 Kilometer breiten Riß, der auf einer Länge von über 6 000 Kilometern vom Libanon bis nach Mosambik verläuft. Es ist wie eine große klaffende Wunde. Ihre Ränder, an die lange Zeit Sedimente und riesengroße Erdrutsche angeschwemmt worden sind, sind durchzogen von einer Reihe von Seen, die sich von Norden nach Süden erstrecken. Im Nordosten befinden sich die Gräben des Roten Meeres und des Golfs von Aden, die sich vereinigen und zusammen die Afar-Senke bilden. Etwas weiter südlich folgen Äthiopien, Kenia und Tansania, wo in der Höhe des Albertsees das sogenannte »westliche« Rift beginnt, das sich bis zum Hauptgraben in der Gegend des Malawisees erstreckt.

Wenn man sich darauf einigt, daß das östliche Rift vor etwa 20 Millionen Jahren (etwa in der Mitte des Miozäns) als Folge eines gewaltigen tektonischen Bebens entstanden ist, dann wäre das uns hier interessierende westliche Rift nur etwa 8 Millionen Jahre alt. 8 Millionen Jahre, während der es das Klima und folglich auch die Vegetation der »Spitze Afrikas« grundlegend verändert haben soll.

Alles scheint zum Zwecke jenes Auftritts vorbereitet worden zu sein, bei dem der Mensch hier erstmals auf der Bildfläche erscheint, ihn die »erste« Gebärende auf die Welt bringt. Diese Ur-Landschaft der Geburtsstunde ist heute jedoch kaum wiederzuerkennen. Der gewaltige Graben des Rifts zieht sich mitten durch sie hindurch, als wolle es mit seinen roten und grünen, in der Savanne mündenden Felswänden, mit seinen Vorgebirgen, hinter denen einem der Himmel, der Abgrund und ganz Afrika zu Füßen liegen, immer noch Zeugnis ablegen von der Erschaffung der Welt. Weiter hinten im Westen erstrecken sich die riesigen, durch die feuchten atlantischen Luftmassen üppig gedeihenden Wälder, der Busch, fern vom Menschen, die Domäne der Nacht und der Affen. Weiter vorne im Osten liegt ein von hohen Bergen geschütztes Mosaik aus lichten Wäldern und baumbestandenen Savannen, mit zahlreichen Plätzen, die für die Ankunft und für die Entwicklung unserer Spezies günstig waren. Dies ist die Domäne des Menschen, des Lichts, des Atems, aber auch der Bereich des offenen, ungeschützten Geländes und der Gefahr.

Hoch oben auf einer dieser Felsklippen hält der Reisende einen Augenblick inne, stellt seinen Rucksack ab und setzt sich hin – nachdem er zurückgeschaut, ein Schaudern unterdrückt und unter 1 000 harmlosen

Geräuschen jenen Laut auszumachen versucht hat, der irgendeine Gefahr bedeuten könnte. Bei dem Anblick dieser unendlichen Savanne kann er sich sehr gut den ersten Ankömmling vorstellen, der noch sehr weit von uns entfernt ist, den man *Proconsul africanus* genannt hat und aus dem sich die lange Reihe der anderen entwickeln wird. Am Scheitelpunkt zwischen zwei Abenteuern stehend, beginnt unser Reisender über die *Keniapithecinen* nachzudenken, die sich in dieser Gegend stark vermehrt haben sollen, auf Bäumen lebten, sich reichlich von Früchten und Blattwerk ernährten bis zu jenem Tag, als einer oder eine von ihnen, eine Gruppe oder ein Stamm, den Schutz der großen Bäume verließ, um – wie es Darwin geschildert hat – den Beginn der Geschichte der Menschheit einzuläuten.

Der Reisende weiß sehr wohl, daß er sich von seinen Gefühlen hinreißen läßt, daß diese »Lesart« der Landschaft allzu simpel ist, daß sie von billigen Annäherungen und von Schulbuchwissen lebt. Auch wenn sich diese Lesart als richtig erweisen würde, so ahnt der Reisende dennoch, daß die Wissenschaft andere Methoden anwenden und andere Wege beschreiten müßte, um sie zu belegen. Dennoch drängt sich seinem inneren Auge dieser gigantische Afrikanische Graben auf, der uns als riesenhafte Wiege gedient haben soll, der alte Fragen wieder aufwirft und alte Ängste aufrührt. Ganz hoch oben, am Rande einer dieser klaffenden Wunden der Welt stehend, ist es ihm, als höre er die Bibel, als ertöne der Vers 64 aus dem *Buch Jesaja*:

*Ach, daß du den Himmel zerrissest und führest herab,*
*daß die Berge vor dir zerflössen,*
*wie Feuer Reisig entzündet*
*und wie Feuer Wasser sieden macht,*

*daß dein Name kund würde unter deinen Feinden*
*und die Völker vor dir zittern müßten,*
*wenn du Furchtbares tust, das wir nicht erwarten*
*– und führest herab, daß die Berge vor dir zerflössen.*

Von welchen Bildern, von welchen frenetisch beschworenen Schrecken lebten die ersten, mündlich überlieferten Schriften, bei denen unsere ältesten und noch wenig zahmen Vorfahren erschauern mußten? Mit Erstaunen stellt man fest, daß, ähnlich wie die Bibel, auch das erste schriftlich festgehaltene, von Essener Mönchen zusammengetragene Gedicht, das *Gilgamesh-Epos*, uns in seinem Bericht über die Große Sintflut vor Schrecken erschauern läßt. Sodom und Gomorrha, der Untergang der ägyptischen Armee in den Fluten des Roten Meeres und noch viele andere Episoden, die die Heilige Schrift durchziehen und die in den Köpfen herumspuken, können ihren Ursprung in den vorhin geschilderten Naturkatastrophen haben, die von geologischen Ereignissen ausgelöst worden sind. Solche Äußerungen stehen gewiß nicht im Widerspruch zu den religiösen Überzeugungen. Sie tragen lediglich der Erinnerung Rechnung, der Erinnerung an diese unsäglichen Schrecken, die von einer Generation zur anderen weitertradiert worden ist: gewaltige Erhebungen der Natur, schreckliches Massensterben, aufgewühlte Landschaften, Risse, Erdrutsche und Verschiebungen, verschlungene Wälder und Seen so groß wie Meere, die zwischen der Morgen- und Abenddämmerung ein und desselben Tages emporgetaucht zu sein scheinen.

Es gibt Orte, an denen die Träumereien des Reisenden und die Intuition des Forschers zusammentreffen. Das *Rift Valley* ist ein solcher Ort. Eine Region, die mehr als irgendein anderer Ort der Erde durchgewühlt, regelrecht umgegraben, umgewälzt und verschoben worden und in der das Unterste zuoberst gekehrt worden ist. Die ältesten Sedimente sind an die Oberfläche gelangt, während die jüngsten Schichten absanken und verschwanden. Diese geologische Besonderheit macht aus dem Gebiet ein einzigartiges Forschungsgelände. Denn man braucht sich nur vorzustellen, wieviele Menschen und Maschinen selbst bei modernster Technik notwendig gewesen wären, um diese Umschichtung durchzuführen, die das tiefe Innere der Erde an die Oberfläche gebracht hat.

Der Afrikanische Graben ist sozusagen das Geschenk der Naturkatastrophen an die Prähistoriker. Boucher de Perthes, der neben seinen fragwürdigen Spinnereien auch blendende Einfälle hatte, hatte gewisse Ahnungen, als er seine Theorie über die Stratigraphie erläuterte: »Die Aufschichtung der Ablagerungen verdeutlicht in der Art einer geologischen Zeittafel die Reihenfolge der verschiedenen Schichten. Die am tiefsten gelegenen Schichten werden uns folglich die ältesten Zeugnisse liefern.« Es ist demnach keine Überraschung, wenn die Forscher es gar nicht erwarten können, an diesen Ort zu gelangen, an dem alles auf dem Kopf steht, als hätte man absichtlich das Älteste nach oben gekehrt, um es ihnen vor Augen zu führen.

Richard Leakey (der Sohn von Louis Leakey, dem wir den *Zinjanthropus boisei* verdanken) ist einer der ersten, der Fossilien »einsammelt«, die in dem großen Afrikanischen Graben an der Erdoberfläche liegen. Er leitet damals ein internationales Team, das nur noch wenig mit den Zeltlagern eines Dubois oder eines Teilhard de Chardin gemein hat. Mittlerweile gibt es präzise Forschungsprogramme, entsprechende Geldtöpfe, kurz: Die Forschung ist in die industrielle Ära eingetreten.

Wir schreiben das Jahr 1968. Am Turkana-See in Kenia finden systematische Ausgrabungen statt, die Tausende von Hominiden-Knochen zutage fördern werden. Diese werden sofort katalogisiert, erhalten Stück für Stück eine laufende Nummer innerhalb der Fossiliensammlung. Unter den Fundstücken befinden sich sechs Australopithecinen-Schädel und drei Schädel archaischer Menschen, die dank neuer, exakterer Methoden auf 1,8 bis 1,5 Millionen Jahre datiert werden.

Wie ein Zwischenspiel oder wie ein Signal erscheint es, daß am 21. Juli 1969 um vier Uhr morgens Armstrong und Aldrin auf dem Mond landen. Sie haben soeben einen riesigen Schritt in der Geschichte der Menschheit getan. Ihre Glanzleistung bezeugt auch die ungeheure Qualität, die die Meßinstrumente mittlerweile erreicht haben. Instrumente, mit denen man übertragen und empfangen kann, mit denen man zig Millionen Daten ordnen, klassifizieren und miteinander vergleichen kann. Instrumente, die alle Bereiche des Lebens der Völker berühren, die das Leben verwalten und über es bestimmen wie der Krieg, der Reichtum oder die Armut.

Die Revolution in der elektronischen Datenverarbeitung, ohne die das Weltraumabenteuer nicht hätte stattfinden können, betrifft auch die prähistorische Forschung. Mit elektronischer Hilfe können Datierungsmethoden verfeinert werden. Dies reicht von der einfachsten, der relativen Datierung – anhand der Fauna, der erdmagnetischen Messung oder der chemischen Zusammensetzung der Fossilien – bis hin zur sogenannten absoluten Datierung anhand des Uran-Ungleichgewichtsverfahrens (um so alte Böden wie die Erde – 4,5 Milliarden Jahre – zu datieren), der Kalium-Argon-Datierung, der Radiokarbon-Methode (auch C14-Methode genannt), der Thermolumineszenz-Datierung oder der Fissions-Spuren-Datierung.

Unsicherheiten werden also mehr und mehr ausgeschlossen. Wenn eine Entdeckung bekanntgegeben wird, ist sie von vorneherein mit Bescheinigungen, technologisch abgesicherten Bestätigungen und mit einem immer genaueren ›Geburtsdatum‹ versehen. Boucher de Perthes, Schmerling, Fuhlrott, ja sogar noch Dart gehörten in eine andere Epoche, in die Phase des Relativen, wo alles behauptet und wo alles – wie sie am eigenen Leib erfahren mußten – in Frage gestellt werden konnte. Die neue Ära ist das Zeitalter des Absoluten. Jetzt heißt es: Finden, Messen, Analysieren, Publizieren.

In den siebziger Jahren beginnt Maurice Taïeb, ein Geologe des CNRS (des *Centre National de la Recherche Scientifique*), eine Erkundungskampagne in der Gegend von Hadar, das im Afar-Gebiet in Äthiopien liegt. Ganz in der Nähe arbeitet Yves Coppens, zunächst mit einem britischen Team, dann mit dem amerikanischen Team von Professor Donald Johanson. Coppens bringt uns etwas von dem bunten, reizvollen Abenteuer nahe, das die Forschung ja auch darstellt. Er erzählt zum Beispiel von seiner unwillkürlichen Skepsis unmittelbar nach einer neuen Entdeckung, als der Fund noch unsicher ist und die Forscher, in einer gottverlorenen Gegend des fernen Äthiopien völlig auf sich gestellt, die aufgefundenen Knochen begutachten: »Wir hatten ein bißchen Rotwein getrunken«, erinnert er sich, »und mitten in der Wüste, am Ufer des kleinen Flusses – der aber den Vorzug hat, niemals auszutrocknen –, unter dem Gekreische der kleinen Affen in den Bäumen, die das Ufer säumten, glaubten wir gegen Einbruch der Abenddämmerung jedesmal, heute endlich den unbestreitbar ersten, definitiv aufrecht gehenden Bipeden gefunden zu haben!«

Nach dem Vorbild der Bergwerksgesellschaften teilen die verschiedenen Forschungsteams das Terrain unter sich auf. Auf diese Weise gibt es drei Konzessionen: die französische von Maurice Taïeb, die vornehmlich geologisch ausgerichtet ist, die amerikanische um Donald Johanson und die von Yves Coppens mit paläontologischem Schwerpunkt. Es ließe sich sehr ausführlich von der Stimmung erzählen, die zwischen den Teams herrscht, die aus verschiedenen Kulturen kommen und die sich oft, vom Rest der Welt isoliert, in schwierigen Situationen befinden. In seiner undefinierbaren Mischung aus wechselseitiger Wertschätzung und Mißtrauen, aus gegenseitiger Hilfe und Rivalität, erweckt dieses kollektive Abenteuer den Eindruck, als bahne sich hier etwas ganz Besonderes an. Es ruft die Erinnerung an all die anderen Abenteuer wach, bei denen sich Menschen zusammengefunden und herausgefordert haben, um zu den ersten »Findern« zu gehören – Goldsucher und Schatzjäger, Forscher, Wissenschaftler, Alchemisten oder Sportler. In den Passagen, die den »Campern von Kitty Hawk«, also den Brüdern Wright gewidmet sind, die Anfang des Jahrhunderts den ersten Flugversuch wagten, beschreibt Dos Passos die besondere, beide Männer beherrschende Erregung: diese fast manische Leidenschaft und ihr ausgeprägtes Wissen um die »historische« Bedeutung ihres Unternehmens. Der ältere der beiden, der die verfänglichen Fragen der Journalisten fürchtete, antwortete gewöhnlich voller Verachtung: »Der einzige Vogel, der sprechen kann, ist der Papagei – er kann aber nicht hoch fliegen.« Dos Passos weist aber auch darauf hin, daß unsere beiden Helden im Zelt, fernab von neugierigen Zuschauern, die Golddollars klingeln hörten, mit denen ihre Leistung belohnt werden würde. Auf dem Gebiet der Vorgeschichte könnte man in Leakey und Dart – die beide über Nacht berühmt geworden sind – die Nachfahren der Gebrüder Wright sehen. Und jeder aus den neuen Teams, die das äthiopische Omo-Tal absuchen, wird sich immer wieder einmal bei dem Gedanken ertappen, daß eine Entdeckung, wenn sie denn gelingen sollte, ihm die Tore zum Weltruhm öffnen wird.

Machen wir einen Sprung in den Herbst 1974. Bei der Fundstätte von Hadar am Fluß Omo (dessen Name, ergänzt um das fehlende *H*, einer Vorankündigung gleicht) wird weiterhin systematisch ausgegraben. Dann plötzlich überstürzen sich die Ereignisse. Tom Gray, ein amerikanisches Mitglied des Teams, findet zusammen mit einem Äthiopier Fragmente von Röhrenknochen. Sogleich wird nach weiteren Knochen gesucht. Donald Johanson und Yves Coppens – jede Nation neigt dazu, in ihren Berichten den Anteil der eigenen Wissenschaftler herauszustellen – fördern 52 Knochen zutage, die zu einem einzigen Skelett gehören. Es handelt sich anscheinend um ein weibliches Skelett, das außergewöhnlich gut erhalten ist.

Johanson erzählt, wie »sie« ihnen erschienen ist: »Sie war sozusagen schon an die Oberfläche des Erdbodens gelangt, der sie verbarg. Die Knochen lagen verstreut in einer Art Erosionssenke, die von der ursprünglichen Höhe hinunter zum Fluß reichte, wo die Überreste sich über einen Bereich von etwa zehn Metern verteilten.« Die wahrscheinlichste Annahme ist, daß das kleine Fräulein ertrunken, und nicht etwa von einem Tier verschlungen worden ist (was ansonsten damals wohl die häufigste Todesursache war). Denn man hat sie in der Nähe eines Sees und überdies vollständig erhalten gefunden. Bislang war noch nie ein so vollständiges, an Knochen so reiches Skelett gefunden worden (man fand 52 von insgesamt 206 Knochen, was außergewöhnlich viel ist).

Man mag sich sogar fragen, ob diese Frau nicht die allererste Frau der Menschheit war, jene Eva, von der in der *Genesis* die Rede ist (»Das endlich ist Bein von meinem Bein und Fleisch von meinem Fleisch«). Sie wird jedoch nicht Eva genannt. Man gibt ihr den Namen Lucy, in Anspielung auf den Beatles-Song *Lucy in the Sky with Diamonds*. Dieses Lied, damals fast schon ein Oldie, gehört zum Reisegepäck der Forscher, die weit weg von ihrer Heimat sind. In der Tat müssen sie sich ein wenig vorkommen wie »im Himmel mit Diamanten«, ein bißchen berauscht auch von ihrer Entdeckung und wenig geneigt, dieser einen biblischen Charakter zu geben. (Die Äthiopier ihrerseits haben sich für *Birkinesh* entschieden, einen Namen amharischer Herkunft, der einem lange unter der Erde gelegenen Fossil entspricht und den man in etwa übersetzen könnte mit »wertvoller Mensch«).

Was sie sich wohl erzählen mögen, diese Forscher, abends im Camp Zigaretten rauchend, wahrscheinlich zur Musik der Beatles? Allem Anschein nach hat man das Wunderding gefunden, das berühmte fehlende Glied. Vielleicht wird allein diese kleine Sammlung fossiler Knochen ausreichen, um den Übergang vom Affen zum Menschen darstellen zu können.

Zwei Merkmale des Skelettes verdeutlichen den doppelten Charakter dieses Prototyps der Spezies im besonderen. Zunächst einmal das Becken mit dem Kreuzbein. Es ist sozusagen erweitert, flachgedrückt, als müßte es ein ungeheures Gewicht tragen, etwa den Großteil des Körpers eines Baumbewohners, welcher sich anschickt, am Boden zu gehen, und sich dabei ausschließlich auf seine Hinterbeine stützt.

Bei Lucy ist diese Besonderheit sehr deutlich zu sehen. Sie lebte auch wirklich auf den Bäumen, wie es

Charles Darwin vorausgeahnt hatte. Doch wie kann man sich dessen so sicher sein? Man geht von einem Bruchstück des Oberarmknochens aus, genauer vom Ellbogengelenk. Bei Lucy bildet es einen zweischeibigen Block, während es beim Menschen aus einem einscheibigen Block besteht. Dieser verstärkte Ellbogen war für Lucy lebensnotwendig. Sie hing gleichsam noch zwischen dem Baum und der Erde, in einem Schwebezustand, den Yves Coppens als »Übergang zwischen dem Affen und dem Menschen« bezeichnet.

So verweist das Becken bereits auf den aufrechten Gang, und der Ellbogen bezeugt ein Leben auf den Bäumen. Ein Affe, ein Mensch, »eine Verhöhnung oder eine schmerzliche Schande«, sollte Nietzsche sagen ...

Der 1809 von Chevalier Lamarck in seiner *Philosophie zoologique [Philosophische Zoologie]* formulierte Traum scheint in der Gestalt Lucys Wirklichkeit geworden zu sein. Denn er behauptet darin: »Wenn irgendeine Rasse von Vierhändern aufgehört hat, auf die Bäume zu klettern, dann ist es nicht ausgeschlossen, daß diese Vierhänder zu Zweihändern geworden sind und daß die Daumen ihrer Füße nicht mehr zur Seite zeigten, weil sie ihre Füße nur noch zum Gehen brauchten.«

Offenbar war Lucy etwa 20 Jahre alt, als sie ertrunken ist, was für einen *Australopithecus* ein recht ordentliches Lebens- beziehungsweise Sterbensalter ist. Yves Coppens meint, daß sie bereits mit 10 Jahren gebärfähig gewesen ist, daß sie später sehr fruchtbar war und in der Lage gewesen sein mußte, wenn nicht jedes Jahr, so doch genug Kinder auf die Welt zu bringen, so daß sie bei ihrem Tod wohl vier oder fünf hatte. Die Geburten müssen jedesmal sehr schmerzhaft gewesen sein: Das allgemeine Aufrichten des Körpers sowie die endgültig aufrechte Haltung des Oberkörpers zur Unterstützung des aufrechten Ganges waren für die Schwangerschaft und eine schmerzfreie Entbindung keinesfalls günstig.

Germaine Petter und Brigitte Senut[16], zwei Paläontologen, haben den ersten Morgen, an dem Lucy endgültig und unwiderruflich von ihrem Baum herabsteigt, folgendermaßen beschrieben: »Lucy erwacht. Die Nacht hat sie versteckt in einem Baum verbracht, sie lag bequem in einem aus Blättern gemachten Nest. Ringsumher das ohrenbetäubende Kreischen der Vögel. Lucy streckt sich, dehnt ihre langen Arme aus, kratzt sich, um das Jucken der Mückenstiche zu mildern, dann schickt sie sich, sich mit einer Hand am Ast festhaltend, vorsichtig an, ihren Baum zu verlassen ...«

Die Entdeckung Lucys ist insofern von entscheidender Bedeutung, als sie einen besonders wertvollen, sozusagen aus Knochen bestehenden Beweis darstellt für das besagte Zwischenglied, für dieses Übergangswesen zwischen zwei Spezies, das »sich anschickt, seinen Baum zu verlassen«. Ein Beweis aus Fleisch und Blut jedoch fehlt: Man hat immer noch keinen Australopithecus *gehen* »sehen«.

Yves Coppens hat Lucys mutmaßliche Ungeschicklichkeit und ihren wiegenden Gang erwähnt. Der aufrechte Gang bedeutete einen großen Energieaufwand. Der *Australopithecus* mußte sich in kleinen Gruppen bewegen, je nach Jahreszeit und seinem Nahrungsbedarf »von einem Dickicht zum anderen, von einem angrenzenden Wald zum anderen ...«. In dem Vorwort, das er für das Buch von Germaine Petter und Brigitte Senut geschrieben hat, schildert Coppens »Lucys kleine Gestalt, rührend in ihrer Unentschiedenheit zwischen äffischem

---

16 Germaine Petter und Brigitte Senut: *Lucy retrouvée [Die wiedergefundene Lucy].*

Wesen und menschlichem Streben«. Für ihn ist Lucy nichts geringeres als der Beweis, daß »die Menschheit tierischen Ursprungs ist.«

Es mußte aber noch *die Spur der ersten Schritte des Menschen* gefunden werden.

Diese entscheidende Entdeckung wird 1979 Mary Leakey im Norden Tansanias gelingen, auf der Fundstätte von Laetoli, in der Asche eines seit der Vorgeschichte erloschenen Vulkans. Bei der Entdeckung hat sie viel dem Zufall zu verdanken: Eines Morgens, als das Ausgrabungsteam Ball spielt, rutscht eines der Mitglieder, ein gewisser Angiovil, aus, fällt zu Boden und landet mitten auf der Tuffplatte, die durch die Fundstätte führt. Er ist vollkommen verblüfft, denn wie er da am Boden liegt, fällt es ihm wie Schuppen von den Augen. Diese Platte, über die sie seit Wochen gehen, ist regelrecht übersät von den unterschiedlichsten Abdrücken.

Die Ausgrabungsarbeiten werden unterbrochen, damit zunächst diese Spuren untersucht werden können. Fast 36 000 Abdrücke werden gefunden, »Spuren von Elefanten, Nashörnern – einige gehören einer ausgestorbenen Spezies an –, Giraffen, Gazellen, Antilopen, Perlhühnern ...«. Nachdem dieses riesige Buch aus Stein freigelegt und fein säuberlich gereinigt worden ist, kommt eine etwa 25 Meter lange Strecke zum Vorschein, auf der die Spuren eines *Bipeden* zu lesen sind. Ein Wesen, das aufgerichtet auf seinen Hinterbeinen geht ... und das vor 3,5 Millionen Jahren!

Als die Forscher die Spuren genauer untersuchen, stellen sie fest, daß es die Abdrücke von zwei oder drei »Gehern« sind. Mit Sicherheit sind es mindestens zwei. Die Schritte des ersten sind relativ regelmäßig, der andere – vermutlich ein Kind – legt eine Pause ein, dreht sich um und geht weiter, verhält sich also wie jedes x-beliebige Kind zu einer x-beliebigen Zeit. Für Mary

Leakey gibt es keinen Zweifel daran, daß es sich um das Umhergehen einer kleinen Familie handelt. Die »*erste Familie*«. Wenn man aus den Spuren dieser Familie Schlüsse ziehen will, wenn man aus den im Boden hinterlassenen Abdrücken das Aussehen und die Fortbewegung der »Wesen« abzuleiten versucht, dann muß man zu dem Schluß kommen, daß ihr Gang deutlich »menschlicher« gewesen ist als der von Lucy.

Was also mag vor mehr als drei Millionen Jahren an diesem Ort geschehen sein? Nicht weit davon entfernt befinden sich ein noch aktiver Vulkan und eine Wasserstelle. Zu dieser Stelle, das liegt auf der Hand, geht eine große Menge von Tieren. Wieviele mögen es gewesen sein, seit das Leben in Afrika, dem Kontinent mit den meisten und unterschiedlichsten Tierarten, entstanden ist? Wieviele Arten sind dorthin gelaufen, getrottet, galoppiert oder gekrochen, allein oder im Rudel, um ihren Durst zu löschen? Und konnten sie voraussehen, daß eines Tages, nachdem ein Lavastrom die Senke überflutet haben würde, ein Regen einsetzen würde, ein langanhaltender, feiner Regen?

Sie galoppieren also, kriechen oder laufen, stets auf der Lauer und immer durstig. Die vulkanische Asche, auf der sie sich fortbewegen, ist naß geworden, hat sich gelockert, so daß ihre Schritte darin einsinken wie in einen Teppich. Danach wird dann das Aschepulver die frischen, von den Tieren hinterlassenen Spuren – genauso wie die Spuren unserer Australopithecinen – bedeckt haben. Dann schien wieder die heiße Sonne, die die ganze Gegend mit einer tropischen Hitze erdrückt. Die feuchte Aschenschicht trocknet rasch und wird hart. Somit bleiben die Fußabdrücke dieser ersten Familie auf immer im Boden erhalten.

Der Hominide von Laetoli soll etwa 1,40 Meter groß gewesen sein und ungefähr 30 bis 35 Kilo gewogen haben. Für einige Wissenschaftler, die Mary Leakeys These bestreiten, handelt es sich angeblich um einen Schimpansen, weil die große Zehe seitwärts zeigt. Mary Leakey hält dem entgegen, daß sich diese Stellung daraus erklärt, daß er barfuß ging. Sie eröffnet damit eine jener Kontroversen, die wir in der Wissenschaft von den ersten Anfängen der Menschheit schon gewohnt sind. Philip Tobias, Professor an der Witwaterstrand University in Johannesburg, berichtet über den Disput folgendermaßen: »Es kam zu sehr heftigen Diskussionen ... die bis in die jüngste Zeit andauerten, bis 1994 oder 1995, als man andere kleine Füße zutage gefördert hat. Diese waren mit einer abstehenden, bewegungsfähigen Zehe ausgestattet, ähnlich einem menschlichen Daumen. Sie konnten also die für das Klettern auf Bäume nötigen Greifbewegungen optimal ausführen. Diese Abdrücke sind genauso alt wie die Abdrücke von Laetoli. Daraus ergibt sich folglich, daß es vor 3,5 Millionen Jahren in Afrika bipede aufrechtgehende Kreaturen gegeben hat, die das Rüstzeug für die Evolution in sich trugen und deren große Zehe wie bei den Schimpansen ausgebildet war. Wenn wir nur den Mittelfußknochen und den keilförmigen Mittelhandknochen gefunden hätten, dann hätte man auf den Schimpansen geschlossen. Wir haben aber sämtliche Zwischengelenke sowie ein vollständiges Gelenk von der kleinen bis zur großen Zehe.«

Es handelt sich also um ein anderes Wesen, kein Affe mehr und noch kein Mensch. Ein Wesen im Werden, das sich aufrechtgehend zur Wasserstelle begibt und das bei Gefahr zum erstbesten Baum läuft und hinaufklettert, indem es sich wie ein Affe am Stamm und an den Ästen hochhangelt.

»Der Mensch«, notierte Nietzsche, »ist ein zwischen dem Tier und dem Übermensch gespanntes Seil, ein Seil über den Abgrund. Es ist gefährlich, auf die andere Seite zu gehen; es ist gefährlich, unterwegs stehenzubleiben; es ist gefährlich zurückzublicken.«

In diesem Sinne waren Lucy und ihresgleichen während ihres kurzen Lebens im Alltag, diesem ersten tastenden Versuch der Natur, schon »menschlich«, ja allzu menschlich. Nietzsche merkt weiter an, daß »das, was man im Menschen lieben kann, die Tatsache ist, daß er ein Übergang und ein Niedergang ist«. Tatsächlich kann man in diesen Worten eine Art Zusammenfassung des menschlichen und des vormenschlichen Abenteuers sehen, in dem die Schwierigkeit des Übergangs und die Angst vor dem Verfall tief verwurzelt sind.

# VIII

# Die Neuankömmlinge

»Der *Homo habilis* soll vor etwa zwei Millionen Jahren in Afrika geboren worden sein. Er hat sich dort vermehrt und sich allmählich in Bewegung gesetzt. Nach und nach hat er von Ostafrika aus den Norden Äthiopiens erreicht. Dann hat er sich bis nach West-, Nord- und Südafrika vorgearbeitet. Dort ist er jedoch nicht geblieben.«

»Als der archaische Mensch Afrika verlassen und sich in Bewegung gesetzt hat, hat er sich zunächst in einer homogenen Umgebung befunden, die ihm vertraut war, mit einer afrikanischen Fauna, bestehend aus Elefanten, Löwen und Giraffen … Als er dann in den Nahen Osten kam, fand er sich in einem halbwüstenartigen Gebiet wieder, mit einer etwas anderen Fauna. In Europa war es dann ein ihm völlig unbekanntes Territorium …«

*Jean Chaline*

Die Horde. Diese Vorstellung ist so alt und so sehr in den Tiefen unseres Gedächtnisses verwurzelt, daß es nur wenig braucht, um sie in ihrer ganzen Grausamkeit, ihrer Animalität und Unerbittlichkeit wieder zutage treten zu lassen. In unseren kollektiven Vorstellungen gehört die Horde dem Bereich des Barbarischen an, des nicht wirklich »Menschlichen«; an den Randbereichen der zivilisierten Welt rottet es sich zusammen, bevor es über sie herfällt. Seit der Bibel ist unsere Geschichte so sehr von dieser ständigen, die menschlichen Gesellschaften bedrohenden Gefahr – fliehen oder der Invasion standhalten müssen – durchdrungen, daß man sie vielleicht sogar als einen sich ständig erneuernden Kampf deuten könnte. Einige haben dies auch getan: in der Vorstellung vom Kampf zwischen den »tierischen« Trieben und den zerbrechlichen menschlichen Konstruktionen, zwischen der Bewegung und dem Stillstand, zwischen dem Hunger nach Nahrung, der Eroberungslust und dem Bedürfnis nach Raum einerseits und der Sehnsucht nach Harmonie, nach Geborgenheit und Zivilisation andererseits. Diese Phantasmagorie haben wir derart verinnerlicht, daß man sich sogar fragen kann, ob ihre Herkunft nicht noch weiter in die Vergangenheit zurückreicht, bis in jene absolut archaischen Zeiten hinein, als die primitiven Horden aufbrachen ins Unbekannte.

Ungefähr zwei Millionen Jahre – eine Größenordnung, angesichts derer unsere historische Datierung sinnlos wird. Dabei ist der Mensch innerhalb eines Jahrhunderts prähistorischer Forschung um so viel »älter« geworden, daß wir nicht sicher sein können, ob nicht eine neue Entdeckung das »Auftreten« des Menschen in noch frühere Zeiten verschieben könnte. Vor ungefähr zwei Millionen Jahren also, vor zigtausend Generationen, hat sich eine Horde oder haben sich Horden zusammengefunden, um ihr angestammtes Gebiet und den Schutz der großen Bäume zu verlassen und sich ins offene Gelände, in andere Territorien zu wagen.

Der »Entschluß« wegzugehen ist sicher nicht leichtgefallen. Es gab nichts, worauf man zurückgreifen konnte: weder Reflexe noch die Vorwegnahmen und Ahnungen, die von der Erinnerung an ähnliche Erfahrungen getragen werden. Dieser »große« Aufbruch ist beispiellos, es gibt keinen Präzedenzfall. Um dieses Szenario zu veranschaulichen, könnte man von einem regelrechten Sprung ins Unbekannte sprechen. Oder auch von einer Wiedergeburt. Denn das Trauma, das diese »Art« von Menschen, die sich zum ersten Mal in die Savanne hinauswagten, erfahren hat, sitzt tief – vielleicht so tief, daß die Erinnerung daran nie ganz ausgelöscht worden ist.

Das Unbekannte, das heißt in erster Linie: Gefahr. Die Gefahr, von den mächtigen Räubern der Savanne zerfleischt, aufgefressen und ausgerottet zu werden. Man kann sich denken, daß diese Hominiden viel Mut haben aufbringen müssen und daß sie wohl bei ihrem Unternehmen einer zwingenden Notwendigkeit gehorcht haben müssen. Diese Notwendigkeit war vermutlich der Hunger. Es muß anderswo Nahrung gefunden werden, da infolge der hohen Geburtenzahlen die Nahrung allmählich knapp wird. Die Mädchen gebären bereits mit zwölf Jahren, und trotz der vermutlich hohen Sterblichkeitsrate wird die Gruppe immer zahlreicher, ihr Territorium hingegen nicht größer. Die Gräser werden bald Mangelware, und man kämpft darum. Die Streitigkeiten zwischen den Mitgliedern des Clans verschärfen sich. Entweder wird man die knappe Nahrung aufteilen müssen, oder sie muß woanders gesucht werden.

Sicherlich ist es so abgelaufen – auch wenn es natürlich kein einziges Dokument und keine Erinnerungen gibt, die dies bestätigen könnten. Nichts, außer der Untersuchung der zahlreichen, auf den beiden ältesten Fundstätten von Olduvai in Tansania und von Koobi Fora in Kenia verstreuten Fossilien. Man kann ihre Evolution über einen Zeitraum von fast einer Million Jahren »nachlesen«, und allem Anschein nach haben mindestens zwei Arten von »Frühmenschen« an diesen Orten gelebt, zwischen 2 und 1,5 Millionen Jahren v.u.Z. Nach und nach hat der *Homo habilis* den *Australopithecus africanus*, der eine Million Jahre davor ausgestorben war, ersetzt.

Es fragt sich, ob man trotzdem mit absoluter Sicherheit behaupten kann, daß es sich um die ersten bekannten Vertreter unserer Entwicklungslinie handelt. Ihre Entdecker, die Leakeys, zweifeln nicht daran. Wie Boucher de Perthes, der als erster diese These aufstellte, halten sie das Werkzeug für das *unumgängliche Kennzeichen der menschlichen Präsenz*. Gleich zu Beginn der ersten Ausgrabungen 1951 fördert die Familie Leakey dann auch eine Art sehr alte »Industrie« zutage, die sie »Oldowan-Industrie« nennt. In den Augen der Leakeys ist dies der Beweis für eine »Geröllkultur«; die Geröllsteine wurden mit grob geformten oder scharfen Kanten versehen, sogenannten durch Druck oder Schlag herbeigeführten *Abschlägen*.

Dennoch bleiben gewisse Zweifel stets bestehen. Die Tatsache, daß nach so vielen inneren Gärungen und Umwälzungen in derselben Ablagerungsschicht Vorstufen von Steinwerkzeugen sowie Skelettreste gefunden worden sind, bedeutet nicht automatisch, daß erstere das Werk der letzteren sind. Auch läßt sich daraus kein gemeinsames Geburtsdatum ableiten. An einem Faktum freilich kann nicht gezweifelt werden: es hat in diesen

Regionen Afrikas »Frühmenschen« gegeben, die sich, und in diesem Fall als einzige, sehr früh als Hersteller von Werkzeugen betätigt haben. Sie haben schon sehr früh das Wort *machen* gekannt.

Nun müssen wir zunächst einmal unsere bedeutende Vorfahrin Lucy schnell vergessen. Unsere zukünftigen Wanderer haben keinerlei Ähnlichkeit mit ihr. Weder hinsichtlich der Körpergröße noch hinsichtlich des Gewichts oder des Ganges. Sie sind größer und kräftiger geworden. Ihr Gehirn hat sich, weil sie sich aufgerichtet haben und ihre ehemaligen Vorderfüße als Hände benutzen, stark weiterentwickelt. Es bildet das obere Ende eines geraden Halses und hat ein Volumen von circa 800 Kubikzentimetern.

Aus dem *Homo habilis* wird der *Homo erectus*. Diese beiden Bezeichnungen widersprechen sich nicht, vielmehr ergänzen sie sich. Der Mensch ist geschickt (*habilis*), und er ist vollständig aufgerichtet (*erectus*). Vor 1,7 Millionen Jahren verläßt er Afrika, um sich nach beispiellosen Anstrengungen und Hunderttausenden von Jahren des Umherirrens in vorerst drei Kontinenten zu verbreiten: zuerst in ganz Afrika, dann in Asien und in Europa. Amerika und die südlichen Breiten werden später hinzukommen.

Diese großen Wanderungen, von heute auf morgen oder auch erst nach langer Vorbereitung angetreten, sind bestimmt nicht aus dem Wunsch nach Eroberung oder aus irgendeiner messianischen Vision heraus entstanden. Treibende Kraft waren sicherlich die primären Lebensnotwendigkeiten, von denen wir gesprochen haben. Im Laufe einer oder mehrerer Generationen ließ sich die ursprüngliche Horde auf einem neuen, etwa 30 Kilometer breiten Gebiet nieder. Dann folgten der Reihe nach weitere Ausdehnungskreise, und vermutlich haben die Horden, die nicht an Rückkehr dachten, schließlich sehr große Flächen besiedelt.

Diese Vorstellungen stammen selbstverständlich von modernen Menschen, die sich auf sehr alte Fakten und auf Wesen beziehen, die ganz anders waren als wir. Und zwar so verschieden von uns, daß der ›Roman‹ – um nicht zu sagen die Wissenschaft – der Vorgeschichte letztendlich oft einer Vorschulfibel gleicht, kommentiert von einem hochbegabten Professor. Zwischen dem bloßen Sammeln von fossilen Beweisen sowie ihrer Analyse und dem sehr natürlichen Versuch, sie zum Leben zu erwecken, liegen natürlich sämtliche Gefahren, die eine Interpretation in sich birgt: die lange Liste von Irrtümern und Annäherungen, falscher Nationenstolz und das Gedächtnis, das wir in uns tragen, die Erinnerung an »edle Wilde« à la Bernardin de Saint-Pierre oder an die bösen Horden, die über die römische Welt hergefallen sind. Letztendlich aber ist dies ein Risiko, das wir in Kauf nehmen müssen. *Die* Geschichte ist auch *eine* Geschichte, eine Erzählung, und ihr Wert liegt allein in dem, was sie zu berichten vermag.

Die fossilen Skelette werden lebendig, die Horde versammelt sich und sucht Schutz unter den großen Bäumen; in der Savanne hört man das leise Rascheln der Gefahr. Und dann geschieht es: Die Horde setzt sich in Bewegung. Auch wenn die Vorstellung, die wir von diesen Wesen und ihren Motiven haben, zwangsläufig romanhaft bleibt, so ändert dies doch nichts an dem einmaligen Faktum, daß sich die Horde auf den Weg macht.

Wenn es in einem Gebiet zuviele Individuen gibt, dann obliegt es vermutlich den Jüngeren, die Gruppe zu verlassen, sobald sie ein wenig abgehärtet und kampferprobt sind. Was weiß man von diesem *Homo erectus*, der nach und nach einen Kontinent, ja sogar die ganze Welt erobern wird? Man kennt ungefähr seine Größe, weiß Bescheid über sein Aussehen und seine Hauptmerkmale. Wie wir gesehen haben, verfügt er über die Fähigkeit, mit seinen Händen oder mit seinen Zähnen Steine und andere Materialien zu verändern, deren Form zu bearbeiten, um sie zu einem bestimmten Zweck herzurichten. Darin liegt, wie es scheint, der entscheidende Unterschied zum Affen. Ein Schimpanse kann manchmal, einem Impuls folgend, ein Stück Holz spalten oder dessen Spitze abbrechen, aber dies geschieht immer, um ein unmittelbares Bedürfnis zu befriedigen. Es handelt sich um ein zeitlich befristetes Handeln, das sich wiederholen kann, das sich aber nie zu einer »Industrie« entwickeln wird. Der Schimpanse wird ebenfalls in der Lage sein, einen Geröllstein zu benutzen, um die harte Schale einer Frucht aufzubrechen. Er wird diese Geste wiederholen können, wird, wenn er mit seinen Zähnen eine Schale nicht aufbrechen kann, einen Stein nehmen. *Den* Stein als solchen aber wird er nicht bearbeiten. Ein speziell zum Zweck des Zerbrechens der Schale hergestelltes Werkzeug, das er zum weiteren Gebrauch aufbewahren wird, dieses Werkzeug wird er nicht zustande bringen.

Seit dem *Homo habilis* dagegen scheint der Mensch spezifische Gegenstände hergestellt zu haben, die er vorher durchdacht und für einen präzisen Zweck bestimmt hat. Er kann diese Gegenstände nicht nur wiederholt in Serie herstellen, sondern er kann auch ihr Herstellungsverfahren weitergeben. So wird er zum Menschen; zum Menschen, der *bewußt* Dinge herstellt, macht oder fabriziert, der *Homo faber*, der technisch begabte Mensch.

Folgende ursprüngliche Technik, die in der Olduvai-Schlucht entdeckt worden ist, hat er entwickelt: Er bediente sich zweier Geröllsteine, um mit dem einen – dem sogenannte *Chopper* – Abschläge vom anderen abzuspalten und so ein schneidendes Werkzeug zu erhalten. Ein einfaches Verfahren, gewiß, aber die Tatsache, daß es »erfunden« und in die Tat umgesetzt worden ist, bedeutet nicht mehr und nicht weniger als eine technische Leistung. Einen jener Fortschritte, die das Leben einer ganzen Gruppe verändern. Im übrigen gibt es zahlreiche Gruppen von *Choppern*: Chopper zum Kratzen und Schaben, zum Einkerben, Bohren, Zerdrücken, Durchschneiden, Wurzelausreißen, Zerstückeln und so weiter. Später dann wird die berühmte »Werkzeugfabrik« von Levallois entstehen, eine regelrechte »Industrieanlage«. Die sogenannte Levallois-Technik wird sich in der Region entwickeln, in der eines Tages die Hauptstadt Frankreichs entstehen wird.

Der *Homo habilis* ist also in der Lage gewesen, bestimmte wiederkehrende, alltägliche Aufgaben zu erleichtern, indem er sich zweckmäßige Werkzeuge ausgedacht hat. Zu den Ursachen für diese technologische Revolution wurden die verschiedensten Hypothesen aufgestellt. Die Frage lautet: Ist diese Fähigkeit, einem bestimmten Zweck dienliche Werkzeuge herzustellen, wesensgleich mit der Eigenschaft, *Hominide* zu sein? Ist sie sozusagen dessen Kennzeichen? Oder ist sie das Ergebnis von vielerlei Zufällen und verschiedenen Notwendigkeiten gewesen? Einen wichtigen Hinweis zu diesem Problem gibt Professor Henri de Lumley: »Man kann sagen«, meint er, »daß die Herstellung des Werkzeugs mit der tierischen Nahrung in Verbindung steht. Es besteht ein sehr enger Zusammenhang zwischen dem Werkzeug und dem Fleischverzehr. Zweifellos haben diese Werkzeuge dazu gedient, die Haut und das Fleisch zu zerschneiden. Vor allem aber wurden sie dazu verwendet, die Gerippe der großen Pflanzenfresser auseinanderzureißen.«

Womit wir bei einer anderen Frage angelangt wären: Ist der Frühmensch, den man gewöhnlich für einen Pflanzenesser hält, in Afrika womöglich zum Fleischesser geworden, aus der Not heraus oder in Nachahmung der großen Raubkatzen? Was hat ihn dazu getrieben? Mit welchen Waffen hat er diese bedeutende Veränderung in der Ernährung zustande bringen können, wo er doch weder die Flinkheit noch die Zähne, die Krallen oder die Kraft der Raubtiere besaß? Ist er eher ein Aasfresser gewesen, Hyänen oder Aasgeiern gleich?

Grundsätzlich hält man ihn vorzugsweise immer noch für einen Vegetarier. Er ernährt sich von Früchten, Pflanzen und Wurzeln, manchmal auch von Beutetieren, die leicht zu fangen sind, zum Beispiel Eidechsen, oder von Vogeleiern und Larven ... Weil er das Feuer nicht beherrscht – Raymond Darts berühmter Prometheus ist ja nicht sehr überzeugend –, verfügt er über keine besonders ausgeklügelten Waffen, um in der offenen Savanne, in der seine Rückzugsmöglichkeiten sehr begrenzt sind, zu jagen. Allem Anschein nach gibt es noch keine Pfähle, deren Spitze im Feuer gehärtet wird, auch keine Speere oder Bögen.

Er ist folglich Sammler und Hersteller von grob geformten Werkzeugen. Vom Hunger oder von irgendeinem undefinierbaren Weltschmerz getrieben, rüstet er sich zum großen Aufbruch. Man kann ihn mutig, neugierig, verzweifelt und willensstark finden. Man kann versuchen, sich die Gefahren auszumalen, denen er sich aussetzt. Was man sich aber wohl kaum vorzustellen vermag, das sind die Widrigkeiten und Mühsale dieses Lebens über Hunderttausende von Jahren hinweg.

Wenn man den Spezialisten Glauben schenken darf, so kann sich der *Homo erectus* allmählich sehen lassen. Zwar ist er noch recht plump und ungeschliffen, aber er könnte bereits an einige Exemplare unserer eigenen glorreichen Spezies erinnern, zum Beispiel wenn diese in einer unruhigen Nacht aus dem Schlaf hochschrecken. Selbst wenn seine Züge noch primitiv sind – zu seinen Merkmalen gehören sehr ausgeprägte Überaugenwülste, eine fliehende Stirn, ein fliehendes Kinn –, so ist sein Kopf dennoch ansehnlicher geworden: Sein Gehirnvolumen ist von 800 Kubikzentimetern auf 1 300 Kubikzentimeter angewachsen. Er beherrscht den aufrechten Gang nunmehr vollkommen, ohne Lucys wiegenden Schritt. Er ist zwischen 1,50 und 1,80 Meter groß. Man bezeichnet ihn als »robust und kräftig«. Außerdem verfügt er über spezielle Merkmale, die deutlicher ausgeprägt sind als beim *Homo habilis* und die für den Sprachgebrauch notwendig sind: eine breitere Mundhöhle, das Brocasche Feld (das motorische Sprachzentrum) und außerdem ein intensives Gruppenleben.

Die ersten Überreste des *Homo erectus* sind östlich des Turkana-Sees gefunden worden, wiederum in dem großen Graben des Rift Valley. Sie sind 1,6 Millionen Jahre alt, und man gibt ihnen den hübschen Namen »Neuankömmlinge«. Dies nicht nur, weil die Entdeckung neu ist, sondern auch, weil sie ja von irgendwoher kommen. Sie sind Reisende, Nomaden, die an diesem Ort vom Tod eingeholt worden sind, zu Beginn oder mitten in ihrer nicht endenwollenden Wanderung.

In Wellen, nach Sammel- und später Jagdplätzen suchend, werden sie den gesamten eurasischen Kontinent – das Rote Meer gibt es noch nicht – von der Atlantikküste bis nach Java und China »überschwemmen«.

Aus gutem Grund kann es keinen einzigen exakten Hinweis geben über die Anzahl dieser Nomaden. Hinsichtlich ihres geographischen Vorankommens stimmen einige Spezialisten (allerdings mehr aus theoretischen Erwägungen als aufgrund genauer Erkenntnisse) darin überein, daß jede Generation in etwa 30 Kilometer zurückgelegt haben könnte (diese von Professor Henri de Lumley angeführte Zahl entspricht seltsamerweise dem *täglichen* Marschplan der großen Kaiserlichen Armee). Eine andere Einschätzung stammt von Professor Jean Chaline, der zu der Feststellung gelangt, daß ein Vorankommen von durchschnittlich einem Kilometer im Jahr ausreichen würde, um innerhalb von gerade einmal 40 000 Jahren die gesamte Erde zu umrunden.

Dieser lange, bedeutsame Marsch, den unsere fernsten Vorfahren unternommen haben sollen, dieses eigensinnige Auf-der-Stelle-Treten, diese schleichende Menschenflut, die im Afrikanischen Graben begonnen und sich allmählich ausgebreitet hat, um den gesamten Planeten in Besitz zu nehmen – diese lange Wanderung hat etwas Schwindelerregendes. Denn unser Sinn für das Vorstellbare und Logische wird hier auf eine harte Probe gestellt, unendlich viele Fragen werden aufgeworfen. Wieviele Jahrhunderte lang sind, nach dem Aufbruch der ersten Horden, noch Ureinwohner in den angestammten Gebieten zurückgeblieben, versteckt in den Wäldern? Und was ist aus ihnen geworden?

Wie hat sich diese Migration vollzogen? Die Überbevölkerung und die Nahrungsknappheit, die diese Wanderung ausgelöst haben, geben uns eine mögliche Erklärung für ihre Ursachen. Beide sagen aber nichts aus über die Art und Weise, wie sie vonstatten gegangen ist. Die ersten Nomaden wissen, was sie haben und was sie verlassen. Sie wissen aber nicht, was sie in der Ferne erwartet. Jeder weitere Schritt führt sie weiter fort vom ursprünglichen Stamm, vom Clan, von der einzigen Gewißheit. Das Territorium, in das sie sich vorwagen, ist in erster Linie neu, das heißt gefährlich. Es birgt unzählige Zähne und Krallen, gegen die sie nur unzulängliche Waffen einsetzen können, während die Savannenlandschaft ihr Gesicht ständig verändert. Auch im Falle eines sehr langsamen, sehr eigenwilligen Vorwärtsziehens, bei dem man sich die Zeit nimmt, sich einzugewöhnen und anzupassen, ist es sicherlich notwendig gewesen, gelegentlich zu improvisieren und dabei ebenso plötzliche wie für die Gruppe (über)lebenswichtige Entscheidungen zu treffen.

Sind sie tatsächlich gezwungen gewesen, als Nomaden aufzubrechen? Hat man die Jüngeren und Flinkeren, zwecks Fortpflanzung zusammen mit einigen Frauen, vertrieben? Ist es zu Konflikten gekommen? Haben Hominiden andere Hominiden getötet, weil diese auf dem Land ihrer Erzeuger weiterhin Gräser pflückten und Larven aßen? Man verfügt bisher über kein einziges Skelett eines »Ermordeten«, das eine Million Jahre alt oder noch älter wäre und das diese Hypothese bestätigen könnte.

War die Spezies bereits von Anfang an nomadisch, neugierig, eroberungslustig und entschlossen? Hat sie sich während dieser sehr langen Wanderung über die Unterschiede gewundert, die sie in der Fauna und in der Flora vorfand, über die Klimaveränderungen mit heftigen Dürren und unvorhersehbar langen Eiszeiten? Weil sich diese Raumbesetzung über einen so langen Zeitraum erstreckte, könnte auch das Gegenteil der Fall gewesen sein. Dann hätten die kleinen, umgesiedelten Gemeinschaften im Verlauf von mehreren Generationen vergessen, woher sie kamen, um sich in eine unmittelbare Gegenwart einzuleben, die nur bis zur nächsten Aufspaltung der Gruppe dauerte. Denn ein Aufbruch war auf jeden Fall geboten. Einige Stammesmitglieder (oder sogar der ganze Stamm) haben sich in Bewegung setzen müssen.

Das ergäbe dann das Bild einer Menschheit, die ursprünglich *nomadisch* gewesen ist und die während sowie nach der Zeit, die man als Neolithikum (Jungsteinzeit) bezeichnet hat, zur *Seßhaftigkeit* übergegangen wäre. So hätten wir womöglich Millionen von Vorfahren, mit Sohlen so leicht wie der Wind, gewandte Geher, die aber dann in der Mehrheit zu häuslichen Bauern und Stubenhockern geworden wären? Und dies nach der Wonnezeit in Mesopotamien? Haben Euphrat und Tigris und dieser Garten Eden zwischen zwei Strömen es geschafft, die unstillbare Ruhelosigkeit der Nomaden zu besiegen?

Und ist unseren unermüdlichen Wanderern vielleicht nach und nach bewußt geworden, daß sie die einzigen waren, die sich in Bewegung gesetzt hatten, und daß sie sich auf einer Einbahnstraße befanden?

Wenn man nämlich von der einstmals allgemein verbreiteten Überzeugung ausgeht, daß der Mensch im Gegensatz zu den Tieren (die verschiedene Geburtsstätten haben können, weil sie über den ganzen Globus verstreut auf der Bildfläche erschienen sind) von einem einzigen Paar abstammt (Lucy gleichsam als *schwarze Eva* der gesamten Menschheit), dann begegnet der *Erectus,* unser bedeutendster Auswanderer, auf seinem Weg niemals seinesgleichen. Er bewegt sich in einem Territorium fort, das sich von seiner ursprünglichen Umgebung völlig unterscheiden kann. Er findet sich inmitten einer oftmals ganz neuen Flora und Fauna wieder, ohne jemals einem anderen *Erectus* zu begegnen. Zugleich entfernt er sich von seinem angestammten Platz und *von seiner Spezies* (falls er wirklich weit weg zieht und nicht nur seinen Sammelplatz ein wenig verlegt). Und wenn er wirklich alle Zelte hinter sich abbricht, setzt er dann nicht seine Sippe tödlichen Begegnungen und letztlich der Gefahr des Aussterbens aus? Hat ihn außer der Notwendigkeit, seinen Hunger zu stillen, vielleicht auch das angetrieben, was man heute als Entdeckergeist bezeichnen würde? Und schleppte der *Homo erectus* irgendwo in seinem Hinterkopf die an sich unsinnige Vorstellung mit sich herum, daß es möglicherweise noch eine andere Welt geben könnte?

Fest steht, daß er von Eurasien nach Europa gezogen ist. »Man findet ihre Werkzeuge und ihre Spuren sehr früh im Vorderen Orient«, bestätigt Henri de Lumley. »Man kennt Fundstätten in Palästina, östlich des Sees Tiberias, die 1,8 Millionen Jahre alt sind. Das überrascht kaum, denn das Jordantal gehört noch zu Afrika. Es stellt die Verlängerung des Rift Valley dar, ein Tal aus jener Zeit, als es das Rote Meer noch nicht gab.«

Andere denkbare Übergänge wären Gibraltar, dessen Felsen von Afrika aus sichtbar war, oder – in der Ära der großen Eiszeiten, als das Mittelmeer einen niedrigen Wasserstand aufwies – eine von Tunesien über Sizilien nach Süditalien führende Route: trockenen Fußes, denn damals war der Meeresspiegel um 120 bis 150 Meter niedriger als heute.

Egal an welcher Stelle der Übergang stattgefunden hat, der archaische Mensch soll Europa etwa 900 000 bis 800 000 Jahre v.u.Z. erreicht haben. Falls dieser Kontinent wirklich frei von jeglicher menschlichen Präsenz gewesen ist, dann war der vorrückende Nomade tatsächlich der *Neuankömmling*.

»Da kommen Sie!« Das ist der Schrei, der seit jeher bei jeder Invasion ausgestoßen worden ist. Es ist der Schrei der Trojaner ebenso wie der Schrei der Bauern an den

Ufern der Seine bei der Ankunft der Normannen, der Schrei des bestürmten Konstantinopel und der Schrei der Londoner nach der Niederlage Frankreichs 1940.

Wie es scheint, ist nichts dergleichen zu hören, als die Neuankömmlinge aus Schwarzafrika eintreffen. Wenn die Anhänger der Theorie von den verschiedenen Geburtsstätten recht haben, dann nehmen sie Besitz von einer Welt, die von ihresgleichen nicht bewohnt ist. Schon bald findet man ihre Spuren in Java, in Indien, in China, dann in Kroatien, in der Nähe von Bologna in Italien, in Andalusien, in Cap-Martin und in Nizza, in der »Caune« (Grotte) del Arago bei Tautavel im französischen Katalonien.

Fassen wir kurz zusammen: 2,5 Millionen Jahre v.u.Z. soll der *Homo habilis* das Werkzeug erfunden haben, und über eine Million Jahre später ist sein Nachfolger, der *Homo erectus*, mittels seiner neuen Fähigkeiten bei uns in Europa eingetroffen. Aus welcher Richtung mag er gekommen sein? Aus el Ubedyia in Israel, wo man Zeichen seiner Anwesenheit gefunden hat? Oder aus Heidelberg, wo man den fossilen Menschen »von Mauer« entdeckt hat? Oder aus den Niedrigwassern des Mittelmeeres, wie wir es vorhin angedeutet haben?

Und welcher Anblick bot sich ihnen dar, als sie »übergesetzt« hatten? In der damaligen Zeit sah die südöstliche Meeresküste Frankreichs vollkommen anders aus als heute. Das Meer war um einige 100 Meter tiefer und bedeckte einen Großteil der Gebiete, wo heute Nizza, Cannes, Menton oder Monaco liegen. Cap d'Antibes war eine Insel. Die Landschaft war im allgemeinen eine Art Steppe mit wenigen Bäumen, mit Kiefern und mediterranen, für die *Garrigue* (mediterrane Strauchheide) charakteristischen Baumarten.

Als unsere weit entfernten Vorfahren an Land gingen, dürften sie sich nicht allzu fremd vorgekommen sein.

Alles, was sich vor ihnen erstreckte, erinnerte an Afrika. Es gab Bären, Hyänen, Wölfe, Löwen, Leoparden und Panther, Hirsche, Nashörner, Flußpferde und Elefanten. In der Gegend soll es sogar einen riesengroßen Tiger gegeben haben, mit erbarmungslosen Krallen und Kiefern, ganz von der Art, die »Neuankömmlinge« in Angst und Schrecken zu versetzen. Ein amharisches Sprichwort sagt: »Tadle Gott nicht dafür, daß er den Tiger erschaffen hat; danke ihm lieber dafür, daß er ihm keine Flügel verliehen hat.«

Alles scheint darauf hinzudeuten, daß ein Teil der Neuankömmlinge sich in den Sümpfen der großen Var-Ebene niedergelassen hat, während ihre Weggefährten oder ihre Nachkommen die Reise zu anderen Siedlungsorten fortgesetzt haben. So hat man in der Schlucht von Vallonet in Roquebrune-Cap-Martin einen Hohlraum entdeckt, der sich auf einen circa 100 Meter langen Gang öffnet. Am Ende befindet sich eine Höhle. In der Höhle von Vallonet liegen Geröllsteine aus Kalkstein, die mit wenigen groben Schlägen behauen worden sind, und außerdem von großen Raubtieren stammende Knochen, die bearbeitet worden sind, um sie als Hebel oder Locheisen zu verwenden. Ansonsten ist nichts gefunden worden. Kein einziges Bruchstück eines menschlichen Skeletts. Einzig auf das Werkzeug ist man gestoßen.

»Durch die Gestalt des Werkzeugs und durch das Werkzeug vermittelt, finden wir die alte Natur des Menschen wieder, die Natur des Gärtners, des Seefahrers und des Dichters«, schreibt Saint-Exupéry, und er ergänzt: »Jeder Fortschritt hat den Menschen ein Stück vorangebracht, weg von Gewohnheiten, die wir gerade angenommen hatten. Wir sind Emigranten, die ihre Heimat nicht gefunden haben.«

# IX

# Der erste Europäer und das Feuer

»Aus diesen Menschen waren hervorragende Jäger geworden, wie die zertrümmerten Knochen – Reste von Mahlzeiten – beweisen. Diese Menschen waren in der Lage, so flinke Tiere wie das Mufflon und so kräftige Tiere wie den Elefanten, das Nashorn, das Wisent, das Pferd, den Löwen oder den Panther zu töten. Zweifellos waren sie zu den großen Jägern der Prähistorie geworden.«

»Den Menschen könnte man als denjenigen definieren, der das Feuer unter seine Herrschaft gebracht hat. Dieses Feuer hat er nicht selbst erfunden, es existierte bereits in der Natur, in den Vulkanen, Gewittern oder Waldbränden. Die Menschen setzen sich um das Feuer herum und erzählen sich Jagdgeschichten ... So entstehen die kulturellen Traditionen, so werden die ersten Helden geboren.«

*Henri de Lumley*

»Das Feuer hat zuletzt in allen Bereichen des Lebens eine immer größere Bedeutung erlangt ... Es diente dem Kochen der Speisen, der Herstellung der Jagdwaffen ... als Energiequelle, um die Materie zu verändern ... Aber auf eine vertrackte Weise wurde der Mensch auch immer abhängiger vom Feuer.«

*Catherine Perlès*

»Allem Anschein nach hat der Mensch, zumindest in der gesamten prähistorischen Zeit, keinen Unterschied zwischen Mensch und Tier gemacht, zumindest keinen Unterschied im hierarchischen Sinn. Im übrigen ist dies auch ziemlich logisch, denn das Tier versorgt den Menschen mit dem Wesentlichen, das er zum Leben braucht.«

*Jean-Jacques Cleyet-Merle*

Der bisher älteste Europäer ... Den hat ein französischer Prähistoriker entdeckt. Dieser bis auf weiteres älteste Europäer ist in der Arago-Höhle gestorben, am Fuß eines Berges in der Nähe von Tautavel im Roussillon – gleichsam mit dem Rücken zum Mittelmeer, als habe ihn die Kette der Pyrenäen mit dem schneeweißen Gipfel des Canigou aufgehalten. Seine Überreste sind auf 400 000 bis 450 000 Jahre v.u.Z. datiert worden.

Woher ist er gekommen? Wir haben bereits die drei »in Frage kommenden« Routen erwähnt: Die einleuchtendste und diejenige mit den meisten »Markierungen« ist die Route über den Vorderen Orient. Die großen Nomaden haben dort unwiderlegbare Spuren ihrer Odyssee hinterlassen. Dann wäre da die Route über Gibraltar und die »Säulen des Herkules«, eine lange Strecke quer durch Spanien mit der Überschreitung des Col du Perthus. Und schließlich die nach einer großen Eiszeit mögliche »Seeroute« über Sizilien, Italien, den Küstenstrich der Côte d'Azur, danach eher durch den offenen Westen als über die Savannen des Var ...

Wir werden es nie mit Gewißheit erfahren, welchen Weg er genommen hat. Könnte er einer derjenigen gewesen sein, die bei der Ankunft in der an fossilen Entdeckungen reichen Gegend um Nizza anderen Menschen begegnet sind? Denjenigen nämlich, die über das Jordantal, aus Heidelberg oder über andere Routen gekommen sind?

Eine solche Begegnung, wenn es sie denn gegeben hat, könnte man als »historisches« Zusammentreffen bezeichnen. Denn vermutlich haben die verschiedenen Horden, je nach ihrer jeweiligen Route, nicht die gleichen Fortschritte gemacht und sich auch nicht die gleichen Techniken angeeignet. Haben die einen die anderen verdrängt? Hatten diejenigen, die das Meer hinaufgekommen waren, vielleicht Kenntnisse, über die diejenigen nicht verfügten, die den Landweg genommen hatten? Weiter liegt die Frage nahe, ob bei dieser sich über mehrere Hunderttausende von Jahren hinwegziehenden »Inbesitznahme« der Welt einige lange genug seßhaft gewesen sind, um die Keimzelle einer »Siedlung« zu bilden – wohingegen andere weiterhin nomadisch gelebt haben, sobald die Ressourcen eines Territoriums erschöpft waren. Wie mögen sie reagiert haben, als sie ein neues Territorium betraten und feststellten, daß es von Wesen bewohnt war, die ihnen auf seltsame Weise ähnelten?

Woher der Tautavel-Mensch auch kam, er hat seine Reise in den Corbières-Bergen beendet. In einem Tal, das heute eine von Kalkfelsen umgebene Weingegend ist und durch das ein Nebenfluß des Agly, der Verdouble, fließt. Seine Vorfahren sind während ihres langen Marsches Jäger, Sammler und Allesesser geworden, wie es ihre Zähne bezeugen, die mit waagrechten und mit senkrechten Rillen gleichermaßen versehen sind. In dem besagten Tal hat Professor Henri de Lumley zusammen mit seiner Frau 1964 den Tautavel-Menschen entdeckt, genauer gesagt einen ersten Teil seines Schädels, den Unterkiefer.

Dieser Mensch soll während einer Jagd, vielleicht einer Treibjagd, in dieser Höhle Unterschlupf gefunden haben. Man hat sie die Arago-Höhle genannt, zur Erinnerung an jenen französischen Physiker, den Victor Hugo als den »großen freien Gelehrten« gefeiert hat. Es handelt sich um eine hochgelegene Höhle. Die Erde, die sich Jahrtausende lang darin abgelagert hat – angeschwemmt durch das abfließende Wasser, die Eiszeiten, die Dürren oder die geologischen Veränderungen –, mußte von den Forschern Kubikmeter für Kubikmeter entfernt werden.

Der Unterkieferknochen ist in der sogenannten »L-Schicht«, die man auf 450 000 Jahre datiert hat, entdeckt worden. Er lag, inmitten einer Ansammlung von Knochenresten vergraben, verkehrt herum am Fuße einer Felswand. Die Laboruntersuchungen werden in der Folge bestätigen, daß es sich um den ältesten unserer Vorfahren handelt, den man bisher auf diesem Kontinent gefunden hat, um den *Homo erectus tautavelensis*.

Eine Ausgrabungsstelle ist ein seltsamer Ort, dessen Anblick ständig zwischen dem eines Arbeitslagers und dem eines Feriencamps schwankt. Junge Studenten in kurzen Hosen und T-Shirts arbeiten stundenlang, meist kniend und mit Schabern, Bürsten und einem Notizbuch bewappnet, in unterschiedlich geformten Aushöhlungen und Senken.

So vergehen insgesamt sieben Jahre, während der die zahlreichen Entdeckungen im Dorf katalogisiert, nachgebildet, datiert und systematisch klassifiziert werden. Am 22. Juli 1971, also just zur Ferienzeit, entdecken die Lumleys dann direkt zu ihren Füßen, immer noch in der »L-Schicht« und keine drei Meter von der ersten Entdeckung entfernt, ein menschliches Scheitelbein. Es ist eine verkehrt herum liegende Schädeldecke, und wie durch ein Wunder ist es der zweite Teil jenes Schädels, dessen Unterkiefer sie bereits geborgen haben. Die beiden Teile fügen sich nahtlos ineinander. Sogar noch heute erstaunt einen diese Nahtstelle, so daß man sich gut vorstellen kann, was die Entdecker an diesem Tag empfunden haben müssen.

Mit jedem neuen Stück, das aufgefunden wird, setzt sich das Puzzle nach und nach zusammen. Mit Fragmenten des Oberschenkelknochens und des Beckens gelingt es, ein Phantombild zu erstellen und den ganzen Körper des Tautavel-Menschen nachzubilden. Das Skelett wird sozusagen »zusammengefügt«, indem die fehlenden Teile nach den Regeln der orthopädischen Plausibilität rekonstruiert werden. Auf dem Abguß werden die ergänzten Teile durch verschiedenfarbige Darstellung als Nachbildungen gekennzeichnet.

Diese langwierige, behutsame Rekonstruktion ergibt, daß es sich um einen etwa 20 bis 25 Jahre jungen Mann handelt, bei dem die Knochenfugen noch nicht zusammengewachsen sind. Der Schädel ist »kräftig und flach«, hat eine fliehende Stirn und einen »ausgeprägten Überaugenwulst (*Torus supraorbitalis*)«. Er weist auch ein fliehendes Kinn auf. Also handelt es sich um einen *Homo erectus*, um die »erste außerhalb Afrikas bekannte Menschenspezies«. Nach dem wiedergefundenen Wadenbein (dem Unterschenkelknochen oder der sogenannten *Fibula*) zu urteilen und vorausgesetzt, daß die allgemeinen Proportionen des Skeletts sich innerhalb von 450 000 Jahren nicht verändert haben, muß der Tautavel-Mensch etwa 1,64 Meter groß gewesen sein.

Für Henri de Lumley ist er ein gefährlicher Jäger. Er lebte in der Horde und fand Zuflucht in einer hochgelegenen Höhle, von der aus er das kleine Tal des Verdouble übersehen konnte. Von dort konnte er in aller Ruhe die Furt im Auge behalten, zu der die Rentiere kamen, um zu trinken. Bis heute hat sich an diesem Platz fast nichts verändert. Es fließt immer noch klares Wasser, in dem Fische glitzern. Im Laufe der Zeit wechselten sich große Eiszeitperioden, während derer man das Aufschlagen der Hufe auf dem gefrorenen Boden hören konnte, mit langen Perioden eines feuchten, gemäßigten Klimas ab, das eine mediterrane Vegetation gedeihen ließ. So dürfte es gewesen sein: Die Jäger, denen in den Felsspalten der Klippen postierte Späher Zeichen gaben, werden ihre Beute an der Furt in die Falle gelockt haben.

Es waren regelrechte Gemetzel, bei denen vorzugsweise junge Tiere getötet wurden. So hat man, wiederum in der »L-Schicht«, eine Menge von Knochen gefunden, die einer Zahl von ungefähr 42 Tieren entspricht. Um diese Beute zur Strecke zu bringen, benutzte der Tautavel-Mensch Pfähle, und um sie zu zerlegen, Werkzeuge aus Holz, aus Stein und Knochen. In dem Museum ist man immer noch dabei, die ausgegrabenen Gegenstände zu ordnen: *Biface*-Feuersteine, abgerundete Flußgerölle, aber auch Gerätschaften aus Jaspis oder Bergkristall. Inzwischen weiß man, woher diese Materialien stammen könnten, die nicht in der unmittelbaren Umgebung der Fundstätte vorkommen. Die möglichen Vorkommen liegen in der Nähe, in den östlichen Pyrenäen oder im Département Aude. Quarz stammt aus dem Tal des Agly, roter Jaspis aus der Umgebung von Roquefort des Corbières.

Wie gelangten diese Steine an diesen Ort? Professor de Lumley zufolge sollen unsere Vorfahren sie in den Abbaustätten, die etwa 30 Kilometer von der Höhle entfernt lagen, selbst geholt haben. »30 Kilometer im Umkreis. 60 hin und zurück. In einer Nacht und an einem Tag. Das entspricht dem Schrittempo des Menschen. Sowohl dem Schrittempo des Tautavel-Menschen wie auch dem der Vorfahren, die auf der Suche nach neuen Jagdgebieten und Sammelplätzen aus Afrika gekommen sind.«

Doch auch andere Erklärungen kommen in Betracht. Die Nutzung der Arago-Höhle erstreckt sich ungefähr auf den Zeitraum zwischen 450 000 und 400 000 Jahren v.u.Z. – eine Zeitspanne von 50 000 Jahren also, das heißt *zehnmal so lange* wie die sogenannte Frühgeschichte und die Geschichte zusammengenommen. Während eines solchen Zeitraums kann sich einiges ereignet haben. Wer könnte etwa zum Beispiel ausschließen, daß in Tautavel Jägerhorden verschiedener Herkunft einander abgelöst haben? Einige Horden, die die Höhle eine mehr oder weniger lange Zeitspanne bewohnt haben, könnten ihre Werkzeuge mitgebracht haben, die sie aus Materialien gefertigt hatten, die in ihrer ursprünglichen Umgebung vorkamen. Auch könnte man in Erwägung ziehen, daß im Laufe der Jahrhunderte die Herstellungsverfahren den neuen Materialien entsprechend verändert worden sind. Und wer weiß, vielleicht wurden mit der Zeit bis dato unbekannte Flußgerölle entdeckt, die vielleicht glänzender und schärfer waren als die bisher verwendeten Steine? Diese Vorstufe eines technischen Fortschrittes stünde dann sozusagen in Verbindung mit der allerersten Ausprägung des Schönheitssinnes.

Diese Steine mit mehr oder weniger scharfen Bruchkanten, diese nach und nach vervollkommneten Werkzeuge verweisen auf eine wichtige, wenn nicht gar die wichtigste Tätigkeit der primitiven Horden: auf die Nahrungssuche. Die Jagd!

Es lohnt sich, darauf etwas näher einzugehen. Jean-Jacques Cleyet-Merle, Kustos im Museum von Les Eyzies, hält es für möglich, daß die Jagd, das heißt das »absichtsvolle, gewollte Jagen«, nicht von Anfang an üblich war. »Aller Wahrscheinlichkeit nach«, erklärt er, »ist der Mensch zuerst ein Sammler gewesen. Zunächst einmal hat er Pflanzen gesammelt. Zur gleichen Zeit hat er aber auch Tiergerippe aufgelesen und ausgeschlachtet.«

Reden wir nicht um den heißen Brei herum: Der Mensch soll sich »von Aas ernährt« haben. Und dies laut Jean-Jacques Cleyet-Merle vermutlich bis in die Zeit des *Moustérien* hinein, einer Zeit, aus der man viele Fundstätten kennt – Karsthöhlen oder Berggipfel, die als Fallen gedient haben. Zwischen den Raubtieren und unserem Vorfahren hat es also zahlreiche Formen der Konkurrenz gegeben: angefangen bei der Nahrung bis hin zu den Wohnstätten, den Felsdächern oder Höhlen, die sie sich streitig machten und die der prähistorische Mensch erst mit der Beherrschung des Feuers wirklich für sich in Anspruch nehmen können wird.

Aasfresser also war er, wie die Hyäne, die Leichenfledderin. Und womöglich ist er es über eine lange Zeit hinweg gewesen. In einem seiner Schlupfwinkel hat man übrigens Neandertaler-Zähne gefunden. War es einer unserer Vorfahren, den die Hyäne hierher geschleppt hat, um ihn in aller Ruhe aufzufressen? Oder hat umgekehrt einer dieser Sammler und Jäger die Hyäne bei ihrem Festschmaus gestört und ihr die tote Beute weggenommen?

Zwischen dem Verzehr von Aas und dem Jagen liegt eine lange Entwicklung, wie man sich denken kann. Daneben existiert auch die Möglichkeit, daß der Mensch gelernt hat, Fallen zu stellen. Dies könnte nach dem Prinzip der Fall- oder Fanggruben vor sich gegangen sein. Allerdings hat man keine gesicherten Spuren gefunden. Es könnten auch Fallen gewesen sein, die mit Pflanzen getarnt waren, oder das Tier wurde erschreckt, aufgescheucht und dann an einen Abgrund gedrängt, wie es vielleicht das umgestürzte Pferd von Lascaux bezeugt.

In der Folgezeit tauchen der Jagdspieß für den Nahkampf, der Speer oder der Bogen mit dem befiederten oder unbefiederten Pfeil für die Entfernungsjagd auf. In einigen Werkstätten aus der Zeit des *Solutréen* hat man eingekerbte Spitzen gefunden, die mit einem erstaunlich starken, geradezu mörderischen Bogengerät abgeschossen werden konnten.

Zwischen einem Stück Fleisch, das man den Aasfressern streitig macht – was in gewissem Sinn durchaus noch dem Sammeln gleicht – und den Feuersteinwerkzeugen und geschärften Spitzen liegt mehr als nur eine technische Fortentwicklung. Es ist eine regelrechte Revolution, die alle Lebensbereiche der prähistorischen Stämme erfaßt, ihre Verhaltensweisen und ihre Lebenseinstellung verändert. Im Laufe der Jahrtausende wird der Mensch allmählich zu einem Räuber, und die Natur ist sein Revier.

Seine Suche nach lebendiger Nahrung hat sich nicht nur auf die Jagd beschränkt. Auch beim Fischfang muß er sich auf seine Erfindungsgabe besonnen haben. War er zuerst Jäger und danach erst Fischer oder beides zur gleichen Zeit? Jean-Jacques Cleyet-Merle weist darauf hin, daß die Spuren des Fischens viel spärlicher sind als diejenigen des Jagens: »Jeder hat die Fischdarstellungen vor Augen, die die kleinen, tragbaren Kunstgegenstände aus der Epoche des *Magdalénien* geschmückt haben, wie zum Beispiel im *Abri du saumon* im Périgord.« Aber die wenigen aufgefundenen Fischgrätenreste können ebensogut von einem fischenden Tier wie von einem Menschen hierhergebracht worden sein. So ist man in Anbetracht des derzeitigen Erkenntnisstandes zu dem Schluß gelangt, daß der Mensch vor 150 000 bis 200 000 Jahren begonnen hat, Fische zu fangen und zu verzehren.

In diesem Zusammenhang erwähnt Jean-Jacques Cleyet-Merle die wunderbare Geschichte vom »Lachs, der zu Fuß gekommen ist«: Olivier Legal entdeckte in einer Höhle auf der Mittelmeerseite der *Montagne Noire* den Schwanzwirbel eines Lachses. In der Zeit der Tötung des Fisches war der Meeresspiegel niedriger als heute, der Salzgehalt dagegen höher. Unser guter Lachs hätte niemals einen Süßwasserfluß hinaufschwimmen können, ohne dabei zu sterben. Ganz offensichtlich mußte er an der Atlantikküste oder aus einem Fluß im

Périgord gefischt worden sein. Anschließend hat ihn ein Reisender mitgenommen – ihn vielleicht auch geräuchert, um ihn haltbar zu machen –, der zu Fuß von Aquitanien bis zu dieser Höhle in der *Montagne Noire* gewandert war. Unwahrscheinlich ist, daß die Lachse damals fliegen oder laufen konnten. Nicht ausgeschlossen jedoch ist, daß das Lunchpaket eine sehr alte Erfindung ist.

Wie hat der Tautavel-Mensch tatsächlich ausgesehen? Man verfügt nur über bruchstückhafte Bestandteile seines Skeletts und versucht, daraus auf seine äußere Erscheinung zu schließen. Zu diesem Zweck »modelliert« man um die Knochen herum jene entsprechende Menge Haut, die sich heutzutage bei einem Menschenkadaver etwa an der gleichen Stelle befindet. Freilich besteht die Möglichkeit, daß der Körper vor 450 000 Jahren vielleicht nicht den gleichen Gesetzen gehorchte. Der anhand des Schädels modellierte Kopf und das zu diesem Kopf gestaltete Gesicht gehen beide nur auf Vermutungen zurück, auch wenn diese auf vernünftigen, wohlüberlegten Schätzungen basieren. Dennoch wäre der echte Tautavel-Mensch möglicherweise sehr überrascht gewesen, wenn er in den Wassern des Verdouble sein »modernes« Spiegelbild erblickt hätte. Was die Farbe seiner Haut, seiner Haare und seiner Augen anbelangt, so kommt man um das Eingeständnis nicht herum, daß man hiervon nicht die leiseste Ahnung hat. Es sei denn, man überließe sich den Versuchungen eines deduktiven Anthropomorphismus, bei dem man stets Rückschlüsse von der menschlichen Gestalt, wie man sie heute kennt, ableitet.

Dies hindert die Fachleute freilich nicht daran, sich unermüdlich mit den Überresten des Tautavel-Menschen zu beschäftigen. Man hat sogar einen Abguß seines »mutmaßlichen« Gehirns hergestellt. Mme de Lumley, die sowohl Prähistorikerin als auch Chirurgin ist, hat daraus viele Erkenntnisse gewinnen können. Der Gehirnschädel ist länglicher und flacher als der unserige. Das Gehirnvolumen ist um 25 % geringer als dasjenige des modernen Menschen. Man kann unter anderem eine Aufwölbung des Gehirns erkennen, Indiz für ein vergrößertes Vorderhirn. Ohne diese Aufwölbung ist der Sprachgebrauch nicht denkbar. Also kann beim Tautavel-Menschen auf das Vorhandensein eines vergrößerten Vorderhirns (des Sitzes der höheren geistigen Funktionen) geschlossen werden. Um die Entwicklung der Sprache und die Lautbildung zu ermöglichen, muß außerdem die Mundhöhle groß genug sein, eine Voraussetzung, die beim Tautavel-Menschen ebenfalls gegeben ist. Die dritte unerläßliche Bedingung für die Sprachbildung ist schließlich ein soziales Miteinander. Es muß das Bedürfnis vorhanden sein, mittels Lauten zu kommunizieren, und sei es nur, um Jagdbefehle zu erteilen oder vor einer drohenden Gefahr zu warnen. Aus all dem ist also die Schlußfolgerung zu ziehen: Der älteste Europäer *konnte ohne jeden Zweifel sprechen*.

Auf diese Weise wird das Sprechen – mit einem Mund, in dem die Zunge über genügend Platz verfügt, sich zu bewegen – nach dem Sehen und der Berührung zu dem neuen Instrument der Kommunikation. Der Tautavel-Mensch konnte offenbar murmeln und brummen, mit seiner Stimme Empfindungen äußern, die anderen warnen und in einem gewissen Maß bei der Jagd Anweisungen erteilen. Es liegt nahe, daß er mit der Stimme geäußerte Mitteilungen mit seiner Mimik bestätigen und unterstreichen konnte. Auf diese Art und Weise sind wohl mit Hilfe der Gestik die ersten Techniken zur Werkzeugherstellung weitergegeben worden.

Die Veränderung des Kehlkopfes und das tiefer liegende Zungenbein werden auf die Zeit vor etwa 400 000 Jahren datiert – was dem Alter unseres Vorfahren aus der Arago-Höhle entspricht. Der Knochen des Zungenbeins, der sich beim erwachsenen Mann zum Adamsapfel umformt, befand sich bis dahin wesentlich höher unter dem Kiefer und verringerte dadurch den Resonanzraum der Mundhöhle. Diese Veränderung des Kehlkopfs und des harten Gaumens, der eine konkave Form annehmen wird, ermöglicht die tiefere Lage des Zungenbeins auf der Halswirbelsäule. Somit wird ein Resonanzraum geschaffen, der für geordnetes, strukturiertes Sprechen geeigneter ist. Hand und Mund werden also im Zusammenspiel zu den natürlichen Instrumenten der Kommunikation und des gesellschaftlichen Lebens.

Der Tautavel-Mensch hat zahlreiche Kontroversen und Hypothesen ausgelöst, auch Märchen ranken sich um ihn. Man hat in ihm sogar das erste Mordopfer unserer Entwicklungslinie sehen wollen. Der Grund für diese Annahme ist ein besonderes Kennzeichen seiner Schädeldecke. »Eines ist sicher«, erklärt Mme de Lumley, »die Schädeldecke ist geöffnet worden.« Es handelt sich nicht um die Folge eines unfallbedingten Aufpralls oder eines schweren Tierbisses. Sie ist absichtlich geöffnet worden; und nur ein Mensch hat dies tun können, denn die Spuren des Feuersteingerätes sind sehr deutlich. Aus welchem Grund mag dies geschehen sein? Ein Akt der Brutalität? Neugierde? Mme de Lumleys Antwort lautet: *ritueller Kannibalismus*.

Ein Kannibalismus freilich, der sich aus den Notwendigkeiten der Nahrungsbeschaffung erklärt. Die Jäger von Tautavel töten freilebende Tiere, die ständig in Bewegung sind und wenig Fett am Körper haben. Dieses Fett befindet sich lediglich im Mark ihrer Knochen.

Tatsächlich ist die Arago-Höhle voll von diesen zertrümmerten Markknochen, während die gewöhnlichen Knochen vollständig und unversehrt erhalten sind. Das gleiche gilt für die Schädel. Das Gehirn ist ein nahrhafter Stoff und als solcher folglich sehr begehrt ... So lautet zumindest die moderne Interpretation des Phänomens. Doch Interpretationen von Ritualen sind vielleicht auch immer eher eine Frage der kulturellen Eingebundenheit des Forschers als der tatsächlichen Absicht des Jägers. Die Deutung hängt immer auch vom Blickwinkel des modernen Betrachters ab.

Die gleichen Fragen hat man sich in Zhoukoudian gestellt, als man den Peking-Menschen entdeckt hat. Der chinesische Archäologe Pei Wenzhong allerdings hat die Kannibalismus-Hypothesen verworfen. Die *Homo-erectus*-Schädel, die er in der Fundstätte ausgegraben hat, wiesen sämtlich dieselbe Besonderheit auf: Es fehlten das Gesicht oder dessen untere Partien. Nun weiß man jedoch, daß diese Teile zerbrechlicher sind als die übrigen. Sie können also in der Folge natürlicher Ursachen leichter zerstört werden. Außerdem könnten die Hyänen, die die Höhlen oft vor den Hominiden bewohnt haben, die Schädel ihrer Beute jeweils dorthin gebracht und dann geöffnet oder aufgebrochen haben, um das Gehirn zu verzehren.

Dennoch findet Mme de Lumley auf dem Scheitelbein des Tautavel-Menschen Spuren einer präzisen und »planvollen« Zerlegung, die den Strukturlinien der Schädeldecke entsprechen. Die These einer Gemeinschaft von Hominiden, die »nichts verkommen« lassen, schon gar nicht ein köstliches Gehirn, hat etwas Verlockendes, genauso wie die rituelle Deutung. Denn sie weckt beim heutigen Menschen die Erinnerung an das Verhalten der primitiven Völker, die sich nach dem

Kampf an der Leber, am Herz oder am Hirn des getöteten Feindes laben. Aus dieser Erinnerung speisen sich unsere ältesten Phantasmagorien.

Zu berücksichtigen wäre außerdem die Tatsache, daß man in Zhoukoudian viel mehr Schädel als andere Menschenknochen gefunden hat. Könnte man daraus nicht schlußfolgern, daß es sich vielleicht um einen Ort handelte, an dem solche rituellen, kannibalischen Zeremonien vollzogen wurden? Eine abenteuerlich anmutende Hypothese, die von einem Romanschreiber stammen könnte. Aber in jedem Prähistoriker schlummert zwangsläufig ein Künstler und Träumer, ein Mann des Glaubens und des Geistes, der irgendwann der Versuchung nicht widerstehen wird, den Beweis erbringen zu wollen, daß unsere ältesten Vorfahren schon sehr früh mit dem Irrationalen und dem Transzendenten in Berührung gekommen sind.

Ein Mensch also. Beinahe ein Mensch. Wenn man Professor de Lumley fragt, was dem Tautavel-Menschen gefehlt hat, um »vollkommen« zu sein, dann lautet seine Antwort unmißverständlich: das *Feuer*, jenes Feuer, das er für einen gewaltigen Faktor im Prozeß der Menschwerdung hält.

Saint-Exupéry ruft uns folgendes in Erinnerung: »Eine Kultur ist zunächst der blinde Wunsch des Menschen nach einer gewissen Wärme. In der Folge findet der Mensch dann von einem Irrtum zum anderen schließlich den Weg, der zum Feuer führt.«

Nach dem aufrechten Gang, nach der Erfindung des Werkzeuges und nach der Beherrschung der Sprache nun also das Feuer. Die Beherrschung dieses physikalischen Phänomens wird über seine wohltuende und seine zivilisatorische Funktion hinaus eine Schlüsselrolle in der Phantasiewelt des Menschen, in seinem Verhältnis zum Imaginären spielen. Sehr viel später, in den Anfängen der historischen Zeit, wird Zeus nicht nur der oberste der Götter sein, sondern auch der Beherrscher von Blitz und Donner. Wir alle kennen die Legende von Prometheus, dem Feuerdieb, angekettet am Gipfel des Kaukasus, der von Herkules befreit und zum Begründer der menschlichen Rasse wird. Professor Gabriel Camps schreibt hierzu: »Daß Prometheus den Mut gehabt hat, das Feuer mit der bloßen Hand zu entwenden, um sich dessen Kraft und emotionale Bedeutung anzueignen, das scheint mir einer zweiten Geburt der Menschheit gleichzukommen.«

Die Vorgeschichtler sind sich darüber einig, daß die Beherrschung des Feuers etwa 400 000 Jahre v.u.Z. erfolgt ist. Der Tautavel-Mensch war also ganz nah dran. Dennoch hat man in der Arago-Höhle keine Indizien dafür gefunden: keine Werkzeuge, keine Waffen, deren Spitzen über dem Feuer gehärtet worden wären, und auch keine Spuren einer Feuerstätte. Der *Homo erectus* muß also rohe Speisen verzehrt und unter der Kälte gelitten haben.

Das Feuer bringt auch die große Trennung zwischen den verschiedenen Spezies mit sich, zwischen derjenigen, die als einzige das Feuer beherrschen wird, und all den übrigen. Selbstverständlich hat man lange nach dem »exakten« Zeitpunkt gesucht, an dem diese Herrschaftsübergabe erfolgt ist. Ebenso hat man sehr lange Zeit über das Zustandekommen dieser entscheidenden Errungenschaft gerätselt. Und da befinden wir uns erneut, und mehr denn je, mitten im großen Roman der Menschheit. Wie können wir die Wahrheit über das Feuer erfahren? Wie vermögen wir die Ursachen und den Verlauf seiner Meisterung zu unterscheiden? Das Feuer verbrennt, erschreckt und erstickt, so daß die Horden panisch davor flüchten wie Herden tödlich erschrockener Tiere. Welcher Funke im empirischen und im sprichwörtlichen Sinn – und an welchem Ort, unter welchen Umständen – muß übergesprungen sein, damit sich das Feuer verwandelt in eines, das wärmt, das die Speisen gar kocht und das Schutz bietet?

Einige glauben, daß unsere ältesten Vorfahren zuerst gelernt haben, das Feuer zu meiden, seine Ausbreitung in der Savanne aus respektvoller Distanz zu verfolgen, ihm aus dem Weg zu gehen und schließlich Nutzen aus ihm zu ziehen. Vielleicht folgten bei spontan entstandenen, unvorhersehbaren Buschfeuern einige ziemlich kluge Vierfüßer der um sich greifenden Feuersbrunst, um die Leichen der Tiere einzusammeln, die von den Flammen überrascht worden waren. Möglicherweise sind sie auch die ersten gewesen, die *gegartes* Fleisch gegessen haben. Es könnte sein, daß sie dann sehr schnell Nachahmer bei den Menschen gefunden haben …

Um ohne Risiko hinter dem Feuer hergehen zu können, mußten unsere Vorfahren den verbrannten Boden mit einem Stock absuchen. Eines Tages hat vielleicht das Ende eines Stockes angefangen zu knistern: Das Feuer war im Besitz eines Menschen, der es festhalten konnte, ohne sich daran die Finger zu verbrennen. In diesem Fall – aber natürlich sind auch viele andere Hypothesen möglich, wie zum Beispiel die stille Oxydation sich zersetzender pflanzlicher Stoffe oder das Reiben von ausgedörrtem Schilfrohr an einem drückend heißen Tag – in unserem angenommenen Fall also ist ein ganz entscheidender Schritt vollzogen worden. Danach bedurfte es einer Reihe von Zufällen, von glücklichen Fügungen und Enttäuschungen, bis die »rote Schlange« endlich gebändigt werden konnte.

Auf diese Art und Weise schildert Edmond Haraucourt im übrigen die Begegnung Daâhs mit dem Feuer.

Der Autor hat sich nicht einfach ein Feuer ausgedacht, sondern einen Vulkanausbruch: »Im Herzen der Finsternis wird der Berggipfel rot und gelb wie eine Sonne.« Daâh flieht mit seiner Horde, die das gewaltige Grollen im Inneren des Vulkans zu Tode erschreckt. Als sie den Abhang hinaufsteigen, kommen ihnen die ersten rotglühenden Schlangen entgegen. Daâh will eine zertreten: »Ein heftiger Schmerz durchdringt seine Fußsohle.« Er kann es nicht begreifen: keine Kralle, keine Schlange, kein Stachel. Es ist die rote Schlange selbst, die, sobald man sie berührt, den unerklärlichen Schmerz verursacht. Daâh versucht dann, den Feind mit seinem Jagdspieß zu töten. Was folgt, ist völlige Verblüffung. Sobald sich die Spitze der Waffe in den Feind bohrt, wird sie schwarz. »Sie gebar eine kleine gelbliche Wolke, die anschwoll und die, kaum entstanden, zum Himmel emporzog. Dann leuchtete am Ende des Spießes eine winzige Sonne.«

Weil die Vorgeschichtler dieses sehr hypothetische Szenario nicht haben bestätigen können, sind sie bereits in den sechziger Jahren daran gegangen, die sichtbaren Spuren der Beherrschung des Feuers durch den *Homo erectus* zu suchen. Eines ihrer dringlichsten Anliegen ist es, dieses bedeutende Ereignis datieren zu können.

Als Professor M. G. Bonifay den Ort L'Escale im Département Les Bouches-du-Rhône besucht, entdeckt er eine Höhle, die mit dicken Schichten verbrannter Erde gefüllt ist. An manchen Stellen ragen verbrannte Knochen heraus, auch lassen sich Eisenpartikel in Verbindung mit Steinabschlägen erkennen – was beweisen würde, daß die Höhle bereits vor 700 000 Jahren von Menschen bewohnt worden ist. Das wäre ungefähr zur Zeit des Menschen von Mauer und dessen Überresten in Heidelberg (*Homo erectus heidelbergensis*), also lange vor dem Tautavel-Menschen.

Henri de Lumley, den man als Sachverständigen hinzuzieht, gibt seiner Überzeugung entschieden Ausdruck: »Es handelt sich hier um die ältesten Feuerstätten von menschlicher Hand, die man bisher in Europa, ja sogar auf der ganzen Welt entdeckt hat.« Sehr schnell wird man sich darüber einig, den Überresten von L'Escale ein etwas »logischeres« Alter zu geben, nämlich circa 300 000 Jahre. Zu dieser Zeit also soll das »aufrechte Tier«, wie der Schriftsteller J. H. Rosny es nennt, den Funken gebändigt haben, der seine Vorgänger in Angst und Schrecken versetzt hatte. Dies jedenfalls scheint die Botschaft jener Ascheschichten zu sein, die man zufällig in einer provenzalischen Höhle gefunden hat. »Das Feuer«, schreibt J. H. Rosny, »war der Vater, der Wächter und der Retter. Es war aber wilder und fürchterlicher als das Mammut, wenn es aus dem Käfig, in den es der Mensch gesperrt hatte, flüchtete und die Bäume des Waldes zu verschlingen begann, wobei der Mensch nur ohnmächtig zusehen konnte.«

Das Feuer entspricht der Kraft der Klarheit und der Stärke des Traumes, wie Gaston Bachelard in seiner *Psychoanalyse des Feuers* erklärt. Man verfolgt das Feuer und seine Spuren wie bei polizeilichen Ermittlungen. Man rechnet damit, diese Spuren in verlassenen Höhlen in einer menschenleeren Landschaft zu finden. Doch genau das Gegenteil wird eintreffen: In einer Stadt wird man auf die gesuchten Spuren stoßen, wo der moderne Mensch seine mehrstöckigen Häuser baut, wo er im Sommer am Strand liegt.

Nizza 1965. Am Rande der Küstenstraße, die nach Villefranche und weiter nach Monaco führt, wühlen Bulldozer hinter hohen Bretterzäunen den Boden auf. Das Gebäude, das hier errichtet wird, soll »Terra amata« heißen, »Geliebte Erde«. Im Augenblick ist es eine Baustelle voller Lärm und Hektik, auf der unermüdlich gebaggert wird, damit die Fundamente des Gebäudes errichtet und die Parkplätze betoniert werden können. Plötzlich kommt alles zum Stillstand.

Passanten, die aus Neugierde Geröllsteine aufgelesen hatten, die offensichtlich von Menschenhand bearbeitet worden sind (sogenannte Geröllgeräte), benachrichtigen sofort Henri de Lumley. Dieser begibt sich unverzüglich an Ort und Stelle und erreicht bei André Malraux, dem damaligen Kultusminister Frankreichs, eine Schonfrist von sechs Wochen, während der ungefähr 300 Spezialisten, Studenten und Freiwillige die 144 Quadratmeter des Baustellenabhanges ausgraben können.

Es ist ein beispielloses Experiment. Zum ersten Mal suchen die mit Schaufeln und Schabern bewehrten Prähistoriker nach dem Menschen der Anfänge, nach seiner Wohnstätte, nach seinen Werkzeugen und vielleicht nach seiner Grabstätte – und das im Gewühl des städtischen Lebens, inmitten von Metallgerüsten und Baggern. Und sie werden fündig. Sie entdecken »tausend Dinge«, schreibt Henri de Lumley, »unter anderem auch Feuerstätten.«

Unwillkürlich fühlt man sich an die Wegbereiter der Vorgeschichte erinnert, an Darwin, Boucher de Perthes, Schmerling, Dubois, Teilhard de Chardin und an einige andere, und man stellt sie sich auf dieser futuristischen Grabungsstätte vor, auf der Bauingenieure und »Geröllbuddler« nebeneinander arbeiten. Die Arbeiter auf der Suche nach den vergangenen Zeiten graben neben denjenigen, die mit riesigen Zementladungen Reihenhäuser und Apartments mit unverbaubarer Sicht aufs Meer hochziehen. Sie graben nebeneinander in 15 Metern Tiefe, also im Herzen von Hunderttausenden von Jahren Erdgeschichte. »Wir hatten den Eindruck«, ergänzt Lumley, »als würden wir in einem Buch lesen, bei dem jede Seite eine Schicht darstellt. Wir blätterten unter freiem Himmel und im Baustellenkrach in der Geschichte des primitiven Menschen.«

Der gesetzten Schonfrist von ein paar Wochen ist es zu verdanken, daß das meiste Material geborgen, katalogisiert, zusammengefügt und rekonstruiert werden kann. Im Rahmen des Möglichen natürlich, denn es handelt sich um eine regelrechte Ansiedlung: zehn große ovale Hütten, etwa acht bis zehn Meter lang; vermutlich eine saisonale Siedlung von Fischern, die Muscheln und Napfschnecken sammelten. Selbstverständlich gibt es sogleich Gegner dieser Deutung. Andere Wissenschaftler glauben vielmehr, daß die ursprüngliche Schicht infolge eines Erdrutsches oder im Zuge einer Eiszeit durcheinandergeraten ist und ihre Lage verändert hat, wodurch die Datierung verfälscht wird. Eines freilich ist sicher, nämlich daß an der Fundstelle außer Geröllsteinen und Steinwerkzeugen auch die Spuren von Pfahlgruben gefunden worden sind, des weiteren Steinanhäufungen am Boden, die auf die Begrenzung der Hütten verweisen.

Heute kann man direkt in *Terra Amata* den Grabungsboden in seinem ursprünglichen Zustand besichtigen, und im Museum von Monaco gibt es eine Rekonstruktion, die sowohl die Behausung und die Werkzeuge als auch die Grabstätten dieser vorübergehenden Bewohner zeigt (eine Pollenanalyse läßt auf eine jahreszeitliche Nutzung des Ortes im Frühling schließen). Und schließlich ist auch das zu besichtigen, wonach man unaufhörlich gesucht hatte: die Feuerstätte.

Die geschwärzten Stellen waren bereits in der ersten freigelegten Schicht sichtbar. Die Feuerstätte lag in der Mitte einer Zone aus sehr hartem und gebleichtem Sand, die wiederum durch ein Steinmäuerchen vor dem Wind geschützt war. Es handelt sich eigentlich um die

»erste« Feuerstätte. An dieser Stelle hat das Feuer gebrannt. Ein Mensch hat es dorthin gebracht, sich vielleicht die Hand dabei verbrannt, wie einer der jungen Männer in Daâhs Horde, der den »mit einer Flamme verzierten Stock« berühren wollte, den er »für das Blut des verletzten Ungeheuers hielt ... Man machte einen Haufen aus mehreren dieser Stöcke. Dann tanzten wieder Flammen darüber. Eine behagliche Wärme stieg aus ihnen empor. Man setzte sich um diese Flammen herum. In der Abenddämmerung *saß die erste Familie um das erste Feuer versammelt.*«

In *Terra Amata* hat man das Feuer in eine schüsselförmige Vertiefung mit einem Durchmesser von 28 bis 30 Zentimetern verbannt. Die Feuerstätte war mit verbrannten Knochen und Holzkohle gefüllt. Vom furchterregenden Feuer ist man nun tatsächlich übergegangen zum gezähmten Feuer, das man ängstlich hütet wie ein Haustier.

Zu den in Zhoukoudian entdeckten Feuerstätten hatte Abbé Breuil folgende Feststellung getroffen: »Die Beschaffenheit dieser Ascheschichten deutet darauf hin, daß das Feuer mit pflanzlichem Material unterhalten worden ist. Der Abbruch der obersten Schicht von einer tintenschwarzen Sohle aus deutet möglicherweise darauf hin, daß das Feuer ständig unterhalten worden ist, daß man es nicht hat ausgehen lassen oder immer wieder angezündet hat.«

Das Feuer hat das Verhalten der Horden in ihren Behausungen naturgemäß grundlegend verändert. Die lodernden Fackeln müssen die Raubtiere, die man allein mit Faustwaffen nicht zu bekämpfen wagte, weit von den Höhlen weggescheucht haben. Mit den Fackeln bewehrt, konnte man angreifen und sich verteidigen. Eine Feuerstätte, die ständig unterhalten wurde, schützte die Gruppe vor der unvermittelten Rückkehr der ursprünglichen Bewohner, der Raubtiere. Alle Handlungen des individuellen und des kollektiven Lebens sind durch das Feuer grundlegend verändert worden: das Wachen, der Schlaf, das Spähen, die Jagd, die Kleidung und das Essen. Zum ersten Mal befreite sich der Mensch vom Einfluß der Naturgewalten. Seine Phasen des Arbeitens oder der Ruhe wurden nun nicht mehr allein von der Sonne diktiert. Mit dem Feuer und im Schutz der Höhle konnte sich die Horde ihre Zeit nun freier einteilen. Die Horde hatte weniger Angst, sie litt nicht mehr so unter der Kälte, konnte sich besser ernähren und die Geißel der Krankheit etwas mildern. Die Horde schickte sich an, die Welt zu beherrschen.

Vielleicht begehen wir einen Fehler, wenn wir uns in unseren kollektiven Bildern unsere ältesten Vorfahren noch ohne die wohltuende Wärme des Feuers vorstellen. Sie schlafen Seite an Seite wie die Tiere im Stall, aneinandergeschmiegt, mischen ihren Atem und finden Trost in der gegenseitigen Wärme. So stellen wir sie uns vor: unruhig schlafend – gab es damals schon Nachtwachen? –, als Gefangene der finsteren Höhle, aus dem Schlaf hochschreckend beim leisesten Geräusch, beim Knacken eines Astes, der eine neue, von der grausamen Welt draußen ersonnene Falle darstellen könnte. Sobald das Feuer angezündet worden ist – wir befinden uns immer noch im Planspiel unserer Phantasie –, bildet die Feuerstätte sofort einen Schutzwall und zugleich die Mitte, das Zentrum von allem. Man kann sich ringsum hinlegen, neben das knisternde Holz und die glimmende Glut. Für die Gruppe wird das Feuer zum Mittelpunkt. Es festigt die Horde, läßt sie seßhaft und sozusagen abhängig werden. Zugleich aber macht es jedes einzelne Mitglied zu einem eigenständigen Wesen, gibt ihm eine Funktion, eine besondere Begabung, eine besondere Rolle. Schon jetzt können die Schläfer sich ihrem Schlummer hingeben, ohne sich dicht an die Gefährten ankauern zu müssen.

Wahrscheinlich war dies der Zeitpunkt, an dem die Feuerbändiger die Bühne betraten. Diejenigen, die das Feuer in die Höhle bringen, es unterhalten oder sogar wieder zum Leben erwecken können, indem sie zwei Feuersteine aneinanderschlagen oder über trockenem Gras zwei Holzstückchen gegeneinander reiben. Die für die Kinder und das Essen zuständigen Frauen kümmern sich vielleicht auch um das Garen der Speisen. Das Leben verändert sich. Und man glaubt, einen gewaltigen Prozeß der Differenzierung und der Sozialisierung mitzuerleben. Die Facharbeiter bilden sich heraus und übernehmen, bewußt oder unbewußt, die auf ihren Fertigkeiten beruhende Macht: die Macht des *handwerklichen Könnens* und der *Kunstfertigkeit*.

Ob es darum geht, zur Anfertigung von Beilen Steine zu zertrümmern oder zur Herstellung von Jagdwaffen Hirsch- und Rentiergeweihe zu biegen oder Speer- und Pfeilspitzen über dem Feuer zu härten, immer ist man dazu auf diese ersten Handwerker angewiesen. Sie gewinnen dadurch innerhalb des Stammes an Bedeutung. Die Gesellschaft der Techniker macht ihre ersten Schritte, wenn auch noch in den Kinderschuhen. Dann folgen die Gelehrten oder die Magier – diejenigen, die vom Feuer ausgezeichnet worden sind, indem es sie zu ihren bevorzugten Dienern gemacht hat.

Es liegt auf der Hand, daß das Feuer von Natur aus einen Zivilisationsfaktor darstellt. Es fördert die Neugierde, fasziniert. Über das Handeln – die Jagd, die Verteidigung, die Ernährung – hinaus erzeugt es neue gesellschaftliche Regeln. Überdies fördert es die Entfaltung der Phantasiewelt, die zwar nicht gänzlich, aber doch auf radikale Weise von den Zwängen der Natur befreit worden ist und die durch die Betrachtung des

Feuers inspiriert wird. Neue Werte entstehen: die Kunstfertigkeit als Kompensation der rohen Gewalt, die Solidarität im Zuge der Unterhaltung des Feuers, neue Hierarchien unter den Clanmitgliedern. Die Träume, die Fähigkeit zur Abstraktion, in gewisser Weise auch das Gedächtnis. Eines Tages wird der Mensch anfangen, auf die permanent erhellten Felswände zu malen und zu gravieren.

Diese bewundernswürdigen Malereien – und viele andere Zeugnisse aus dem Bereich des Intimen, des Verhaltens, der Art zu leben und zu sterben; all diese Dinge, deren Spuren verschwunden sind, werden das Ergebnis eines langwierigen Prozesses gewesen sein, der ohne das Feuer nicht hätte stattfinden können. »Der Gott der Reibung«, schreibt Gaston Bachelard, »wird ein behagliches, intimes Licht erzeugen. Und dieses Licht wiederum gebiert sowohl das Feuer als auch die Liebe. Das Streicheln ist nichts anderes als symbolische, idealisierte Reibung.«

# X

# Die Toten begraben die Toten

»Vor 400 000 Jahren bändigte der Mensch das Feuer. Vor 100 000 Jahren begann er, seine Toten zu bestatten. Damals erfolgt das erste Aufkeimen des religiösen Gefühls.«

*Henri de Lumley*

»Vor rund 100 000 Jahren entsteht der Ahnenkult, der wahrscheinlich eine der ersten Manifestationen des Sakralen darstellt. Man sagt sich: Diese Menschen sind tot, aber dennoch sind sie irgendwo. Ihre Überreste müssen geachtet werden.«

*Hubert Reeves*

»Ich habe schon immer ausgegraben, aber meine erste wirklich bedeutende Entdeckung habe ich in Israel gemacht, als ich zum ersten Mal eine paläolithische Grabstätte gefunden habe. Ich erinnere mich daran, daß es nicht nur für mich, sondern für das gesamte Team ein Augenblick höchster Ergriffenheit war.«

*Bernard Vandermersch*

Sich eine angemessene Vorstellung davon zu machen, wie die Savanne und der Wald in archaischen Zeiten ausgesehen haben mögen, das ist ein ebenso schwieriges wie problematisches Unterfangen. Die großen Raubtiere müssen damals wie absolute Herren geherrscht haben. Vermutlich bekämpften sie sich gegenseitig und waren einerseits Jäger, andererseits aber auch selbst Beute anderer Raubtiere. Trotzdem war es ihr Reich, in dem sie sich frei bewegten. Sie haben ihre Zeit mit der Jagd, der Verdauung und der Fortpflanzung verbracht.

Unsere Vorfahren dagegen waren Beute. Oder wie Daâh es zum Ausdruck gebracht hat, die meisten von ihnen »wußten«, daß sie dazu bestimmt waren, »in einem Bauch zu enden«. Diese verängstigten Arten schienen allesamt einzig zu dem Zwecke geschaffen worden zu sein, den großen Raubtieren als Beute zu dienen. In der Landschaft müssen unzählige Kadaver herumgelegen haben, auf die sich die »Müllabfuhr«, die Hyänen und Raubvögel, stürzten. Und in diesem über die Gegend verstreuten Massengrab gab es auch einige mehr oder weniger übel zugerichtete Kadaver von künftigen Menschen, einige Exemplare jener Spezies, die wir das »fehlende Bindeglied« genannt haben.

Der Tod muß also etwas »Natürliches« gewesen sein, sein Anblick gehörte zum alltäglichen Erscheinungsbild. Weder litt man unter seinem Gestank noch unter dem Entsetzen, das er auslösen kann. Der Tod trat ganz einfach ein. Oberstes Gebot war, ihn zu vermeiden, schneller oder klüger zu sein als das Raubtier. Am ehesten zu vergleichen mit dieser »Totengruft unter freiem Himmel« wäre heute der Krieg, weil er auf ähnliche Weise Leichenberge aufhäuft. Im Krieg achtet man letztlich nicht mehr auf die Leichen der Opfer, weil man so mit dem eigenen Überleben in Anspruch genommen ist und weil es derer so unzählige gibt. Man kann zwar noch Entsetzen oder Abscheu empfinden, aber dem Mitleid, der Anteilnahme oder der Brüderlichkeit wird durch den Kampf ums nackte Überleben schlichtweg der Boden entzogen.

Von einem noch ziemlich unbestimmten Zeitpunkt an beginnt der Mensch jedoch, seine Toten zu bestatten. Was sind seine Motive? Es liegt auf der Hand, daß er wohl kaum daran gedacht hat, seine Toten jener Erde zurückzugeben, aus der sie stammen, denn er hat ja keinerlei Kenntnis von der Heiligen Schrift, derzufolge wir aus Erde geformt sind, die ein göttlicher Hauch zum Leben erweckt hat. Dennoch überwindet unser ältester Vorfahre seine Gleichgültigkeit oder seinen Abscheu. Er gehorcht einer höheren Notwendigkeit – denn der Vorgang ist keineswegs »selbstverständlich« – und gräbt ein Loch, in dem er die sterblichen Überreste seiner Mitmenschen vergraben wird.

Welche Absicht könnte er dabei verfolgt haben? In seinem Buch *La Cité antique* (*Der antike Staat*) schildert Fustel de Coulanges die Glaubensüberzeugungen, welche die Grundlagen der griechischen und der römischen Welt bilden. Er stellt fest, »daß man nicht erkennen kann, daß diese Rasse jemals gedacht hat, nach dem kurzen Leben sei für den Menschen alles vorbei.« Für ihr zweites Leben verschwand die Seele nicht an irgendeinen himmlischen Aufenthaltsort, sondern »blieb ganz nahe bei den Menschen und lebte unter der Erde weiter.« Man achtete darauf, den Toten mit den Gegenständen zu bestatten, auf die er möglicherweise angewiesen sein könnte, also mit Kleidung, mit Waffen und mit Speisen. Daraus ergab sich die Notwendigkeit einer Grabstätte, ohne die die Seele keine Ruhe fand und unglücklich war. »Man fürchtete weniger den Tod als das Fehlen einer Grabstätte« – daher rührt auch die Verehrung der Toten. Es ergibt sich aber folgende Frage: Kann man aus diesem Bestattungsritual, diesem Totenkult, der sowohl den Griechen und den Etruskern als auch den ersten Hindus gemeinsam ist, eine zuverlässige Erklärung ableiten für die Beweggründe von Wesen, die vor Zehntausenden, ja Hunderttausenden von Jahren gelebt haben?

Entsprechen diese protohistorischen, diese frühgeschichtlichen Bräuche, die Fustel de Coulanges erwähnt, nicht eher der Ritualisierung, der Verfeinerung anderer Praktiken, die viel älter sind und deren ursprünglicher Sinn aus der Erinnerung verschwunden ist? Hat die Vorstellung des Sakralen, also die Idee, daß das Leben mit der Verwesung noch nicht zu Ende ist, von jeher in der Vorstellungswelt der Hominiden »herumgespukt«? Oder ist sie das Ergebnis des Feuers, der Sprache und der Technik? Hat der »Beutemensch« in der Welt des alltäglichen, gewaltsamen Todes dem Verschwinden von Mitgliedern seiner Horde womöglich mehr als nur eine natürliche Bedeutung beigemessen?

Eines Tages jedenfalls wird es sich begeben, daß er seine Toten bestattet. Um sie vor der unerträglichen Zudringlichkeit der Aasfresser zu beschützen? Um die quälende Vorstellung des Scheiterns von sich zu schieben, das jeder von uns im Tod erfährt? Vermutlich sind dies alles Überlegungen aus der Sichtweise des »modernen« Menschen. In unserer Zeit behauptet man gerne, von allem und jedem eine angemessene, zutreffende Vorstellung zu haben. Dabei ist gerade heutzutage die Fähigkeit zu vergessen erstaunlich ausgeprägt (weiß man zum Beispiel, daß unsere Haustiere juristisch zur »beweglichen Habe« gehörten, daß sie also vom Besitzer nach Belieben abgetreten oder getötet werden konnten, bis erst jüngst ein neues Gesetz zum »Schutz der Natur« geschaffen wurde?).

Unsere Moralbegriffe und Wertvorstellungen, unsere Unterscheidungen zwischen dem Menschlichen und dem Nicht-Menschlichen sind weniger fest gegründet, als wir denken. Und selbstverständlich sprechen wir auch – oder in erster Linie – von uns selbst, wenn wir die Beweggründe von Wesen zu bestimmen versuchen, von denen wir durch eine gewaltige Zeitspanne getrennt sind. Wenn wir über die Bedeutung dieser allerersten Bestattungen rätseln, fließt immer etwas von uns selbst ein: Projektionen dessen, wie wir uns »in bestimmten Situationen« verhalten würden. Selbst wenn wir diesen prähistorischen Wesen alle Merkmale des Tierischen, des Nicht-Menschlichen zu geben versuchen, dann liegt unserem Denken trotzdem unsere gegenwärtige Vorstellung vom Nicht-Menschlichen zugrunde. Der Gesetzgeber des 19. Jahrhunderts begriff sich selbst nicht als unmenschlich, wenn er verfügte, daß ein Haushund eine Sache war. Er folgte nur einer traditionellen Auffassung. In einem von uns nicht genau abzuschätzenden Umfang verband der Höhlenmensch in der grauen Vergangenheit vielleicht das, was wir die Rohheit oder das Tierische nennen, mit einer besonderen Form des Selbstbewußtseins, die aus ihm bereits ein eigenständiges Wesen, ein »Nicht-Tier« machte.

Dieser Mensch hatte offenbar noch vor kurzem seine verstorbenen Eltern wie eine Beute in Stücke gerissen. Das hat man in Tautavel gesehen, wo man Menschenknochen gefunden hat, die gespalten worden waren, um an das Knochenmark zu gelangen. Als was wären diese kümmerlichen Überreste zu bezeichnen gewesen? Gehörten sie in die Kategorie »Fleisch für den täglichen Bedarf« oder in die Kategorie »Haushaltsabfälle«? Innerhalb weniger Jahrtausende geht man von der Speisekammer zur Bestattung über.

Die noch sichtbaren Spuren der weit zurückliegenden Vorgeschichte geben kaum Auskunft über diesen seltsamen Übergang, der zu jener Haltung führen wird, die wir heute entsprechend unserem »feinfühligen« Empfinden Wertschätzung oder Respekt gegenüber den Toten nennen. In Anbetracht von bis dato der Ernährung dienenden Kadavern ist die oft behutsame, von Riten und Beigaben begleitete Bestattung unbedingt als bedeutende Weiterentwicklung der Spezies einzuschätzen; ebenso wie der aufrechte Gang, die Erfindung des Werkzeugs, der Sprachgebrauch oder die Entdeckung des Feuers.

Professor Rémy Chauvin gibt folgende Definition des Menschen: Er sei »das einzige Tier, das das Feuer anzündet und seine Toten bestattet.« Aber warum, und seit wann?

»Folge mir nach«, befiehlt Christus dem Matthäus, »und laß die Toten ihre Toten begraben.« Hat die Auffassung vom Tod sich verändert von dem Moment an, als der als Sammler und Vegetarier geborene Hominide sich zum Jäger und Fleischesser entwickelt hat? Und zwar zwangsläufig infolge der allgemeinen Umstände, durch seinen Instinkt und seine neuen Wurfwaffen? Jetzt, wo seine Zähne senkrecht und waagrecht gefurcht sind und seine Kaubewegung sich verändert hat, sieht er da das tote Fleisch vielleicht mit anderen Augen? Dieses »Fleisch des anderen«, das ihn am Leben erhält?

Weil der archaische Mensch seine Opfer jagt, Fallen auslegt, Treibjagden veranstaltet oder seine Beute wie in Solutré zum kollektiven Selbstmord treibt, weil er lernt, nicht im Wind zu stehen, »damit der Körper des Jägers den Gejagten nicht warnt« – weil er auf diese Art und Weise *den Tod verbreitet*, erlangt er die rühmliche Gewißheit, nunmehr über das Leben der anderen bestimmen zu können. Darin liegt eine unendliche Macht, eine Macht, die Pflichten auferlegt und die vielleicht einen Antrieb in sich trägt, der den Menschen dazu bringen wird, dem Übergang ins Jenseits einen sakralen Charakter zu verleihen.

Aber das gestaltet sich alles nicht so einfach. Bereits lange vor der Jagd, schon vor ungefähr *1,3 Millionen Jahren,* als unser mutmaßlicher afrikanischer Vorfahre noch ein hybrides, pflanzenverzehrendes Wesen war, bewahrte er menschliche Schädel auf, auf die er mit Lehm Gesichter modellierte. Zu dieser Zeit jedoch hatte er allem Anschein nach noch nie gejagt, noch nie jemanden getötet. Zu dieser Zeit ist er von jeglicher Mordtat frei, vollkommen unbelastet. Er ist ein »Gejagter«, noch kein Jäger. Welche Bedeutung also hatte für ihn die Modellierung des Gesichts, das er auf dem Schädel von seinesgleichen formt?

Die Prähistoriker sind der Meinung, daß der Neandertaler sehr wohl einen Unterschied zwischen einem toten Gefährten und einem Lebenden machte. Er mußte diesen neuen Zustand bereits wahrnehmen können, in dem sich der andere endgültig oder zumindest für eine sehr lange Zeit befinden würde. Hatte er denn nicht überall um sich herum Tierkadaver beobachtet, den Zustand des Todes also gesehen? Der zur Bestattung führende Weg hat vielleicht begonnen, indem dieser Mensch sich des Faktums des Todes bewußt geworden ist.

Wir schreiben das Jahr 1968. Europas Jugend begehrt auf, errichtet Barrikaden und erklärt die alte Welt für tot. Pflastersteine fliegen durch die Luft.

In diesem Sommer fördert Arlette Leroi-Gourhan, die Ehefrau des berühmten Ethnologen, in einer Höhle der Fundstätte Shanidar/Irak ein Neandertaler-Skelett zutage, das auf 80 000 bis 30 000 Jahre datiert wird. Der Fund erhält die poetische Bezeichnung »Blumen-Grabstätte«. Denn die ungewöhnlich große Menge fossiler Pollen um das Skelett herum legt die Vermutung nahe, daß das Skelett absichtlich mit diesen Pollen bedeckt worden ist und mit Blütenblättern und Kiefernnadeln umgeben war.

Arlette Leroi-Gourhan macht auf dieser Fundstätte tatsächlich zwei wichtige Beobachtungen. Unter einem der Skelette, das man *Shanidar 4* genannt hat, fällt ihr eine tiefschwarze Schicht auf, die sich von den anderen abhebt. Es sind die Reste von Blütenstaubblättern, von denen einige aneinanderkleben und zu Hunderten zusammengepreßt sind, als wären diese »Sträuße« absichtlich zu dem Leichnam gelegt worden. »Die zweite Besonderheit war«, so schreibt sie, »daß es in der Höhle etwa 50 unterschiedliche Arten von Staubblättern gab, bei dieser Leiche aber nur etwa sechs Arten lagen. Die Menschen hatten folglich diesen Leichnam bestattet, indem sie ihn auf eine Unterlage aus Blumen und Blättern gelegt hatten.«

Sofort ist die Rede von einem Bestattungsritus. Arlette Leroi-Gourhan sieht darin eine symbolische Geste, um einen Kranken zu heilen, um einen Toten wiederauferstehen zu lassen oder um den Toten in seiner letzten Ruhestätte zu ehren. Trotzdem bleiben hier einige Zweifel bestehen. Die komplexen Ablagerungen, die in den Höhlen gefunden worden sind, und das sie umgebende bewegliche Erdreich machen es schwierig, den exakten Zeitpunkt festzulegen, an dem Pollen und Skelett miteinander in Berührung gekommen sind (außerdem können die geologischen Schichten bei den Ausgrabungsarbeiten selbst stark durcheinandergeraten).

1972 leitet Bernard Vandermersch eine Ausgrabung in Gafzeh/Israel. Dabei entdeckt er die Doppelgrabstätte einer jungen Frau und eines Kindes, die auf etwa 95 000 bis 105 000 Jahre v.u.Z. datiert werden.

»Das Kind hat keinen bestimmten Platz«, hält er fest. »Es liegt zusammengekauert da, und man hat den Eindruck, als ob man etwas nachhelfen mußte, um es in die für den Erwachsenen ausgehobene Grube hineinzuzwängen. Im Grunde ist es das erste Mal in der Vorgeschichte, daß man Beweise für die Beschäftigung mit dem Jenseits und in gewisser Weise auch für ein bestimmtes religiöses Gefühl bildlich festhalten kann.«

Ein wenig später wird man in der Nähe dieser Grube einen bestatteten Jüngling finden, dem man ein Hirschgeweih auf die Brust gelegt hat und dessen Hände seitlich an den Hals gelehnt worden sind. »Die Handflächen zeigen nach oben, und auf die Handfläche selbst hatte man eine der Geweihenden des großen getöteten Hirsches gelegt.« Bernard Vandermersch geht davon aus, daß es sich hier vermutlich um eine Grabbeigabe handelt. Er muß aber einräumen, »daß es ein Rätsel bleibt, das man nicht entschlüsseln kann«.

Im allgemeinen sind wir ziemlich stolz – und erschrocken zugleich – bei dem Gedanken, daß wir das einzige Tier sein sollen, dessen Verstand ausreicht, um sich den Tod vorzustellen, das heißt zu wissen, daß er *unvermeidbar und endgültig* ist. Es soll unser Privileg (und unsere Bürde) sein, über ein viel komplexeres Gehirn zu verfügen als die anderen Säugetiere. Und dieses ureigene Bewußtsein von unserem unabwendbaren Tod bildet ebenfalls eine Keimzelle für die Frage nach unserer Veränderung. Wie eine quälende Vorstellung taucht dieses Bewußtsein in allen großen Texten der Menschheit auf, von den ersten bis zu den modernsten. Man denke zum Beispiel an die *Genesis* oder an dieses schreckliche Bild von Tertullian: »Der Körper wird einen anderen Namen haben … Er wird etwas Undefinierbares werden, das in keiner Sprache mehr einen Namen hat.«

Ist es der empörende Charakter dieses »menschlichen« Todes? Eines Todes, der unabwendbar ist und gefürchtet wird, von dem man im voraus weiß? Eines Todes, der nach und nach dazu geführt hat, daß ihn unsere ältesten Vorfahren zugleich akzeptiert und abgelehnt haben, daß sie ihm eine andere Dimension gegeben, ihn als Übergang oder Zwischenstufe angesehen haben? Daß sie den Körper des Toten geschützt, geschmückt oder für diesen Übergang vorbereitet haben? Daß sie den Bestattungsritus erfunden haben?

Seit dem Anfang des 20. Jahrhunderts sucht man nach einer ebenso alten wie wissenschaftlich abgesicherten Grabstätte. Und natürlich träumt man von einer möglichst alten Grabstätte, weil sie den willkommenen Nebeneffekt hätte, daß sie uns gewissermaßen beruhigen und unserer Spezies zur Ehre gereichen könnte.

So haben zum Beispiel schon 1908 D. Peyroni und L. Capitan in La Ferrassie in der Nähe von Les Eyzies einen Felsüberhang erkundet. Dort haben sie sechs Skelette freigelegt: zwei Erwachsene, drei kleine Kinder und ein totgeborenes Kind. Der Mann und die Frau lagen in entgegengesetzter Richtung etwa 50 Zentimeter voneinander entfernt, mit angezogenen Beinen. Um sie herum fanden sich Grabbeigaben: drei Steinplatten, mehrere Feuersteine und ein Knochen. Capitan und Peyroni sind der Ansicht, daß es sich um eine Grabstätte des *Moustérien* handelt, sie also aus der Zeit der prähistorischen Fundstätte von Le Moustier in der Dordogne stammt und damit weniger als 100 000 Jahre alt ist.

Geistliche spielen in der Angelegenheit jetzt ebenfalls eine Rolle. Rechtschaffene, wackere Dorfpfarrer, die von der Entdeckung der sehr alten Leichname erfahren, sich zur Fundstätte begeben und darüber rätseln. »Einige Pfarrer in den Provinzen«, wird Abbé Breuil notieren, »haben sich sehr für die Archäologie interessiert. Sie haben Ausgrabungen durchgeführt oder an Ausgrabungen teilgenommen. Das unter der Erde Vergrabene zu hinterfragen bedeutet auch, die Seelen zu befragen. Gelegentlich sind diese Priester auf Grabstätten gestoßen. Bedeutet für die Christen Bestattung nicht Begleitung zu Gott?«

So sind es ein Jahr nach dem Fund von La Ferrassie wiederum zwei Geistliche, die Brüder Bouyssonie, sowie ein »Laie«, Monsieur Bardon, die in La Chapelle-aux-Saints in der Corrèze ein männliches Skelett entdecken. Das Alter wird auf etwa 80 000 Jahre v.u.Z. geschätzt. Dieses Mal deutet alles darauf hin, daß es sich um eine regelrechte Bestattung handelt. Die Grube, in der der Leichnam liegt, ist ausgehoben worden. Es ist keine naturgegebene Mulde, und der darin ruhende Mensch ist vermutlich hineingelegt worden. Warum wohl? Die gleichen ungeklärten Fragen, die wir schon angesprochen haben, beschäftigen die mächtig in Aufregung geratene Fachwelt. Und ist eine einzige bestattete Leiche ein wirklich »seriöser« Beweis in Anbetracht von Milliarden von Toten? La Chapelle-aux-Saints bringt dennoch bisher vorherrschende, gut etablierte Ansichten ins Wanken. Bis jetzt hatte man sich nicht vorstellen können, daß der Neandertaler, der erwiesenermaßen ein primitiver Mensch war, seine Toten hätte bestatten können. Die Zweifel bleiben also nach wie vor bestehen, und jeder zieht seine eigenen Schlußfolgerungen, mehr persönlichen denn wissenschaftlichen Überzeugungen folgend.

Jahre vergehen, bevor uns der Neandertaler erneut ein Lebenszeichen gibt. Schauplatz ist diesmal Italien, genauer der Monte Circeo in der Nähe von Rom. 1939 erkundet Baron Blanc, ein angesehener Prähistoriker, dort eine Höhle, die ein Hotelbesitzer namens Guattari entdeckt hat.

Im Inneren eines unterirdischen Saales legt der Baron einen Neandertaler-Schädel frei, der von einem Steinkreuz und von Tierknochen umgeben ist. Dieser Schädel weist eine Fraktur an der rechten Augenhöhle auf, das Hinterhauptsloch ist zertrümmert und aufgeschlagen worden. Baron Blanc zufolge sind beide Verstümmelungen zu *Lebzeiten* des bestatteten Mannes erfolgt. Von jetzt an beginnt ein Detektivspiel. Die sehr deutlichen Spuren scheinen in der Tat zu beweisen, daß dieses Individuum einen sehr heftigen Schlag ins Gesicht abbekommen hat. Aber wer kann sagen, ob es *vor* oder *nach* dessen Tod geschehen ist? Weiter entsprechen die Rillen um die Schädeldecke herum den Spuren, die gewöhnlich ein Feuersteingerät hinterläßt. Dem italienischen Prähistoriker zufolge haben wir es hier mit einem Fall von rituellem Kannibalismus zu tun.

Die Neandertaler, die in nicht sehr großer Zahl auf der Erde vertreten waren, dürften anfangs nicht unter Nahrungsmangel gelitten haben. Erst viel später, zur Zeit der großen Hungersnöte, müssen sie sich an ihresgleichen sattgegessen haben. Die Entdeckung der Höhle am Monte Circeo könnte dieser Praxis einen zusätzlichen Gesichtspunkt hinzufügen, einen rituellen Aspekt und vielleicht ein Bestattungsmoment. Die außergewöhnliche Anordnung des Schädels und die Tatsache, daß kein einziger weiterer Knochen mehr vorhanden ist, sowie die beiden gewaltsamen Hiebmarken lassen in der Tat auf irgendeine Zeremonie schließen. Daß der Entdecker zu dieser Erklärung neigt, ist im Grunde also durchaus naheliegend. Aber auch wenn diese Elemente in der Tat sehr aufregend sind, so sind sie natürlich keineswegs wissenschaftlich gesichert.

Überdies erinnert dieses Wiederauftauchen von archaischen Zeiten in Gestalt der Funde an die unterirdischen Tiefen, an das finstere, lautlose Erdinnere, das sowohl Heimstätte der keimenden Ernte als auch der Gräber ist. Die Forscher träumen von nun an davon, durch die Entschlüsselung seiner Grabstätten mehr über den prähistorischen Menschen zu erfahren. Gerüchte werden verbreitet, und Mythen geraten in Umlauf.

1961 kommt es in einer Höhle in Mas-d'Azil im französischen Département Ariège zu einer seltsamen Entdeckung. Lange Zeit hat die Höhle den Fledermäusen als Unterschlupf gedient, die der Höhlenforscher Norbert Casteret so hochgeschätzt hat. Nun aber verlagert sich das Interesse: Auf einem Abfallhaufen findet sich ein weiblicher Schädel ohne Unterkiefer, dessen Augenhöhlen mit zwei Steinplättchen bedeckt sind. André Leroi-Gourhan zufolge handelt es sich »um den *einzigen und unbestreitbaren Fall* eines *präparierten* Schädels aus dem Paläolithikum«. Die Schilderung und die Begrifflichkeit lassen aufhorchen: ein präparierter Schädel. Was bedeuten diese mit Steinen bedeckten Augen? Sehr viel später wird man entsprechend der fränkischen Tradition die Könige mit offenen Augen bestatten, damit sie der Ewigkeit ins Auge sehen können. Und wie war es bei unseren weit entfernten Vorfahren in der Ariège?

Fünf Jahre zuvor, also 1956, hat ein Mann aus dem Périgord bewiesen, daß die Leidenschaft für alte Grabstätten nicht allein Angelegenheit von Wissenschaftlern oder Geistlichen ist. Roger Constant wohnt einen Steinwurf von Lascaux entfernt, und das seit fast 40 Jahren. Heiß und innig liebt er seine Heimat, er kennt sie wie seine Westentasche. Außerdem hat er sozusagen einen Riecher für die Vorgeschichte, er wittert die Ausdünstungen, die aus dem Innern der Erde hochsteigen. Schon beim ersten Stoß mit der Hacke ist er davon überzeugt, daß er vor seinem Haus das finden wird, was er den wirklichen Eingang zur Lascaux-Höhle nennt. Die Behörden und die Gendarmen sind natürlich weniger begeistert als er. Constant aber läßt nicht locker. Die Schikanen der Behörden können ihn nicht aufhalten, eher bestärken sie ihn in der Überzeugung, daß der große Baumeister des Universums die Geschicke des Lebens nicht so plumpen, schwerfälligen Wesen wie den Menschen anvertraut hat. Er setzt auf die Bären. »Sie machen beim Fressen weniger Dreck als die Touristen«, erklärt Constant. Was beweist, daß man, ungeachtet eines gesunden Menschenverstandes, schon recht ausgefallene Gedanken haben kann.

Constant gräbt also weiter und wird prompt fündig. Er entdeckt ein Skelett von vor ungefähr 70 000 Jahren, das von zahlreichen Bärenknochen umgeben ist. Für Constant ist es eine ausgemachte Sache, daß die Leiche planvoll bestattet worden ist. Überall erzählt er von seiner Entdeckung, spricht von einem Ritual, von Freundschaftsbekundung, von der Harmonie zwischen diesem Neandertaler und den Bären. Weiter erklärt er, daß der Tote mit einem »Kranz« junger Bären um seinen Kopf bestattet worden sei. Sodann geht er ausführlich und mit vollem Ernst auf die Anordnung dieser Grabstätten ein, zunächst der menschlichen, dann auf die Gräber der jungen Bären. »Es ist ein Ort, an dem vor etwa 80 000 Jahren die Menschen des Moustérien lebten. Sie haben hier fundamentale Riten praktiziert … Es ist eine heilige Stätte.«

Es folgt ein Jahr voller tragikomischer Geplänkel mit den Polizeibehörden und mit der französischen Verwaltung … und mit den amerikanischen Behörden (denn Constant ist davon überzeugt, daß der Schädel seines Toten »geklaut« und nach Amerika gebracht worden ist), bis dann am 10. Oktober 1957 das Skelett freigelegt und ins Museum nach Paris gebracht wird.

Was immer man von dem Kreuzzug eines Roger Constant halten mag, von seiner privaten Mythologie und seiner Art, mit den archaischen Menschen und Tieren zu »kommunizieren«, man fühlt sich hier unwillkürlich an die Worte erinnert, die Louis Figuier 1882 in seinem Buch *L'Homme primitif* (*Der primitive Mensch*) schrieb: »Lange Zeit glaubten sie, in den leisen Seufzern des Windes, im sanften Rauschen der Wogen und in den seltsamen Stimmen der Einsamkeit die Klagelaute und die Rufe derjenigen zu vernehmen, die sie verlassen hatten.«

1965 in Sungir, 200 Kilometer nördlich von Moskau. Ein gigantischer Grabungsplatz von 10 000 Quadratmetern, von denen bereits 4 500 ausgegraben worden sind. Die Entdeckungen häufen sich. An der Oberfläche die Überreste von prähistorischen Behausungen, die Spuren etlicher Feuerstätten, Arbeitsbereiche und Werkstätten zur Herstellung von Waffen aus Knochen, aus Elfenbein oder Rentiergeweihen. In der Tiefe Gruben: sechs Grabstätten, von denen drei vollständig erhalten sind. Darin eine Überfülle von Tierknochen, Schneckenhäusern und Halsbändern aus den Eckzähnen von Füchsen …

Zum erstenmal wird eine vollständige menschliche Behausung sichergestellt, die etwa 7 000 Jahre alt ist, das heißt aus der Zeit des *Homo sapiens sapiens*, des modernen Menschen, des Jetztmenschen. In den sechs Grabstätten liegen neun Skelette von Erwachsenen und Kindern. Ein dreizehnjähriger Junge und ein neunjähriges Mädchen liegen nebeneinander Kopf an Kopf, ihre

Arme sind über dem Bauch verschränkt. Ihre Bestattung scheint mit einer besonderen Sorgfalt durchgeführt worden zu sein: Die Kinder sind mit schwarzer Asche, weißem zerriebenem Kalk und rotem Ocker bestreut worden. Um sie herum Zigtausende von Perlen, die von Kleidungsstücken stammen könnten, die die Kinder getragen haben. Der Stoff hat sich aufgelöst und ist zerbröselt, zurück blieb der Zierat. Dann der Schmuck: Der Junge trug einen Gürtel aus 250 Eckzähnen eines Polarfuchses, einen Armreif und einen Anhänger aus Elfenbein. Das Mädchen trug ein funkelndes Gebinde aus 5 274 unbeschädigten oder zerbrochenen Perlen. Dann die Grabbeigaben: eine Statuette, die ein Mammut darstellt, eine durchbohrte Elfenbeinscheibe, mehrere Speere. Der Speer, der zu dem Jungen gelegt worden ist, hat eine Länge von zwei Metern und ein Gewicht von über 20 Kilogramm.

Alles deutet darauf hin, daß die beiden Kinder zu Lebzeiten außergewöhnliche Persönlichkeiten gewesen sind und daß man sie für eine *große Reise* ausgestattet, geschmückt und bewaffnet hat. War dies also der Tod? Ein Abenteuer? Eine geheimnisvolle Reise? Bei dem Anblick eines solchen Zeremoniells kommt man den Bräuchen aus der wesentlich jüngeren Antike nahe, die Fustel de Coulanges erwähnt hat – wenn man von einer weiteren Besonderheit absieht: Über der Grabstätte der beiden Kinder liegt nämlich ein zweites Grab, eine grausige, düstere Grube mit den Überresten eines Mannes und einer geköpften Frau. Der Kopf dieser Frau ist auf die Leiche des Mannes gelegt worden. Olga Söffer, ein Mitglied des Ausgrabungsteams, ist der Auffassung, daß das weibliche Haupt, das wohl als Trophäe zu sehen ist, bei der Beerdigung der Frau niedergelegt wurde, wobei die Bestattung der Frau nach dem Tod ihres Gefährten erfolgt sein muß. Die Archäologin glaubt, daß es sich um einen Bestattungsritus handelt, der dem Ehemann gewidmet ist.

So nähern wir uns allmählich dem Wesen, das wir sind. Die meisten Prähistoriker sind sich darüber einig, daß die Mehrfachgrabstätten etwa 10 000 Jahre v.u.Z. aufgekommen sind. Es sind noch »friedliche« Todesstätten, mit wenig oder gar keinen Tragödien. Krieg oder Mord scheinen nicht vorzukommen. Man stirbt hauptsächlich an den Folgen eines Jagdunfalles oder einer Krankheit. Das Verbrechen wird erst viel später auf den Plan treten.

Anscheinend ist es im Neolithikum gewesen, daß der Mensch mit seinesgleichen in Konflikt geraten ist. Der demographische Druck, also die Überbevölkerung, und der aus dem Besitz eines Territoriums, von Ernten oder von Viehherden resultierende Neid werden sodann regelmäßig das Schicksal eines gewaltsamen Todes nach sich gezogen haben. In Gebel Sahaba (oberhalb des Assuan-Staudammes) und in Roaix (in der Nähe von Vaison-la-Romaine) hat man übereilt bestattete, von Pfeilen durchbohrte Skelette gefunden. Der Mensch hat angefangen, sich zu »zivilisieren«.

Dann setzt ein anderer Neandertaler die Debatte wieder in Gang. Er wird in Israel entdeckt, in Kebara am Berg Carmel. Der Tote ist offenbar mit ganz besonderer Hochachtung behandelt worden: Er ist mit rotem Ocker verziert worden, der Boden um das Skelett herum hat sich damit vollgesogen. Professor David Frayer, Anthropologe an der Universität von Kansas City, erklärt sich dies folgendermaßen: »Ich bin davon überzeugt, daß der rote Ocker absichtsvoll verwendet worden ist. Die Lebenden wollten auf diese Weise die Blässe des Todes besiegen.«

Wie wir im Laufe dieses Buches schon mehrfach festgestellt haben, lassen sich derartige Hypothesen über

Menschen, die sehr lange vor der Erfindung der Schrift gelebt haben, prinzipiell weder beweisen noch widerlegen. David Frayer fährt fort: »Indem man den Körper des Toten mit rotem Ocker verzierte, versuchte man, ihm die Farben des Lebens zurückzugeben und ihn auf diese Weise vielleicht wieder lebendig zu machen.«

Diese Erklärung ist natürlich verlockend. Man geht von einem Stoff aus, den man sich leicht besorgen kann und dessen Farbe Ähnlichkeit mit getrocknetem Blut hat, um so den Körper »wiederzubeleben«. Der Anthropologe zieht folgendes Fazit: »Von 27 freigelegten Grabstätten tragen 17 Spuren des roten Ockers. Möglich ist auch, daß in einigen Fällen der in der Erde enthaltene Ocker die Leichen bedeckt hat.« Denn im Laufe von Jahrtausenden hat die Erde ebenfalls »gelebt«, hat sich bewegt und gebebt. Und die Vorgeschichtsforschung ähnelt oft mehr der Arbeit einer Spitzenklöpplerin als der eines Physikers.

Nichts ist geheimnisvoller, beunruhigender und zugleich faszinierender als diese nebulose Fühlungnahme mit ausgestorbenen Wesen. »Ich weiß, daß alles Lebendige sterben muß, das ist die Regel. Also muß auch ich sterben«, hat Epiktet geschrieben. »Ich bin nicht die Ewigkeit, ich bin ein Mensch, ein Teil des Ganzen, so wie eine Stunde ein Teil des Tages ist. Eine Stunde kommt und vergeht; auch ich komme und gehe dahin.«

Auf welche Weise sind sie dahingegangen, all unsere so fernen Vorfahren? Was hat der Tod für sie bedeutet? Ein Ende, einen Übergang? Oder weniger als das, das Fanal einer Gefahr, eine unvermutete Überraschung, etwa wenn sie von ihrem Felshang aus beobachteten, wie einer von ihnen von den Fangzähnen eines Raubtieres zerfetzt wurde?

Wie auch immer, dieser bedeutungsvolle Bestattungsritus könnte der Beweis für das Aufdämmern eines metaphysischen Denkens sein, für die Bewußtwerdung des Todes und, über diese Erkenntnis hinaus, für dessen Deutung durch die primitiven Horden. Und wie stellte sich diese Deutung dar? Handelte es sich um eine materielle oder »ästhetische«, eine magische oder theosophische Deutung? Das sind natürlich erneut unsere »Denkraster«, denn wir sind nicht in der Lage, die einzige, alles entscheidende Frage zu beantworten: Wann und warum hat es angefangen? Außerdem sind wir uns nicht einmal der »Beweise« sicher, die wir ausgegraben haben. Der Zufall, die Verwerfungen des Terrains und sämtliche denkbaren Launen der Natur hatten im Laufe der Jahrtausende reichlich Gelegenheit, alle Fakten unentwirrbar durcheinanderzubringen, zerstreute Reste zusammenzufügen und, umgekehrt, ursprünglich zusammengehörige Bruchstücke voneinander zu trennen. Wir Menschen jedoch, wir graben weiter und weiter und befragen die Erde, die Quelle der Wahrheit wie der Täuschung, die Élie Faure beschrieb als »die Lebensspenderin und die Mörderin, jene diffuse Materie, die den Tod aufsaugt, um das Leben zu spenden«.

Auch wenn diese Inszenierungen – die Grabstätte ist der Abschluß eines Rituals – ursprünglich so vollzogen worden wären, so müssen wir uns ungeachtet aller Deutungen daran gewöhnen, daß eine Form der Beziehung zum »Sakralen« viel älter ist, als wir es uns vorgestellt haben. Der Mensch ist im Laufe dieses Romans erheblich »gealtert«, und es hat den Anschein, als ob mit ihm seine schwierigsten Fragen gealtert wären.

# XI

# Die prähistorische Kunst

*Ein in Stein graviertes Rätsel*

»Die prähistorische Kunst entstand aus der uralten Komplizenschaft zwischen Mensch und Stein. Und zwischen Mensch und Werkzeug. Der tiefste und älteste Ursprung der Kunst scheint mir in der Dreiecksbeziehung Hand-Gehirn-Gegenstand zu wurzeln.«

»Dem harten, schweren Stein, den gewaltigen Wänden der Unterschlüpfe, Felsen und Höhlen ein Bild anvertrauen heißt, dem Stein die Zeitlichkeit des Minerals zu verleihen. Und der Zeitlichkeit des Menschen und der Dinge die Stirn zu bieten.«

»Die Höhlen stehen außerhalb der Zeit eines Menschen und der belebten Natur. In ihnen verharren die Malereien und Gravierungen ewig im Augenblick ihrer Schöpfung.«

*Denis Vialou*

»Foz Côa. Die Anlage war in Schwingungen versetzt, durch die Stille des Tales, durch die Heftigkeit der Regenfälle, durch die Laute des Wassers, der Vögel, und das Rauschen der Bäume.«

*Vitor Jorge Olivera*

Das Innere der Erde und die in den Felswänden vergessenen Höhlen, ja sogar die Höhlen in der Tiefe der Meere fangen an, ihre Geheimnisse preiszugeben. Die Zeit ihrer Entdecker ist gekommen. Deren Funde aber rütteln an den festen Überzeugungen der Spezialisten. Mehr als jemals zuvor ist am Ende dieses 20. Jahrhunderts die Rede von der Vorgeschichte des Menschen. Das herannahende 3. Jahrtausend scheint es zu sein, das die allgemeine Neugierde auf die Herkunft des Menschen weckt.

Die Kunst ist die einleuchtendste, die unmittelbarste und die bewegendste Sprache. Sie läßt Wesen miteinander kommunizieren, die Zigtausende von Jahren voneinander getrennt sind und die sonst nicht die geringste Möglichkeit hätten, einen Gedanken auszutauschen, die gleichen Ängste zu durchleiden und beim anderen das Zeichen oder die Spur eines gemeinsamen Erbes zu erkennen. »Die Kunst«, schreibt Élie Faure, »ist seit ihren bescheidensten Anfängen eine Verwirklichung der Vorahnungen einiger weniger gewesen, die jedoch die Bedürfnisse von allen zum Ausdruck gebracht haben. Die Kunst als Ausdruck des Lebens ist genauso geheimnisvoll wie das Leben selbst.«

Élie Faure ist tot. Seit seinen begeisterten Schilderungen der ersten wundervollen Zeugnisse der Felsbildkunst und seit der Entdeckung der »Sixtinischen Kapelle der Vorgeschichte« in Lascaux sind die Zeitungen voll von Photographien und Berichten über neue Funde. Meist stammen diese Funde von Einzelgängern, die sich für Ausgrabungen begeistern oder beim Tauchen Entdeckungen machen. Ähnlich hingerissen wie sie sind auch wir selbst, und eine Mischung aus Faszination und Staunen erfaßt uns angesichts der unverhofften Enthüllung dieser verborgenen Rätsel.

Vielleicht sollten wir an dieser Stelle zurückblicken und die älteste bisher entdeckte Kunst in den Kontext dessen stellen, was wir über die Entwicklung unserer ältesten Vorfahren zu wissen glauben. Es klingt wie ein Märchen. Es war einmal …

Es war einmal der Neandertaler. Obwohl man uns heute erklärt, daß der Neandertaler aufgrund der DNA-Analyse nicht zur gleichen Spezies gehöre wie wir, versuchen wir, nach ihm zum Cro-Magnon-Menschen überzublenden. Doch ganz gleich, wie eng die Verbindung oder wie groß die Kluft zwischen Neandertaler und Cro-Magnon auch sei, im Grunde geht es lediglich um eine Frage der Nähe oder der Verwandtschaft. Die Cro-Magnon-Menschen, die man im Gegensatz zu den archaischen Menschen (auch: Altmenschen) im allgemeinen als moderne Menschen (auch: Jetztmenschen) bezeichnet, scheinen in biologischer Hinsicht mit uns identisch zu sein. Man weiß, daß sie über das Werkzeug, das Feuer und die Sprache verfügen (so daß man leicht geneigt sein wird, in ihnen jene »edlen Wilden« zu sehen, die sich in den Geschichten von Bernardin de Saint-Pierre tummeln). Außerdem bestatten sie ihre Toten und vollziehen dabei bestimmte Riten. Die Vorstellung vom Sakralen, oder zumindest vom *Nicht-Nützlichen*, ist für sie bereits eine treibende Kraft, wenigstens zum Teil. Von daher handelt es sich um eine hochentwickelte Kulturstufe, sowohl in geistig-seelischer als auch in symbolischer Hinsicht.

Und was hat es eigentlich mit dem Werkzeug auf sich? Seit ungefähr 500 000 Jahren v.u.Z., von den ersten Anfängen an, verfügen sie über die sogenannte Levallois-»Industrie« oder Levallois-»Technik«. In Rekonstruktionsversuchen hat man herausgefunden, wie sie durch das Schlagen eines Geröllsteins auf einen Feuersteinkern ein Werkzeug herstellten: mittels vierzehn

Abschlägen nämlich, dreizehn davon sogenannte »blinde« Abschläge. Der vierzehnte Abschlag wird geschickt dosiert, um den gewünschten Gegenstand herauszuarbeiten, der sich dann wie durch ein Wunder aus dem Steinkern herauslöst.

Die Entwicklung ist also in Gang gesetzt. Es folgen die ersten Bestattungen mit gelegentlichen Grabbeigaben wie durchbohrten Muscheln, später mit Gegenständen aus Holz oder Elfenbein. Bald darauf folgen in den Höhlen, unmittelbar auf den Felswänden, die gravierten oder gemalten Ansammlungen von Tierdarstellungen, die oft von konkreten Zeichen (wie die »Phantomhände«) oder auch von abstrakten Zeichen begleitet sind. Letztere bezeugen das allmähliche Aufkommen eines symbolischen Denkens.

Die verschiedenen Etappen dieser langsamen Veränderung verwandeln den *Homo habilis* – er ist der erste, der über die Sprache verfügt – in den *Homo erectus*, dessen Werkzeuge vervollkommnet werden und der das Feuer bändigt. Danach folgte die Verwandlung in den *Homo sapiens* (den Neandertaler-Typus) und schließlich in den *Homo sapiens sapiens* – den sogenannten »modernen Menschen«. Dieser Jetztmensch besitzt etwas Unschätzbares: die Kunst.

Was ist Kunst? Auf diese schon tausendmal gestellte und debattierte Frage ist man geneigt, mit weiteren Nachfragen zu antworten: *wann, und im Hinblick auf wen*?

Die Schätze, die wir heute entdecken, gehen nach Meinung der Prähistoriker auf jene Zeit zurück, die sie das Jungpaläolithikum getauft haben. Man hat darin zunächst eine einzige Kultur gesehen, die sich stratigraphisch, d.h. in aufeinanderfolgenden Schichten, entwickelt haben soll. Heute jedoch geht man aufgrund der jüngsten Erkenntnisse davon aus, daß in einem sich von der Iberischen Halbinsel bis nach Rußland erstreckenden Raum verschiedene Kulturen entstanden sind, daß sie sich entfaltet haben und später abgelöst worden sind. Man hat diesen Kulturen folgende Bezeichnungen gegeben: Aurignacien, Gravettien, Solutréen und Magdalénien.

Dazu gehört zum Beispiel jene in der Dordogne erblühte Kunst, diese Venusfiguren mit den prallen Brüsten und den üppigen Leibern als Fruchtbarkeitssymbolen. Diese Kunst findet man in der Gironde, in den Pyrenäen, in Spanien, in Osteuropa. Sie taucht vielerorts auf: im Tal der Vézère, im Quercy, an der Mittelmeerküste oder auch in Portugal … Mehrere Wissenschaftler sprechen daher von einer ganzen Palette von Talenten und Stilen.

Was aber haben die Künstler selbst vermitteln wollen, unsere Vorfahren, die uns bereits so ähnlich waren? Was wollten sie sagen, was zum Ausdruck bringen, indem sie diese Kunstwerke schufen? Malten, modellierten und gravierten sie für die »Zukunft« oder für das Unsichtbare? Gehorchten sie irgendeiner transzendenten Notwendigkeit oder einzig und allein ihrer Freude am Schöpferischen? Ehrten sie auf diese Weise die Stärke ihrer Horde oder bekämpften sie die Langeweile, wenn sie durch das schlechte Wetter am Jagen gehindert wurden? Oder, um eine geläufige Redensart zu gebrauchen, schufen sie diese Kunstwerke um der Schönheit der Kunst willen?

Für die meisten Spezialisten bezeugen diese Kunstwerke vor allem eine mythologische Intention. Sie sollen Teil von Initiationsriten gewesen sein, die niemand je wird entschlüsseln können. Was leider nicht sonderlich aussagekräftig ist. Angesichts solcher vager Erklärungen fragt man sich, was für die betreffenden Spezialisten in 300 000 Jahren dann wohl ein Stück des Parthenons, ein Picasso, ein Kupferstich von Dürer oder ein wundersamerweise erhalten gebliebener Wasserspeier von der Kathedrale Notre-Dame in Paris »bedeuten« mögen.

Denis Vialou erklärt: »Die prähistorischen Menschen haben auf zwei Arten etwas vermittelt: einmal ganz bewußt durch die Zeichnungen und die Motive, die sie gewählt haben, sowie durch deren symbolische Gestaltung. Und ein zweites Mal, ohne sich dessen bewußt zu sein, als sie am Grabungsort zufällige Spuren oder die Reste einer rituellen Mahlzeit hinterlassen haben. An einer Stelle haben sie einen Bärenschädel deponiert, an einer anderen haben sie die Gräten eines Fisches, den sie verzehrt hatten, auf einen Felsen geworfen ...«

Auf ähnliche Weise haben auch das große und das kleine Wesen, die beide über die vulkanische Asche in Laetoli gelaufen sind, durch ihre Fußabdrücke unwissentlich den möglichen Zeitpunkt des »ersten« vormenschlichen Gehens in unserer Geschichte festgelegt. Entsprechend tragen auch die jetzt absichtsvoll auf den Felswänden der Höhlen hinterlassenen Spuren dazu bei, Zeugnis davon abzulegen, daß diese Menschen über jenen anderen Sinn verfügten, den wir »Kunstsinn« nennen. Die Felsbildkunst – unabhängig, ob sie von den archaischen Menschen als Kunst aufgefaßt worden ist – ist eine Darstellung, eine Botschaft und ein System von Symbolen. Und es ist unsere heutige Sichtweise, aus der heraus wir diese symbolischen Botschaften zu entschlüsseln versuchen.

Die nachfolgende Geschichte ist so schön, so tragisch und so seltsam wie ein Seefahrermärchen, mit schicksalhaften Sirenen, versunkenen Städten und ruhelosen Gespenstern.

Die Geschichte beginnt 1985 im kleinen Hafen von Cassis, dort, wo Mistral sein Gedicht *Calendal* spielen läßt, zu Ehren eines rechtschaffenen Sardellenfischers. Unser Held heißt Henri Cosquer. Er ist Berufstaucher, Athlet und ein bärtiger Philosoph. Ob Zufall oder nicht, jedenfalls trägt das Schiff, das Cosquer erwirbt, den Namen *Cro-Magnon*. Und von diesem trefflich benannten Schiff aus bildet er Taucher aus, entdeckt Amphoren und redet mit den bunten Fischen.

Sechs Jahre später, Cosquer ist bis in eine Tiefe von 40 Metern hinabgetaucht, findet er sich zufällig an der Stelle wieder, wo während der letzten großen Eiszeitperioden der Vorgeschichte der Strand der Mittelmeerküste lag. Er entdeckt dort den Zugang zu einem kleinen Stollen und taucht hinein. Stellenweise verengt sich der lange, unterseeische Gang, und es scheint ratsamer, umzukehren. Cosquer jedoch gibt nicht auf. Nachdem er etwa 200 Meter weit geschwommen oder gekrochen ist, kommt er aus dem Staunen nicht mehr heraus. Man stelle sich diesen Taucher vor, eingeschlossen in der Stille des Meeres, umgeben von stummen, geheimnisvollen Formen, die im Rhythmus seines unterdrückten Atems und seiner dumpf pochenden Schläfen vorüberziehen »wie lange Echos, die in einer dunklen, tiefen Einheit ineinander übergehen.«

Später wird Cosquer erzählen: »Man muß bedenken, daß die Höhle zu zwei Dritteln unter Wasser liegt. Man erreicht sie durch einen Säulengang von Stalagmiten. Eine Schicht weißen Schlicks bedeckt den Boden, wie Schnee. Das Wasser ist kristallklar. Dann taucht man wieder hoch … und reibt sich verwundert die Augen: An der Oberfläche sind die Farben anders …«.

Cosquer wird »zehn- oder fünfzehnmal« an diesen erhabenen Fundort zurückkehren, der nur ihm allein gehört. Und er wird es mit jener ängstlichen Begier tun, die man empfindet, wenn man zu einem Rendezvous geht. Warum beschließt er eines Tages plötzlich, einen Schacht zu erkunden, der auf der anderen Seite der Höhle liegt?

Völlig erschöpft wird er aus diesem Schacht herauskommen. »Als ich wieder herauskam«, wird er später erzählen, »habe ich meine Ausrüstung abgelegt, um etwas zu verschnaufen. Da hat der Strahl meiner Lampe zufällig eine Hand erleuchtet, die auf eine Felswand gemalt war. Mein erster Gedanke war: ›Welcher Verrückte hat sich denn hier ausgetobt?‹«

Bis zu diesem Zeitpunkt hatte sich niemand vorstellen können, daß es ornamental verzierte Unterwasserhöhlen geben könnte. Der Taucher berichtet seinem Bruder von der Entdeckung, als sie am Hafen zusammen eine Pause einlegen. Er zeigt ihm die Photos, die er in heller Aufregung entwickelt hat. Es war keine Halluzination: die Hand ist gut sichtbar. Cosquer fragt sich: »Wie soll man schlafen, ohne von dem zu träumen, was man gesehen hat, ohne Alpträume bei dem Gedanken daran zu bekommen, daß die Welt nichts davon weiß?«

Henri Cosquer ist ein Sportler, eine Bärennatur. Was ihm widerfahren ist, beeindruckt ihn weit mehr als irgendeinen Wissenschaftler. Man denke an die Kinder von Lascaux, an Boucher de Perthes und seinen Feuerstein oder an die Dorfpfarrer, deren Neugierde der Abbé Breuil geweckt hat. Der Entdecker von heute, Cosquer, entschließt sich zum Handeln, und zwar so, wie es sich gehört. Nach einer endlosen Reihe von Behördengängen, die dem gestrengen Geist der maritimen Verwaltungsbehörden zur Ehre gereichen, wird Cosquer zum rechtmäßigen, legalen »Entdecker« seiner Unterwasserhöhle. Jetzt muß nur noch ihre Authentizität von einem anerkannten Wissenschaftler bestätigt werden. Dieser Wissenschaftler muß über seine Fachkompetenz hinaus in der Lage sein, sich vor Ort zu begeben, daß heißt, etwa 40 Meter tief tauchen zu können.

Jean Clottes, ein Kenner der ornamental verzierten Höhlen, übernimmt diese Aufgabe. Auf einem Fernsehschirm wird er den Bildern folgen, die der Archäologe Jean Courtin vor Ort aufnehmen wird. Es handelt sich also um eine Art Expertise, die live und per Ferndiagnose durchgeführt wird.

Die Cosquer-Höhle steckt voller Wunder. Bei einigen dieser Wunderwerke ragen die abgebildeten Tiere heute mit dem Oberkörper in die freie Luft – oder eher in die besondere Luft der Unterwasserhöhle – und der Rest des Körpers, oft alle vier Beine, befindet sich im glitzernden Wasser.

An den Felswänden sind ebenfalls unzählige, verstümmelte Hände zu sehen. Jean Clottes hat dafür mehrere Erklärungen: absichtliche Selbstverstümmelungen, um den eigenen Mut zu bekunden; die Folgen von Frost oder verschiedenen Krankheiten. Leroi-Gourhan dagegen glaubt, daß es sich um eine rituelle, oder besser gesagt, kodierte Sprache handelt, mit der sich die Jäger verständigten.

»Eine der wichtigsten Bedeutungen der Höhle«, berichtet Jean Clottes, »liegt in der Tatsache, daß die Künstler, die dort Tiere gemalt haben, sie nicht einfach zufällig dort hingemalt haben. Sie haben es wohlüberlegt getan, weil die Tiere bestimmte Kräfte im Verlauf der Zeremonien darstellen sollten.« Auch hier herrschen anscheinend das Imaginäre, das Unsichtbare und die Beschwörung.

Die Höhle wird auf einen Schlag berühmt. Sie wirkt wie eine Art Edelstein, der die Laien mit seiner magnetischen Anziehungskraft verhext. Drei allzu wagemutige Taucher werden nicht mehr aus dem Stollen herauskommen, in den sie hinabgeglitten waren. Sicherlich warten auch andere Unterwasserfundstätten in den Tiefen des Mittelmeeres auf einen ebenso mutigen wie glücklichen Taucher, der sie nach einem jahrtausendelangen Schlaf zum Leben erwecken wird.

Henri Cosquer seinerseits wird ein weiteres Mal den unfreiwilligen Humor der französischen Verwaltung kennenlernen, als er nämlich die Belohnung verlangt, die jedem Entdecker zusteht. Sein Antrag wird mit der Begründung abgelehnt, daß seine Höhle nicht in die Kategorie der Unterwasserfundstätten gehöre. Denn ihre Ausschmückung durch prähistorische Menschen habe während einer Eiszeit stattgefunden, als die Höhle »außerhalb des Wassers« lag, weshalb sie folglich definitiv in die Kategorie der unter*irdischen* Höhlen gehöre. Nicht nur, daß die Verwaltung in der Verteidigung der öffentlichen Mittel hohen Kampfgeist beweist, sie veranschaulicht auf diese Weise außerdem allen Jurastudenten das Prinzip der Kontinuität des Staatswesens, das sich bis zurück zum Cro-Magnon-Menschen erstreckt. Henri Cosquers Entschluß steht fest: »Sollte ich noch andere Höhlen finden, werde ich niemandem davon erzählen!«

Szenenwechsel.

Vallon-Pont-d'Arc am 18. Dezember 1994. Ein ganzes Heer von Rebstöcken in dem Tal, durch das aller Wahrscheinlichkeit nach 30 000 Jahre zuvor am Fuß der Felswand die Ardèche geflossen ist. Auerochsen, Mammuts, Wollnashörner haben hier im spärlichen Gras geweidet. In den steilen Hängen, die hier und da von graugrünen Matten überzogen sind, befinden sich Höhlen und Spalten.

Für den Höhlenforscher Jean-Marie Chauvet und seine Freunde Christian Hillaire und Eliette Brunel ist es nicht die erste unterirdische Erkundungstour. Gemeinsam haben sie bestimmt schon an die 100 Stätten ausgekundschaftet. An jenem Tag haben sie lediglich vor, »eines der Löcher zu erkunden«. Und falls sie Glück haben sollten, so haben sie es abgesprochen, bekommt der Fund den Namen Chauvet. An der Fundstätte legen sie den von Gestrüpp überwucherten Höhleneingang frei. Offensichtlich handelt es sich um eine schöne, stattliche Höhle. Eliette Brunel erinnert sich: »Wir hatten unsere Schuhe ausgezogen, um die zerbrechlichen Kalzitspitzen, die sonst unter den Füßen zerbröckeln, nicht zu zerstören. Und erst nach 100 Metern habe ich zwei kleine rote Striche auf der Felswand entdeckt.«

Und das ist der Vorbote der großartigen Entdeckung, die hier gemacht werden wird.

Es handelt sich um eine »außergewöhnliche« Höhle, wie Denis Vialou bestätigen wird: »Sie ist etwa 32 000 Jahre alt, geht zurück auf das Aurignacien, das heißt auf die Zeit des Cro-Magnon-Menschen. Sie ist also doppelt so alt wie Lascaux. Auf der Felswand hat man Spuren von Fackeln entdeckt, ›Sprenkel‹, die auf 26 000 Jahre datiert worden sind. Die gleiche Datierung gilt für die auf dem Boden eingesammelte Holzkohle. Wer hat was in Chauvet getan? So lautet die zentrale Frage.«

In Chauvet ist jedenfalls gemalt worden, und der Anblick ist atemberaubend. In Bezug auf diese Höhlenmalereien ist die Rede gewesen von »einem phantastischen Ritt mitten im Herzen der Erde«, von einem »Wald aus schwarzen Hörnern« und vor allem von der schwindelerregenden Bewegung, von einem ungeheuer ausgeprägten Sinn für die Dynamik des bewegten Bildes, von einer regelrechten Dramaturgie der Malerei. Man könnte meinen, hier sei ein Genie am Werk gewesen, getragen von der Begeisterung seiner Eingebung und unterstützt von seinen hingerissenen, ehrfurchtsvollen Schülern.

Ein Michelangelo im Eifer des kunstvollen Gefechts, fiebrig den Pinsel oder den Schaber führend, denn die Felswände sind mit Feuersteinen eingeritzt worden. Was hätte wohl Victor Hugo über diese gigantischen »Arbeiter des Meeres«[17] oder diese »Riesen der Finsternis« geschrieben?

Denis Vialou hält fest: »Wie tief die Kunst in der gelebten und geträumten alten Beziehung zwischen Mensch und Tier verwurzelt ist, zeigt sich ganz deutlich, wenn man die den gemalten und plastisch geformten Tieren eigentümliche Abstraktion erkennt, die sich im Fehlen von Landschaften äußert. Weder Fluß noch Baum, weder Gebirge noch Blume erscheinen auf den Felsbildern oder auf den verzierten Waffen. Die dargestellten Tiere sind aus ihren Lagerstätten und aus ihrem Umfeld herausgelöst, als habe man die Schnelligkeit des lebendigen Vorbilds, sein zumeist nur flüchtiges Auftauchen dadurch bezwungen, daß man es ins Bild gebannt hat.«

Man könnte meinen, daß unsere archaischen Vorfahren sich der Kunst bedient hätten, wie ein Hypnotiseur sich seines Patienten »bemächtigt« oder wie wenn sie die Absicht gehabt hätten, eine so unglaubliche Sache wie einen Körper in Bewegung, zugleich lebendiges und totes Fleisch in Stein zu verwandeln.

Das gewaltige Bestiarium der Chauvet-Höhle dürfte künftig genauso berühmt werden wie Lascaux, falls die Götter im allgemeinen und die Gottheiten der französischen Verwaltung im besonderen es zulassen. Jean Clottes, der amtierende Verwalter der ornamental verzierten Höhlen in Frankreich, eilt gleich als erster nach Pont-d'Arc. Er nimmt Proben, macht Photos. »Etwas

---

[17] In Anspielung auf Victor Hugos Roman *Die Arbeiter des Meeres* von 1866. (Anm. d. Übers.)

vollkommen Neues«, erklärt er, »eine der wichtigsten Fundstätten der Menschheitsgeschichte.«

Später, beim Durchblättern des Buches, das Jean-Marie Chauvet veröffentlicht hat, das aber mit einem Publikationsverbot belegt worden ist, schildert mir Jean Clottes »die Perspektive, deren sich diese prähistorischen Menschen zu bedienen wußten. Die Eule wird von hinten dargestellt, ihr Kopf aber schaut in unsere Richtung.« Der Prähistoriker blättert die Seiten um und zeigt den großen Saal mit den Raubkatzen, die eine Bisonherde jagen. Unweigerlich denkt man an Élie Faure, der die Beziehung zwischen dem aufgeregten, das Getrampel einer Herde hörenden Jäger und dem Bild, das er davon nach seiner Rückkehr ins Lager anfertigt, so treffend beschrieben hatte: »Die Gestalt eines Tieres, dem man im Wald begegnet ist, das man fürchten oder dem man wiederbegegnen muß ... Der Mensch zeichnet Gestalt und Gebaren des Tieres in wenigen skizzierten Strichen ...«

Wenn ich über die Chauvet-Höhle nur unter Berufung auf das »Hörensagen« habe berichten können, über Umwege gleichsam und ohne die Möglichkeit, die Einzigartigkeit dieser Höhle aus unmittelbarer Anschauung zu schildern, so liegt dies daran, daß diese Höhle zur Zeit Gegenstand einer Untersuchung ist, und zwar im juristischen Sinn des Wortes.

Die französische Gesetzgebung über archäologische Entdeckungen ist mittlerweile nämlich sehr streng geworden – und zwar aus dem edlen Grund heraus, diese alten Zeugnisse vor der Ungeschicklichkeit oder auch vor der eventuellen Gier der »Entdecker« zu schützen. In der Praxis hat dies zur Folge, daß die Verwaltung einen enormen Einfluß hat, den sie auch entsprechend geltend macht. So war seinerzeit der Presse zu entnehmen, daß das nationale Amt zur Pflege des Kulturerbes ein umstrittenes Angebot gemacht habe – böse Zungen würden sagen, ein lächerliches Angebot –, um das Grundstück, auf dem sich die Chauvet-Höhle befindet, wieder zurückzukaufen. Außerdem untersagte es, nachdem Jean-Marie Chauvet die ersten Bilder veröffentlicht hatte, die Veröffentlichung von Photos oder Filmen.

Tatsächlich also kann man von einer Art juristischer Prüfung dieses Juwels der Vorgeschichte sprechen, von einem neuen Winterschlaf, der einerseits die interessierten Liebhaber daran hindert, diese Entdeckung unmittelbar in Augenschein zu nehmen, und der es andererseits den Forschern erschwert, Nutzen (und zwar nicht nur in finanzieller Hinsicht) aus ihrem Fund zu ziehen. Da die Angelegenheit noch nicht endgültig geklärt ist, ist Stillschweigen geboten über die Schätze, die diese Höhle birgt. Sagen wir, es besteht infolge des laufenden Verfahrens eine Art Schweigepflicht …

Über die lächerliche Behördenwillkür hinaus verweisen die Unannehmlichkeiten und der Ärger eines Jean-Marie Chauvet oder Henri Cosquer darauf, wie erstaunlich schnell die Vorgeschichte in unserer Gesellschaft an Bedeutung gewonnen hat. Vor einem Jahrhundert konnte ein Boucher de Perthes entdecken, was er wollte, konnte die Feuersteine auf seinem Dachboden horten, sie verkaufen oder sie als Keile benutzen, um einem Schrank Halt zu geben – niemand störte sich daran. Sein Problem war eher, die Mauern der Gleichgültigkeit und der Ablehnung zu durchbrechen, die alles umgaben, was den antediluvialen Menschen betraf. Auch wenn man heute zur Ausgrabung von Funden grundsätzlich immer noch auf den Entdecker angewiesen ist, so läßt sich leicht ahnen, daß der Entdecker schnell zu einem auszuschaltenden Störfaktor wird, sobald er fündig geworden ist. Inzwischen steht viel zu viel auf dem Spiel, als daß man sich mit Amateuren belasten wollte. Die Vorgeschichte hat sich zu einer bedeutenden Wissenschaft entwickelt. Das Feld gehört also nunmehr den Spezialisten, nur sie werden anerkannt, und es mangelt ihnen ja auch nicht an Zielstrebigkeit oder Talent. Und schließlich sind da noch die Verwaltung und die Behörden, die sorgsam die Einhaltung ihrer strengen Prinzipien überwachen. So hat der leidenschaftliche Amateur, der vage seiner Intuition folgende Gelegenheitswissenschaftler (der zum Glück manchmal fündig wird und etwas »entdeckt«) nur noch wenige Möglichkeiten.

So gesehen haben Boucher de Perthes, Hauser, Dubois und so viele andere in einer verqueren Weise »Glück« gehabt, in einer skeptischen und feindlichen Umgebung zu arbeiten. Sie haben schrecklich unter der Isolation und unter der Verachtung durch die Zeitgenossen gelitten. Aber heute würden sie vielleicht auf andere Weise leiden: Sie hätten Angst, daß man sie ihrer Entdeckungen »berauben« könnte.

Bei einem Versuch, die Ausschmückungen der Chauvet-Höhle zu »interpretieren«, müssen wir uns ein weiteres Mal bewußt machen, daß alle Vermutungen und »Schlußfolgerungen«, die wir heute ableiten können, zwangsläufig an unsere Zeit gebunden sind. Daß die Felswände, der Boden oder die Holzkohlenreste der Höhle in Pont-d'Arc ein Rätsel bleiben werden: das Rätsel von Menschen, die nicht mehr existieren, die in einer Zeit lebten, die wir Aurignacien genannt haben.

Wer waren diese Cro-Magnon-Menschen? Warum haben sie auf diese Weise die Wände der Höhle ausgeschmückt? Unsere Deutungsmuster sind in mancherlei

Hinsicht genauso grob und fragwürdig wie die Raster, die seinerzeit die Ethnologen angelegt haben, um über die Bräuche der sogenannten primitiven Stämme zu berichten. Hubert Reeves ruft in Erinnerung: »Diese Stämme malen nicht wie wir aus ästhetischen Gründen. Sie malen keine Bilder, damit diese schön sind. Der Begriff des Schönen ist ihren Werken zwar nicht fremd, er ist aber nicht das Entscheidende. Auf jeden Fall ist er weniger wichtig als der Wille, über den Schamanen eine Verbindung mit einem Jenseits herzustellen, mit ›irgendetwas‹.«

Es ließe sich an dieser Stelle natürlich einwenden, daß in unseren sogenannten zivilisierten Gesellschaften der Künstler nicht zwangsläufig aus einem »Ästhetizismus« heraus oder zum Zweck der Erzeugung von »Schönheit« malt. Auch sein Werk setzt sich mit »dem Anderen« auseinander, und möglicherweise liegt dessen Bedeutung gerade in der Qualität dieser Auseinandersetzung. Aber bei einer solchen Diskussion würden wir uns hier nur noch mehr in Kategorien verirren, die in erster Linie unsere eigenen sind, bedingt durch unsere Geschichte und unsere Sicht der Welt. So gesehen, ist Reeves Feststellung über den archaischen Menschen ganz zutreffend: Es ist höchst unwahrscheinlich, daß unsere Deutungen seiner schöpferischen Akte die Daseinsgründe dieser Schöpfungen wirklich angemessen ausloten können.

Allenfalls können wir im Anschluß an Élie Faure, Leroi-Gourhan und viele andere die Vermutung äußern, daß in der Felsbildkunst etwas zum Ausdruck gelangt, das einer Bewußtwerdung des Sakralen ähnelt.

Die Felsbildkunst ist eine Kunst des Dämmerlichts, des Halbdunkels, gezwungenermaßen oder auch intentional. Im Magdalénien konnte sich der Mensch nicht lange unter der Erde aufhalten, außer vielleicht, wenn er schlief. Dafür waren eine Vielzahl von Faktoren verantwortlich: die Luftfeuchtigkeit oder die sonst fehlende Verbindung mit den Zyklen des Mondes, der Sonne und der Natur überhaupt, die nur draußen im Freien wahrgenommen werden können. Die Beherrschung des Feuers hat zwar Licht, Wärme und Schutz mit sich gebracht, hat die Horden teilweise von der Abhängigkeit von den natürlichen Zyklen befreit. Sie hat aber auch neue Zwänge und Unannehmlichkeiten nach sich gezogen, die den psychischen Haushalt unserer entfernten Vorfahren belastet haben könnten. Das Feuer erlaubt einer bis zu diesem Zeitpunkt mehr oder weniger nomadischen Gruppe, sich an einem »Wohnort« niederzulassen, es sorgt aber auch für eine starke Rauchentwicklung. Dieser Rauch vermischt sich mit den Ausdünstungen der Horde: Atem, Kohlendioxid, Hitze ... In dieser Hinsicht ist es interessant festzustellen, daß es nicht lange gedauert hat, bis Lascaux für die Öffentlichkeit gesperrt und durch ein Lascaux II ersetzt worden ist.

Es stellt sich eine weitere Frage. Gab es neben dieser Kunst des Feuers und der vom Feuer durchdrungenen Finsternis nicht auch eine Kunst im Freien? Eine Kunst in Form von Skulpturen und Gravuren, die da und dort die Jagd- oder Weideplätze geschmückt haben und die durch die fortschreitende Zeit (Vegetation, Felsgeröll, Verwitterung und Unwetter) größtenteils wieder von der Erdoberfläche verschwunden sind? Und können wir heute wirklich sicher sein, daß eine so einzigartige Anlage wie die Chauvet-Höhle hauptsächlich eine Manifestation »sakraler« Kunst war, in der sich die Mitglieder der primitiven Horde wiedererkannten? Ein derartiges Talent, so wie wir den Begriff verstehen, eine dermaßen sichere Strichführung beim Künstler dieser Höhle gelten für uns heute als der Beweis für eine hohe soziale, kulturelle und ästhetische Entwicklungsstufe. Als Beweis für eine von Grund auf menschliche Auseinandersetzung mit den »Dingen hinter den Dingen«. Was hatte es damit wirklich für eine Bewandtnis? Was, von diesen wenigen, wenngleich einzigartigen Spuren abgesehen, bleibt uns wirklich von der Existenz dieser Horde? Fast gar nichts. Oder aber vielleicht auch ... das Wesentliche.

Im gleichen Jahr 1994, als man die Chauvet-Höhle entdeckt hat, wird bekannt, daß das Côa-Tal in Portugal bei der Errichtung eines Wasserkraftwerks überflutet werden soll. Die Felsklippen jedoch, die das Flußufer säumen, bergen ein einzigartiges malerisches und architektonisches Kunstwerk.

Der Archäologe Vitor Jorge Olivera erzählt: »Seit 1989 arbeitete ich zusammen mit meiner Frau in der Gegend um Foz Côa, und wir haben eine Wohnstätte aus der Bronzezeit freigelegt. Wir wußten es nicht, aber etwa fünf Kilometer Luftlinie entfernt war man gerade dabei, Felsgravuren aus dem Paläolithikum zu entdecken. Gravuren mit Auerochsen, Pferden und Horntieren. Das ganze Tal glich einer Art Riesenhöhle im Freien, in der die Figuren mit Vorbedacht auf besondere Felsen, manchmal übereinander gemalt worden sind. Das Ganze ergab ein Riesengemälde – einige Figuren waren zu einem bestimmten Zeitpunkt des Tages, je nach Stand der Sonne sichtbar, andere wiederum zu einem anderen Zeitpunkt, so daß sich eine Abfolge von Bildern ergab, die einander ergänzten. Das war uns sofort klar, und später haben wir es dann mit eigenen Augen gesehen. Sehr schnell ist uns die Bedeutung dieses der Sonne ausgesetzten Steinkunstwerkes bewußt geworden. Es fand hier zwischen diesen verschiedenen

Elementen ein Wechselspiel von Sichtbarem und Unsichtbarem statt. Die Stimmung ergänzte die Landschaft und verwandelte das ganze Areal in ein riesengroßes Denkmal.«

Zum Glück benachrichtigt Mila Simoens, eine andere portugiesische Archäologin, einen französischen Kollegen. Hier erfolgt der dritte Auftritt von Jean Clottes. Mila Simoens bittet ihn, dem portugiesischen Präsidenten zu schreiben, um ihn auf die Gefahr aufmerksam zu machen, die diesem wunderbaren Ensemble droht.

Jean Clottes erinnert sich: »Zwei Wochen später schickt mich die UNESCO nach Foz Côa, um die Gravuren zu begutachten. Es war einzigartig, eine der schönsten bekannten paläolithischen Fundstätten unter freiem Himmel. Damals kannte man weltweit etwa 15 solcher Stätten.«

Überall kommt es zu hektischer Betriebsamkeit: Archäologen und Schulkinder, Zeitungen und das Fernsehen, Europa und schließlich die ganze Welt werden aktiv. Die neue, bei den Parlamentswahlen von 1995 gewählte Regierung beschließt, die Bauarbeiten an dem Wasserkraftwerk zu stoppen und eine Expertenkommission einzusetzen, die die Felsmalereien von Côa untersuchen soll. Weiterhin soll diese Kommission bei der UNESCO den Antrag stellen, die Fundstätte als Weltkulturerbe einzustufen.

»Meines Wissens ist es das erste Mal«, stellt Jean Clottes erleichtert fest, »daß eine Regierung ein solches Bauprojekt zugunsten der Erhaltung einer archäologischen Fundstätte aufgibt.«

Mit Foz Côa setzt die Kunst unter freiem Himmel ihre sehr lange Geschichte fort: in der prallen Sonne, selbstbewußt und schamlos dem Wind, den wilden Tieren, den Naturgewalten und der Neugierde anonymer

Spaziergänger preisgegeben. Einst haben unsere Vorfahren die Natur gemalt und eingraviert. *Ihre* Natur, die heute auf monumentale Weise fortdauert. Die Kunst ist aus dem Feuer entstanden, aber auch aus dem Wind und dem Licht.

# XII

## Die Eroberung der Welt

»Die tieferen Ursachen für die Fähigkeit, in unbekannte Territorien vorzustoßen, liegen in dem außergewöhnlichen Anpassungsvermögen, das zu einem bestimmten Zeitpunkt entwickelt worden ist. Dieser Zeitpunkt liegt etwa 50 000 oder 40 000 Jahre v.u.Z., in einem Schwellenzeitalter, in dessen Verlauf die Menschheit mit der Besiedlung fast aller großen kontinentalen Flächen begonnen und sie erfolgreich durchgeführt hat.«

»Einfach ausgedrückt, scheint es vor 30 000 bis 40 000 Jahren überall Menschen gegeben zu haben, außer vielleicht in Amerika und in Australien. Diese Menschen werden sich aber bald von den Gebieten aus, die sie erreicht haben, weiter über die anderen Kontinente verteilen.«

*Jacques Cinq-Mars*

An dieser Stelle sollten wir einen Moment innehalten und nachdenken. Sogenannte »moderne« Menschen werden bald vielerorts auftauchen. Die fossilen Menschenreste beweisen dies. Die Welt wird nach und nach »besiedelt«. Aber woher kommen diese Menschen?

Wenn man sich der berühmten »Out of Africa«-Theorie (auch »Eva-Theorie« genannt) anschließt, die Alan Wilson und Mark Stoneking von der University of California oder auch Rebecca Kahn von der University of Hawaii sowie die große Mehrheit ihrer Kollegen vertreten, dann sollen diese Menschen alle Nachkommen von Lucy sein. Sie sind aus Ostafrika aufgebrochene Auswanderer, die sich 100 000 Jahre v.u.Z. sogar bis nach Amerika und Australien wagen werden, entlang dieser endlosen Süd-Ost-Nord-Route, die sie seit Anbeginn der Zeiten auf den euro-asiatischen Kontinent geführt hat.

Zwangsläufig sind freilich nicht alle ausgewandert. Einige sind vor Ort geblieben. Es heißt, und das scheint naheliegend, daß sie nur ganz langsam vorangekommen seien auf der Suche nach neuen Sammel- oder später Jagdgebieten. Jeder Schritt, den sie vollzogen haben, hat sie unwillkürlich geprägt und weiterentwickelt, fast möchte man sagen »modernisiert«. Will man unseren drei amerikanischen Wissenschaftlern weiter glauben, dann »zeigt die DNA-Analyse, daß sich die Menschen der Spezies, die auf der Erde ausschwärmen, nur selten mit Menschen eines primitiveren Typus wie den Neandertalern vermischen«.

Diese Behauptung stimmt einen nachdenklich. Entweder ist die Menschheit monophyletisch entstanden, wie von diesen Wissenschaftlern behauptet wird, oder aber doch aus verschiedenen »Kreuzungen«, worauf eben diese Bemerkung, wenn auch durch das Wort »selten« eingeschränkt, hindeutet. Wie jedoch kann man von

Vermischung oder Kreuzung sprechen, wenn wir alle unweigerlich von der schwarzen Eva (namens Lucy) abstammen sollen? Und *wer* sind diese verdammten Neandertaler, die keinerlei genetische Verbindung mit uns, die wir heute die Erde der Menschen bevölkern, haben sollen? Auf den ersten Blick sind sie der verschwundene Beweis für eine polyphyletische Herkunft der Spezies. Oder muß man sie für Tiere halten? Und auf die alte Legende zurückkommen, daß sie völlig legitim schon im kroatischen Kaprina von Kannibalen ausgerottet worden seien?

Ein weiterer amerikanischer Spezialist, Richard Klein, bringt eine andere Hypothese vor: »Vor 50 000 bis 40 000 Jahren«, schreibt er, »als der Vordere und der Mittlere Orient gleichermaßen von Neandertalern, die vielleicht auf die europäischen Neandertaler zurückgehen *[wo ist dann aber ihr Stamm?]*, und von den allerersten, vermutlich aus Afrika gekommenen ›modernen‹ Menschen besiedelt waren, scheint Ostasien von Menschen oder von Typen bewohnt gewesen zu sein, die offenbar weder Neandertaler noch moderne Menschen gewesen sind.«

Es gelingt uns entschieden nicht, uns von einer Grundannahme zu lösen, die uns unweigerlich – seit den Angriffen gegen Darwin – dazu treibt, um jeden Preis die Vorstellung abzulehnen, daß wir tierischer Herkunft sein könnten. Dennoch sind wir es – auch wenn wir die tierische Natur hinter uns gelassen haben, auch wenn wir das Werkzeug erfunden und das Feuer gebändigt haben, und auch wenn Gott in uns wohnt. (Diese letztgenannte Eigenschaft sprechen wir den anderen Kreaturen in der Regel ab, wenngleich wir größte Mühe haben, den »Beweis« anzutreten, daß diese Gnade vorzugsweise allein uns Menschen zukommt.) Im übrigen hat die Feststellung etwas Faszinierendes, daß der historische Mensch, wann immer er versucht, sich selbst zu definieren, er dies vor allen Dingen in Abgrenzung zum Animalischen, in Opposition zum »Tier« macht. Er ist und will das sein, was das Tier nicht ist, nicht sein kann. Die zahlreichen Merkmale, die er mit den anderen Spezies gemein hat, sind auf diese Weise entweder unterschätzt oder schlichtweg negiert worden. Dieses sture Bestreben, ob gerechtfertigt oder nicht, »anders« sein zu wollen, etwas »Besonderes« darzustellen, hat uns auf dem langen Weg zur Beherrschung und zur Inbesitznahme der Natur immer begleitet. Dutzende Wörterbücher und Lexika würden nicht ausreichen, um all jene Definitionen des Menschen durch den Menschen aufzuzählen, die sämtlich auf dieser Differenzierung beruhen. Wir wollen nur ein Beispiel herausgreifen, das wir Jules Renard verdanken: »Es sind die Geldsorgen, die uns von den Tieren unterscheiden.«

Je mehr wir in der Vorgeschichte des Menschen voranschreiten, desto mehr Zweige des Stammbaums schieben wir vor uns zur Seite, wie es sicherlich unsere Vorfahren auf ihrem langen, langsamen Marsch in die modernen Zeiten getan haben. Und desto stärker drängt sich die Vorstellung der »Pluralität« vor, zumindest scheint sie bei jeder Gelegenheit auf. Denn wenn wir nicht die unzähligen aus Lucys Uterus hervorgegangenen Sprößlinge sind, ist die Hypothese von der *Vielfalt der Spezies*, von der polyphyletischen Herkunft des Menschen, die plausibelste. Die verschiedenen Geburtsstätten, falls es sie denn gegeben hat, haben parallel verlaufende Geschichten gehabt, in denen sich die Typen und die Unterschiede deutlich voneinander abgegrenzt haben. Dann ist es zur Zeit der großen Wanderungen zu Begegnungen gekommen, zu jenen Zusammentreffen, die immer auf Krieg und/oder Koitus hinauslaufen.

Die große afrikanische Wanderung selbst hat diese Wanderer zwangsläufig von Generation zu Generation verändert. Etwas vorschnell vergißt man gerne die gewaltige Zeitspanne, die diese Eroberung des Planeten in Anspruch genommen hat. Das Wetter, der Zufall, das Klima, Flora und Fauna, die Ernährungsgewohnheiten, die mehr oder weniger ergiebigen Ressourcen der besiedelten Territorien – all diese Faktoren haben zwangsläufig zu großen Unterschieden zwischen den Wesen geführt, die zig Jahrtausende vorher aus dem gleichen Stamm hervorgegangen waren. Ähnlich wie bei den Hirten aus dem Département Landes in Südwestfrankreich, die in der Neuzeit irgendwann ihre traditionell benutzten Stelzen an den Nagel gehängt haben und nach Kalifornien ausgewandert sind, so dürften sich auch bei unseren mutigen Eroberern zwischen der ostafrikanischen Wiege und der eurasischen oder amerikanischen Odyssee sehr viele Dinge verändert haben. Deshalb sollten wir uns vorläufig mit der Vermutung zufriedengeben, daß sich Lucys leibliche Kinder sehr verändert haben und daß sie Mischlingen verschiedener Spezies begegnet sind, deren Väter und Mütter wir bislang noch nicht kennen.

Im Grunde wissen wir, wo der wunde Punkt liegt. Wir haben Angst. Und diese Angst ist so stark und so fest in uns verwurzelt, daß sie während des ganzen Romans von der Entdeckung der Vorgeschichte niemals gewichen ist. Sie hat sich sogar in die wissenschaftliche Forschung eingeschlichen. Denn was wir so unendlich fürchten, wenn wir weiter graben, kratzen und schaben, das ist, eine »Wahrheit« zu entdecken, die uns von vorneherein als nicht akzeptabel erscheint.

Und wie, wenn wir nicht von ein und demselben Stamm wären? Wenn wir infolge der verschiedenen Geburtsstätten auf völlig unterschiedliche Spezies zurückgehen würden? Eine Vorstellung quält uns, nämlich das Bild von Otto Hausers Faktotum, das die beiden von seinem Chef gefundenen Schädel präsentieren: den Neandertaler und den Cro-Magnon. Aus dem ersteren macht er einen urtümlichen, verschlossenen Negroiden, und aus dem anderen einen aufgeschlossenen, verfeinerten Kaukasier. Die hier lauernden Gefahren liegen auf der Hand. Es sind zwei Eckpfeiler unserer historischen Zivilisation, die hier erschüttert werden könnten, und zwar durch die, die vor einer rein mechanistischen Deutung einer solchen Entdeckung nicht zurückschrecken würden. Da ist zunächst einmal unsere enge Bindung an die heiligen Schriften, die in ihrer wörtlichen Auslegung natürlich nur eine einzige, einmalige menschliche »Spezies« in Erwägung ziehen. Da ist weiter unsere Beziehung zum Anderen, zum Fremden, die dadurch betroffen würde, daß den Theorien der Rassentrennung eine scheinbar wissenschaftliche Grundlage gegeben werden würde.

Im Grunde wäre ja nichts »Schlimmes« oder »Schwieriges« dabei, eine Vielfalt von Geburtsstätten und Stämmen zu akzeptieren, wenn diese Hypothese wissenschaftlich bewiesen wäre. »Nehmen wir unsere Unterschiede als Bereicherung«, schrieb Paul Valéry. Bereichern wir uns also an der Symbiose und am Austausch, an den in grauer Vorzeit verlorenen Auseinandersetzungen und Annäherungen. Dies könnte einer hypothetischen Entwicklungslinie, deren »wahre Geschichte« wir nicht kennen – und die Abertausende von Generationen umfaßt und sich von einem Kontinent zum anderen bewegt hat –, einen ebenso »menschlichen« Charakter verleihen wie irgendeiner anderen Linie, die genauso unfaßbar und »unbekannt« ist.

Weder diese Angst noch unsere Furcht vor irgendwelchen ideologischen Entgleisungen – die ebenso »aktuell« wie lächerlich sind in Anbetracht einer Geschichte, die Zigmillionen Jahre umfaßt – dürfen dazu führen, daß wir eine derartige Hypothese von vorneherein verwerfen. Mit der stillschweigenden Erlaubnis meines Großvaters und aller meiner Vorfahren weit über ihn hinaus erkläre ich mich hier und jetzt zum Neandertaler und ich bin stolz darauf, einer zu sein.

Die Geschichte des Menschen aus jener Zeit ist unglaublich. Der Reisende, der unermüdlich Savannen, Wälder, Schluchten und Berge urbar gemacht hat, ist dank seiner kontinuierlich fortschreitenden Anpassung ein »moderner Mensch« geworden. Die Daten seiner allmählichen Besiedlung aller Winkel dieser Erde sind zwangsläufig Schätzungen. Sie lauten gewöhnlich wie folgt (in Jahren v.u.Z.):

- bis vor 100 000 Jahren:
  in den Höhlen am Berg Carmel in Kleinasien;
- bis vor 67 000 Jahren:
  in Liukiang in Südchina;
- bis vor 50 000 Jahren:
  in Australien, wo die Besiedlungsstätten derzeit unter dem Wasserspiegel liegen;
- bis vor 25 000 Jahren:
  in Sibirien;
- bis vor 15 000 Jahren:
  an der nach ihrem Entdecker benannten Beringstraße, die Asien und Amerika trennt.

Diese wenigen »Daten«, wenngleich sie ungenau, nicht gesichert und infolge neuer Entdeckungen jederzeit wieder verwerfbar sind, haben dennoch den Vorzug, daß sie den möglichen Verlauf der Eroberung des Planeten Erde durch die Vorfahren unserer Spezies in groben Zügen skizzieren. Nietzsche hatte schon recht: »Was die Größe des Menschen ausmacht, das ist die Tatsache, daß er ein Alles ist und kein Ziel ... ein über den Abgrund gespanntes Seil.«

Wenden wir uns dem Ozean zu. Für unsere Vorfahren, sogar für die »modernen«, ist er die absolute Grenze, das Ende der bewohnten Welt. Dennoch findet sich der Mensch nicht damit ab. Vielleicht hat er während einer Eiszeitperiode die magische, gefährliche Verwandlung beobachtet – oder ist ihr ganz einfach gefolgt –, die das Wasser in Eis verwandelt, das Flüssige fest macht, den Ozean in einen Kontinent verwandelt?

Es war jedenfalls, so scheint es, bei dieser Gelegenheit, daß er sein Glück versucht hat. Die Bildung einer riesengroßen Eiskappe an beiden Polen pumpt gewissermaßen das Grundwasser ab, trocknet es aus und führt zu einer gewaltigen Senkung des Meeresspiegels: mehr als 100 Meter zum Beispiel am Mittelmeer.

Es ist wie bei einem Kampf der Titanen: Die strenge Kälte verwandelt das Wasser in Eis und bildet so einen mehrere hundert Kilometer breiten Weg, der Nordsibirien vorübergehend mit Alaska verbindet. Diese Millionen von Kubikmetern Eis werden den Ozeanen abgewonnen, sogar den entferntesten und wärmsten, die aus diesem Grund teilweise austrocknen. Die Inseln in der Nähe des asiatischen Kontinents sind zeitweise mit dem Festland verbunden – das unsichtbare Australien wiederum liegt nunmehr näher an den Inseln, von denen es im Norden umgeben ist. Das Abenteuer einer Überquerung scheint weniger riskant zu sein. Aber wie konnten unsere Vorfahren das wissen?

Die Eroberung dieser beiden, anscheinend von jeder menschlichen Präsenz noch gänzlich unberührten Territorien im Norden beziehungsweise im Süden wird nunmehr möglich. Logischerweise darf man davon ausgehen, daß beide Territorien in einem geringen zeitlichen Abstand besiedelt worden sind.

Zunächst der Norden.

Aller Wahrscheinlichkeit nach soll es so gewesen sein, daß sich die Neandertaler im Sommer in die von Schnee und Wind befreiten Tundren vorgewagt haben. Man inspiziert und erkundet das Gebiet, bis man schließlich das Lager wieder abbricht, um in gemäßigtere Zonen zurückzukehren. Dank der Evolution ist der *Homo sapiens sapiens* besser ausgerüstet als seine Vorgänger. Er ist zwar nicht so hartnäckig im Verfolgen seiner Ziele, dafür aber ist er sich der Gefahren bewußter und eher in der Lage, sie auch zu meistern. So hat man zum Beispiel Werkzeuge aus Hirschgeweihen gefunden, die ein Beleg dafür sind, daß er ausgerüstet war wie ein »Weltenbummler«. Auch sind Nadeln gefunden worden, durch die ein Nadelöhr gebohrt worden ist: ein Beweis dafür, daß der Neandertaler Kleider aus Tierhäuten nähen konnte. Weiterhin wäre hier an die Wurfspieße zu denken, die es dem »modernen« Jäger erlauben, seine Beute aus der Entfernung zu erlegen, ohne sich im Zweikampf mit ihr messen zu müssen.

Diese neuen Eroberer sollen sich zwischen 27 000 und 13 000 Jahren v.u.Z. am Don niedergelassen haben. Natürlich bedienten sie sich bereits des Feuers und lebten in Behausungen, die halb in die Erde eingelassen waren und deren Dach von gekreuzten, mit Leder bezogenen Mammutstoßzähnen gestützt wurde.

Diejenigen also, die aufbrechen werden, um den Hohen Norden zu entdecken, sind mental und technisch für die zu erwartenden Schwierigkeiten gerüstet. Haben sie einen günstigen Augenblick für den Aufbruch abgewartet? Sind sie von den klimatischen Unwägbarkeiten und von ernährungsbedingten Zwängen dazu getrieben worden, ihr Glück in der Fremde zu versuchen? Auf jeden Fall türmt sich vor ihnen ein unüberschaubares Labyrinth auf, ein verworrenes Universum aus Wasser und Eis, das sie von dem weißen Kontinent auf der anderen Seite trennt, der so nah und so fern zugleich erscheint. Unerbittliche Böen jagen über diese unförmige Welt, in der eine schneidende Kälte herrscht, die manchmal über 60 Grad unter Null beträgt.

Diese Verhältnisse dauern an bis zu dem Zeitpunkt, als die letzte Eiszeit zweimal die großen Flächen des Nördlichen Eismeers erstarren läßt: zunächst zwischen 50 000 und 40 000 Jahren v.u.Z., danach noch einmal zwischen 25 000 und 14 000 Jahren v.u.Z. Während dieser Zeitspannen sind die Tschuktschenhalbinsel und die Spitze Alaskas vorübergehend durch eine gewaltige Eisstraße miteinander verbunden.

Im 18. Jahrhundert wird dieses Gebiet von dem dänischen Seefahrer Vitus Bering erforscht, nach dem die von ihm entdeckte Meeresstraße sowie die Region an der äußersten Spitze Alaskas benannt sind. Daß er bei seiner letzten Reise zusammen mit den meisten Expeditionsmitgliedern auf schreckliche Weise umgekommen ist, belegt eindringlich die Unwirtlichkeit der Gegend. Und für uns ist es beinahe unvorstellbar, wie die armen prähistorischen Horden unter diesen Bedingungen die fürchterliche Weite aus Schnee und lauernden Gefahren überqueren konnten, nur mit Tierhäuten bekleidet und mit Wurfspießen und Feuersteinspitzen bewaffnet. An diesem unwirtlichen Ort hat der kanadische Prähistoriker Jacques Cinq-Mars 30 Jahre lang die Felsüberhänge und Höhlen erkundet – auf der Suche nach möglichen Spuren einer menschlichen, wenn auch nur vorübergehenden Besiedlung, die in diese letzte Vereisungsperiode zurückreicht. Im Norden des Yukon-Territory, in diesem ehemaligen Land der Mammuts, Steppenbisons, Pferde, Antilopen, Rentiere und zottigen Löwen, hat er nach Fossilien gesucht, von denen aus sich mit Sicherheit auf die Präsenz des *Sapiens sapiens* würde schließen lassen. Auf seiner zweiten Expedition hat er eine bedeutende Entdeckung gemacht, wobei er sich der gleichen Vorgehensweise bediente wie einst Boucher de Perthes in der Bucht der Somme: Er konzentrierte sich auf den Zusammenhang zwischen einem Feuersteingerät und einer »Knochenkiste«; immer wieder also das Werkzeug als Nachweis für den Menschen. Die Funde sind zwar spärlich, nicht mehr als eine Handvoll, aber aus der Tatsache, daß sie allesamt aus derselben Fundstätte stammen, ergibt sich ein vollkommen neues Bild von der großen Reise unserer Vorfahren nach Amerika.

Hier also sollen sie vorübergekommen sein. Wann genau? Seine Pfeife rauchend, kneift Jacques Cinq-Mars im beißenden Rauch eines Holzfeuers die Augen zusammen, als er erzählt: »Dank der Ablagerungsschichten, die 14 000, 15 000 oder vielleicht sogar 30 000 Jahre alt sind, verfügen wir über ausreichende Belege für die Vermutung, daß die Menschen, die Amerika erobert haben, hier an der Beringstraße ihr Lager aufgeschlagen haben, und zwar vor mindestens 40 000 Jahren.« Das würde ungefähr der vorletzten großen Eiszeit entsprechen.

Auch in dem Fall, daß die Eroberung Amerikas 30 000 Jahre später stattgefunden haben sollte, kann man davon ausgehen, daß diese Gruppen prähistorischer Kundschafter und deren Nachkommen sich auf den neuen Territorien angesiedelt und dort einigermaßen eingerichtet haben, bis sie von einer warmen Klimaperiode »überrascht« worden sind, die 12 000 Jahre v.u.Z. eingesetzt hat.

Das wärmere Klima und in der Folge das Wiederansteigen des Meeresspiegels sowie das Abschmelzen der riesigen Eisklippen hätten diesen ersten Auswanderern unweigerlich den Rückweg abgeschnitten.

Sie sind also dort geblieben, haben Wurzeln geschlagen und Nachkommen gezeugt. In den *Blue Fish Caves* (Blaufischhöhlen) im Norden des Yukon-Territoriums hat man nach langen Grabungen schließlich die Zeugnisse einer gleichzeitigen Präsenz von Mensch und Tier zutage gefördert. Jacques Cinq-Mars, der sich nicht hatte entmutigen lassen, staunt nun über das phantastische Anpassungsvermögen der Entdecker, die sich an unmenschliche Temperaturen und an die unbeugsamen Blizzards gewöhnen können, die ihre Gewaltmärsche erschweren. Er bewundert ihre Neugier, die sie jeden Tag etwas weiter von ihrem ursprünglichen Gebiet fortführt, ohne daß sie jemals einen Blick zurückwerfen. Heutzutage sind es die Inuit, die mit ihren Schlitten und ihren Hunden diese von kalten Winden gepeitschten Eistäler durchqueren, auf den Spuren derjenigen, die noch zu »archaischen« Zeiten die Neue Welt erobert haben. Im Gegensatz zum Historiker, der sich auf unbestreitbare Beweise und auf echte Dokumente stützt, ist der Prähistoriker ein Erdarbeiter, der die Anfänge der Welt aus dem Boden gräbt. Indem er von einem durchbohrten Zahn ausgeht und sich ausschließlich auf seine Vorstellungskraft verläßt, muß er eine Epoche rekonstruieren, die geradezu Schwindel zu erregen vermag.

Und wenn jetzt, nur einmal angenommen, der *Homo sapiens sapiens* nicht zuerst über den Norden, sondern über den Süden des amerikanischen Kontinents gekommen wäre?

Wie wär's mit Kap Horn oder mit Feuerland? Da, wo Charles Darwin auf der Seereise auf der *Beagle* begonnen hatte, seine Evolutionstheorie zu entwickeln? Professor Denis Vialou, der im Bundesstaat Mato Grosso (Brasilien) sehr aufschlußreiche Ausgrabungen geleitet hat, ist dort zu der Überzeugung gelangt, daß vermutlich 40 000 Jahre v.u.Z. – vielleicht sogar noch früher – sich dort eben jene als »modern« bezeichneten Menschen niedergelassen und Nachkommen gezeugt haben. Die Felsgravuren belegen dies, ebenso die dortigen Abbildungen von weit geöffneten oder zu Fäusten geballten Händen, die uns die gleichen Zeichen zu geben scheinen wie die in der Dordogne. Diese Einwanderer müssen sich die Umwelt mit der damaligen Fauna geteilt haben, unter anderem mit dem Riesenfaultier, dessen Nachkommen zwar kleiner geworden sind, die aber immer noch in den Wäldern umherstreifen.

Ein weiteres Mal sehen wir, wie eine neue Entdeckung ein völlig neues Licht auf das Gesamtbild der Spezies wirft und erneut die Frage nach der monophyletischen Herkunft der Menschheit aufwirft. Inständig harren wir auf eine Antwort, geben die Hoffnung nicht auf, daß man uns endlich sagt, welche Hypothese die richtige, zumindest die wahrscheinlichere ist. Dennoch müssen wir uns damit abfinden, daß der Schlüssel – wenn er noch existiert – tief im Inneren der Erde verborgen liegt und wir nicht einmal wissen, ob er jemals das Tageslicht sehen wird.

Nur ein Beispiel: Wie soll man sich den Umstand erklären, daß der Mensch in Australien Fuß gefaßt hat, nachdem er in Afrika geboren worden ist? Für unsere Vorfahren – ganz gleich, wie »alt« sie sind – ist der australische Kontinent immer ein unsichtbares, weil unerreichbares Land gewesen. Im Gegensatz zu Amerika – ob dieses nun von Norden oder von Süden her erreicht worden ist – ist Australien nie mit einem anderen Kontinent (in diesem Fall Asien) verbunden gewesen. Diese riesengroße Insel kann also in der konkret erfahrenen Lebenswelt dieser prähistorischen Menschen nicht existent gewesen sein.

Professor Bernard Vandermersch, der sich insbesondere in der australischen Vorgeschichte hervorragend auskennt – in der man übrigens wieder die schon bekannten »magischen« Hände auf den Felswänden findet –, gelangt zu der Feststellung, daß diejenigen, die auf diesem Kontinent an Land gegangen sind, unter allen Umständen mit einem Wasserfahrzeug gekommen sein müssen, so primitiv dieses auch gewesen sein mag. Für die Verfechter einer einzigen Geburtsstätte der Spezies liefert das Beispiel Australiens einen bedeutenden neuen Gesichtspunkt: die Geburtsstunde des Seefahrers. Für die Gegner der monophyletischen Herkunft wäre ein besiedeltes, unerreichbares Australien natürlich der Beweis für die mannigfaltigen Geburtsstätten der Menschheit.

Vandermersch stimmt mit Cinq-Mars darin überein, daß die Menschen etwa 40 000 Jahre v.u.Z. begonnen haben, die See zu beherrschen (früher hatte man einen Zeitraum von 100 000 Jahren v.u.Z. angenommen). Aufgrund des derzeitigen Kenntnisstandes scheint die von 40 000 Jahren ausgehende Hypothese die plausibelste zu sein. Die Techniken der Schiffahrt sind vermutlich noch sehr unterentwickelt gewesen. Das Baumaterial muß Holz gewesen sein, das naturgemäß morsch werden und verrotten konnte und das einem hohen Seegang hoffungslos ausgeliefert war. Und wer soll sich dieser floßähnlichen Boote bedient haben? Es sollen Menschen aus Südostasien gewesen sein, die ein gewisses Können in der Küstenschiffahrt entwickelt und sich bis zu den zahlreichen Inselgruppen vor der Küste und auf offener See vorgewagt haben sollen.

Cinq-Mars verweist auf die Möglichkeit einer ausgeprägten »Anpassung« an die Eigengesetzlichkeiten des Meeres und auf die Fähigkeit, »blind« zu navigieren. »Ganz gleich, wie hoch der Meeresspiegel gewesen ist«, betont Cinq-Mars, »man konnte damals nicht wissen, daß vor einem Australien lag« – jenes Australien, das manche als die erste »Neue Welt« des *Homo sapiens sapiens* bezeichnen.

Dieses große Australien umfaßte das eigentliche Australien (die Insel) sowie Tasmanien und Neuguinea. Es lag vor Zigmillionen Jahren auf der Höhe von Asien, bis es sich davon abtrennte. Bei dieser Trennung scheint auch die vorhandene Fauna zweigeteilt worden zu sein: auf der einen Seite die meisten auf dem asiatischen Kontinent verbliebenen Säugetiere, Affen, Tiger, Schweine oder Elefanten; und auf der anderen Seite in Australien die Känguruhs, Koalas und Wombats.

Nachdem sich Australien auf diese Weise vom eurasischen Kontinent abgespalten hatte, soll es darauf gewartet haben, daß der *Homo sapiens sapiens* einen ausreichenden Kenntnisstand in Sachen Schiffahrt erreichte, um dann von diesem Menschen besiedelt zu werden. Wenn dem so gewesen ist, dann hält Australien, fernab vom Rest der Welt, als eine Art sagenhafte Arche Noah mit allem, was darauf kreucht und fleucht, für die ersten an Land kommenden Menschen eine Überraschung bereit: ein ihnen noch gänzlich unbekanntes Bestiarium. Bernard Vandermersch streicht die beiden Vorteile heraus, in deren Genuß diese Neuankömmlinge, anders als die Erkunder der Beringstraße, kamen: die im allgemeinen ruhigen und warmen, folglich für die Schiffahrt geeigneten tropischen Gewässer sowie die praktischen Fähigkeiten dieser an der Küste lebenden Fischer mit ihren ausgehöhlten Baumstämmen, ihren Pirogen mit Staken oder anderen Booten.

Die von verschiedenen Seiten angegebenen Daten für diese »Landung« stimmen überein. Sie bewegen sich immer zwischen den zwei letzten Eiszeiten, innerhalb einer Zeitspanne, die von 37 000 bis 28 000 Jahre v.u.Z. reicht. Diese Angaben tragen den beiden wesentlichen Kriterien Rechnung, nämlich den optimalen klimatischen Bedingungen und dem Stand des technischen Könnens der Reisekandidaten. Im Hinblick auf das seefahrerische Können bringt Bernard Vandermersch eine neue Hypothese vor: Die Erhöhung des Meeresspiegels infolge einer warmen Klimaperiode habe nämlich die Bewohner der Inselgruppen entlang der asiatischen Küste gezwungen, ihre Ansiedlungen zu verlassen. Dabei seien sie, ohne es zu wollen, bis zur australischen Küste abgedriftet.

Die Frage liegt nunmehr nahe, welche Funde denn in Australien gemacht worden sind.

Der große Felsüberhang von Malakunanja im Arnhemland hat Spuren eines Lagerplatzes freigegeben, unter anderem Steinwerkzeuge, die etwa 50 000 Jahre alt sein sollen. Was wiederum bedeutet, daß die Eroberung Australiens in die Jahrhunderte vor der ersten Eiszeit zurückreicht. Und in Australien, genau wie im Mato Grosso und an einer Vielzahl anderer Fundorte weltweit, kehrt das verstörende Bild dieser herbeirufenden oder abweisenden Hände auf den Wänden wieder. Was bedeuten sie? An wen wenden sie sich mit ihrer Geste?

An ihre Zeitgenossen? An die Menschen der Zukunft? Sind sie nicht in jedem Fall der Beweis für die monophyletische Herkunft dieser Stämme, die sich durch Zehntausende von Kilometern und Hunderte, wenn nicht Tausende von Jahren getrennt, angeschickt haben, das gleiche Zeichen auf die Felswände ihrer Höhlen zu malen?

Die australischen Aborigines empören sich manchmal über das Schicksal, das ihren ältesten Vorfahren widerfährt, sobald sie aus einer prähistorischen Fundstätte ausgegraben werden. Die Wissenschaftler reißen die Funde an sich und verfahren damit auf ihre Weise, das heißt, sie gehen wissenschaftlich damit um. Die Aborigines dagegen würden sie lieber wieder an der Fundstelle begraben, damit sie in alle Ewigkeit ruhen können. Sie empören sich darüber, daß die Funde in den Glaskästen der Museen wie Objekte zur Schau gestellt werden, was nach ihrem Empfinden eine Blasphemie darstellt.

Dieser Widerspruch zwischen den Überzeugungen der Einheimischen und denen der europäischen Siedler ist nicht nur im Falle Australiens festzustellen. Erst kürzlich kam es zu einem seltsamen Vorfall in der Stadt Columbia in den Rocky Mountains.

Jacques Cinq-Mars erzählt: »Wir hatten ein sehr schönes Skelett gefunden. Es war gut erhalten und, was selten vorkommt, nahezu vollständig. In einem Beckenknochen steckte eine Feuersteinspitze. Die Wunde war gut verheilt, und dieser Mensch hatte die Verletzung überlebt. Die Forscher, die das Skelett untersuchten, kamen sehr rasch zu dem Ergebnis, daß es sich um einen etwa fünfzigjährigen Mann handelte, ein vergleichsweise hohes Alter in Anbetracht der damaligen Lebenserwartung der einheimischen Bevölkerungsgruppen. Den ersten Untersuchungsergebnissen nach soll es sich um ein Individuum mit kaukasoiden Merkmalen handeln, mit anderen Worten: wahrscheinlich um einen Weißen, vermutlich ein Siedler, der in den Nordwesten gekommen und dort an einen Ureinwohner geraten ist. Das Labor hat das Skelett auf 9 300 Jahre vor Christus datiert ...«

Es ist nicht das einzige in der Neuen Welt entdeckte Exemplar. Es existieren noch mindestens 20 weitere Funde, aber dieses Skelett scheint das am besten erhaltene zu sein. Jacques Cinq-Mars setzt diesen Fund in Zusammenhang mit einer sehr frühen Besiedlung Amerikas, die auf 12 000 bis 11 000 Jahre v.u.Z. zurückgeht. Vielleicht handelt es sich um einen Vertreter jener aus dem Norden gekommenen Siedler, die sich niedergelassen und die vielleicht nie die Absicht oder auch nicht die Möglichkeit gehabt haben, die Reise wieder in umgekehrter Richtung zu machen. Falls letztere Annahme zutrifft, wer war dann dieser »Ureinwohner«, von dem Cinq-Mars spricht? Der Nachfahre einer ersten Welle von Eroberern, die 20 000 Jahre früher eingetroffen sind?

Es liegt auf der Hand, daß die Entdeckung des Siedlers von Columbia heftige Kontroversen ausgelöst hat, besonders in den Vereinigten Staaten. Jacques Cinq-Mars berichtet: »Die Ureinwohner, die Nachkommen der Indianerstämme, sagen ›Er gehört uns!‹ und verlangen seine Rückgabe. Und dann gibt es Weiße, die dagegen protestieren und behaupten ›Er ist kaukasoid, also ein *echter* Ureinwohner!‹ Folge des Streits: ein aufsehenerregender Prozeß. Derweil lagert das Skelett im Gefängnis. Es scheint, daß der Sheriff die Aufgabe hat, es zu bewachen, bis die Richter am Gerichtshof über die Identität des Skeletts entschieden haben.«

Welch phantastisches Gerangel um ein einziges 9000 Jahre altes Skelett! Für die Nachkommen der Indianer ist es zwangsläufig ein Indianer. Für die Nachfahren der *Mayflower* wiederum würde es ihre Besiedelung Nordamerikas im Nachhinein »rechtfertigen«: Sie hätten in dem Fall ja nur ihren »Besitz« wieder an sich genommen.

Über den komischen bis lächerlichen Beigeschmack dieser Geschichte hinaus müssen wir einräumen, daß der Roman der Vorgeschichte – der Roman der Menschheit – sich nie völlig und vermutlich immer weniger der ideologischen Ausschlachtung seiner Folgekapitel wird entziehen können. In den Anfangsjahren ist er das Opfer der Verweigerung und des Bannfluches gewesen, wie Boucher de Perthes, Darwin oder Dubois es haben erleben müssen. Aber obwohl der Roman des Menschen sich davon befreit und geglaubt hat, sein wissenschaftliches Erwachsenenalter erreicht zu haben, lauert nunmehr eine andere Gefahr auf ihn, die in gewisser Hinsicht sogar schlimmer ist: die Gefahr der Interpretation. Einer Interpretation, die jedesmal den Ideologien Rechnung trägt, die zum Zeitpunkt der jeweiligen Entdeckungen vorherrschen.

Was nun? Monophyletische oder polyphyletische Herkunft? Polyphyletische Herkunft von Wesen ein und derselben Spezies, die trotz aller Verschiedenheit eine Einheit bilden? Wie dem auch sei, in jedem Fall handelt es sich nach der heute allgemein akzeptierten Hypothese um ein Wesen, das sich aufgerichtet hat und das vorangeschritten ist, solange es festen Boden unter den Füßen hatte. Ein Wesen, das nach und nach sämtliche ihm noch unbekannten Räume erobert hat. Ein Wesen, das in der Lage war, sich in einen Fisch zu verwandeln, um die Ozeane zu überqueren, und das sich heute anschickt, ein Vogel zu werden, um den Himmel und das Weltall zu erobern. Ein Wesen, von dem Chateaubriand sagte, daß es »nicht reisen muß, um über sich hinauszuwachsen, denn es trägt die Unendlichkeit in sich«. Der Mensch also, der nie aufgehört hat, diese Unendlichkeit, die er in sich trägt, an der Unendlichkeit der Welt zu messen.

# XIII

# Von der Horde zur Siedlung

»Es herrscht die Ansicht vor, daß das Neolithikum ohne Zweifel dem Sündenfall gleichkommt. Es handelt sich um jenen Moment, von dem an der aus dem Paradies vertriebene Mensch nicht mehr allein von den Früchten der Natur lebt, sondern im Schweiße seines Angesichts arbeiten muß, um seinen Fortbestand zu sichern ... Das Neolithikum ist letztlich das Ende des Lebens.«

»Man kann die Frage aufwerfen, ob das Neolithikum nicht nur die Herrschaft des Menschen über die Materie bedeutet, sondern auch und in erster Linie die Herrschaft des Menschen über sich selbst. Denn die Herrschaft der Macht und die soziale Rangordnung sind bereits im Neolithikum ausgeprägt.«

»In den kleinen Dörfern des Neolithikums hatte vermutlich jeder die Möglichkeit, sich an der Entscheidungsgewalt zu beteiligen, sofern die Gemeinschaft insgesamt betroffen war. Als die Dörfer eine bestimmte Größe erreichten, mußten die Machtbefugnisse delegiert werden. Allmählich entstand eine Art Pyramide, auf der eine bestimmte Zahl von Personen in unterschiedlichem Ausmaß die Möglichkeit hatten, ihren Willen durchzusetzen. Die Vertreter an der Spitze der Pyramide trachteten danach, sich ihre privilegierte Stellung zu bewahren.«

*Jean Guilaine*

Ein magisches Wort: die Steinzeit. Sie beginnt etwa 12 000 Jahre v.u.Z. Die Steinzeit bildet eine Brücke zwischen dem Paläolithikum und dem Neolithikum. Der Nomade läßt sich endlich nieder und wird vorübergehend oder endgültig seßhaft. Während dieser langen Zeitspanne, in der der Hordenmensch sich allmählich »sozialisiert«, wird der Stein eine herausragende Rolle spielen. Er versorgt die Menschen mit dem Grundmaterial zur Herstellung von Waffen und kleinen Werkzeugen, mit den sogenannten Mikrolithen in verschiedenen Formen, die etwa als Schaber oder als lange oder flache Harpunen dienten.

Wenn alle notwendigen Voraussetzungen gegeben sind, dann lassen die Veränderungen in den Verhaltensweisen nicht lange auf sich warten. Wie bei einer Reihe Dominosteine werden nach und nach alle Lebensäußerungen durch einen gewissen technischen Fortschritt und auch durch die Rollenverteilung innerhalb der Gruppe verändert. André Leroi-Gourhan etwa hat den Verlauf des technischen Fortschritts veranschaulicht, der es nunmehr den »Facharbeitern« erlaubt, die optimale Abstimmung zwischen der Länge der Schnittkante des Werkzeugs und der verwendeten Materialmenge zu erzielen. Diese ständig fortschreitende Verbesserung des Werkzeuges, die nicht bloß das Ergebnis des Zufalls ist, zeugt von einem intensiven Nachdenken über die bestmögliche Anpassung der Mittel an die gesteckten Ziele. Anders gesagt, diese Perfektionierung ist der Beweis für eine zu dem Zeitpunkt bereits komplexe Form der Wirtschaft und der gesellschaftlichen Organisation. Und überdies der Beleg für die einsetzende Seßhaftigkeit. Das Neolithikum steht unmittelbar bevor, und es scheint der bis auf ihre frühesten Ursprünge zurückgehenden Wanderung der Spezies ein Ende zu setzen.

Aus den einstigen Sammlern und den gelegentlichen Kannibalen werden nunmehr Jäger, die Tiere jagen und schlachten, vornehmlich Rentiere. Die ursprünglichen Vegetarier haben sich zwangsläufig zu Allesessern entwickelt. Sich auf die Fährte von Herden setzend, ziehen sie umher und leiten auf diese Weise eine radikale Wende ein, in deren Folge sie sich zu seßhaften Ackerbauern entwickeln werden.

Die Höhle in Mas-d'Azil im Département Ariège in den Pyrenäen ist das repräsentativste Zeugnis einer neuen Rasse von Menschen, die man die Magdalénien-Menschen nennt – nach einem anderen Fundort, nämlich der Höhle La Madeleine in der Dordogne. Alles deutet darauf hin, daß Mas-d'Azil während einer sehr langen Zeit der wichtigste saisonale Treffpunkt für Menschengruppen gewesen ist, die sich zwar voneinander unterschieden, die aber dennoch auf einem großen Gebiet »nebeneinander« lebten. So folgte eine Gruppe der anderen, in dieser naturgegebenen Behausung, deren Schichtenfolge einem zwanzigstöckigen Gebäude entspricht.

Nach den insgesamt 76 Skeletten von Magdalénien-Menschen zu urteilen, die man sowohl in Europa als auch in Asien gefunden hat, sind sie am Ende des Paläolithikums, zwischen 18 000 und 10 000 Jahre v.u.Z., auf der Bildfläche erschienen. Es soll sich um Jäger gehandelt haben, die in Gruppen von etwa 25 Individuen lebten. Ihre durchschnittliche Lebenserwartung lag bei ungefähr 20 Jahren. Etwa 10 bis 12 % erreichten ein Alter von circa 40 Jahren. Jedoch war keine einzige Frau unter den ausgegrabenen Fossilien älter als 30 Jahre geworden. Außer in Mas-d'Azil hat man ihre Lagerplätze in Lascaux, Pech-Merle und in Niaux sowie in Altamira in Spanien gefunden.

Dem britischen Archäologen Paul Bahn zufolge kann man sich ungefähr eine Vorstellung von ihrer Lebensweise machen, wenn man das Leben der Jäger und Rentierzüchter im heutigen Sibirien betrachtet. Demnach mußten die Magdalénien-Menschen ihre Beute verfolgt haben. Einige ihrer Beutetiere, die lebend gefangen worden waren, haben sie als Zugtiere sowie als Milch- und Fleischlieferanten benutzt. Sie sollen Halbnomaden gewesen sein, hatten feste Wohnplätze, die ihren seßhaften Aktivitäten entsprachen, und Jagdgebiete je nach der Jahreszeit. Bahn erklärt weiter, daß sie wahrscheinlich ihre Herden im Sommer weiden ließen. Vielleicht haben sie sie von der Dordogne aus sowohl in Richtung Atlantik und Golf von Gascogne als auch in die Pyrenäen oder sogar bis in die Alpen getrieben.

Eine Analyse der im *Abri*[18] von Pataud in Les Eyzies gefundenen Knochen hat die Schlußfolgerung nahegelegt, daß der Ort nur im Winter bewohnt gewesen ist. Seine Bewohner reisten weit umher. Das bezeugen die Anhäufungen von Seemuscheln, die man an einigen Lagerplätzen im Landesinneren findet und die vom Atlantik stammen. Sie kannten sogar den Fisch und schätzten ihn sehr: Unter den Felsmalereien findet man Darstellungen von Lachsen und von Seezungen. Ein begehrtes Tier mußte das Wildpferd gewesen sein. Man lauerte ihm auf, jagte es und trieb es manchmal bis zu einem Abgrund. Ist dieses außergewöhnliche Pferd, das man in Lascaux galoppieren sieht, mit dem auf einer Wölbung der Felswand plastisch hervortretenden Auge, das dann auf dem Bild in der darunterliegenden Vertiefung mit ausgestreckten Beinen auf dem Rücken liegt, nicht eine realistische Darstellung einer Verfolgungsjagd, die gut bzw. schlecht ausgegangen ist? In Solutré im Département Saône-et-Loire sind es Abertausende,

---

18 *Abri* – altsteinzeitliche Wohnstätte unter Felsvorsprüngen oder in Felsnischen. (Anm. d. Übers.)

etwa 17 000 Jahre alte Pferdeknochen, die man gezählt hat und die die Vermutung nahelegen, daß sich hier ein bedeutender Ort für organisierte Jagdzüge auf Wildpferde befand. Dabei wurden diese Herden eingekreist und über den Felsen von Solutré, der jäh in einen Steilhang abfällt, in den Tod getrieben.

Als die Eisschmelze überall zu Hochwasser und zur Ausdehnung der Ozeane führt, blüht die Vegetation wieder auf. Wälder, Savannen und fruchtbare Täler treten an die Stelle von Tundren und schneebedeckten Steppen. Rentiere vermehren sich danach in ungeheurem Ausmaß. Hoch oben auf den Felsklippen lauern ihnen die Jäger des Magdalénien auf, verfolgen sie, treiben sie in die Enge und töten sie. Etwa 99 % der in den Höhlen aufgefundenen Überreste stammen von dieser großen, umherziehenden Tierart. Welch herrlicher Anblick muß das gewesen sein: die riesigen Herden, die sich manchmal Tausende von Kilometern fortbewegten. Die Jäger folgten ihnen in einiger Entfernung, blieben ihrer Nahrung gleichsam auf den Fersen. Sie richteten ihre Pfeile oder ihre Speere auf die Opfer. Nachdem die Beute getötet worden war, wurde sie zerlegt, dann kehrte man in die Höhle zurück. Eine Art Rückkehr in den Schoß der Familie, in die ›gute Stube‹.

Es handelt sich also tatsächlich um eine Übergangsperiode. Der Mensch des Magdalénien bewegt sich zwar noch viel über Land, ist aber dennoch bereits an einen Ort gebunden. Es liegt ein zweigeteiltes Wirtschaftssystem vor: einerseits die Jagdzüge, andererseits die Bewirtschaftung der Viehherde – ein System, das eine neue Lebensweise erforderlich macht. Je nach Klima und Bodenbeschaffenheit ist ein mehr oder weniger großes Gebiet erforderlich, um das Überleben der Gruppe zu gewährleisten: 200 Quadratkilometer in den eisbedeckten Tundren, nur 20 Quadratkilometer in den warmen Tälern. Kein Wunder also, daß diese Regionen begehrte Ansiedlungsgebiete darstellen. »In weniger als zwei Jahrtausenden«, schreibt Gabriel Camps, »wird sich das Leben des Menschen grundlegender verändern als in den zwei Millionen Jahren, die dieser großen geschichtlichen Wende vorausgegangen sind.«

Außerdem haben die Fülle und die Vielfalt der Nahrungsmittel einen schnellen Bevölkerungsanstieg zur Folge. 20 000 Jahre v.u.Z. lebten in Südfrankreich schätzungsweise 2 000 bis 3 000 Magdalénien-Menschen; innerhalb von 10 000 Jahren wird sich diese Zahl verdreifachen. Insgesamt also gibt es immer mehr Menschen, die überdies immer häufiger im Schoß von Gemeinschaften leben. An manchen Orten leben mehrere hundert Menschen an einem Lagerplatz, wie etwa in Laugerie-Basse und in Saint-Christophe in der Nähe der Vézère unweit von Les Eyzies und Commarque. Tatsächlich nämlich können sich nur große, strukturierte Gruppen von mindestens 25 Individuen ein halbes Jahrhundert lang am gleichen Ort halten. Eine fünfköpfige Familie kann für die Zeit einer Generation fortbestehen. Ein einziges Individuum kann, auf sich allein gestellt, ungefähr ein Jahr lang überleben.

Auch wenn das Dasein noch von Risiken und Unsicherheiten geprägt ist, so stellt die Bildung von Gruppen eine gute Methode dar, sich gegen die Gefahren zu schützen. Die Menge beruhigt. Allerdings stellt man auch fest, daß mit zunehmender Anzahl ein Pendeleffekt eintritt: je höher die Zahl der zusammengekommenen Menschen, desto größer wird eine ganz andere Gefahr. So ist der Anthropologe Robert Carnevie, nachdem er einen heute in Südamerika lebenden Stamm von Yanoama beobachtet hat, zu dem Schluß gekommen, daß sich aggressive Tendenzen einstellen, sobald die Gruppe mehr als 100 Menschen umfaßt. Die größte Gefahr liegt meistens in der Aufspaltung in zwei Gruppen. Menschen brauchen einander, aber sie kommen schlecht miteinander aus.

Auf der einen Seite also die ständig planvollere Ausbeutung der Natur, andererseits die Ansätze eines gesellschaftlichen Aufbaus, der einen größeren Schutz – und eine Spezialisierung – der Menschen ermöglicht, der aber bereits den Eroberungskrieg wie den Bürgerkrieg im Keim in sich trägt. Wir können in der Tat davon ausgehen, daß diese Epoche der Menschheitsgeschichte eine ganz entscheidende gewesen ist. Sie enthält bereits viele der Tendenzen – gute wie schlechte –, die für unsere historische Menschheit charakteristisch sind.

Einige Anthropologen haben lange darüber gerätselt, wann der Mensch sein animalisches Wesen aufgegeben hat, um den Weg zu beschreiten, der aus ihm ein soziales, organisiertes und gewissermaßen auch unfreies Wesen machen sollte. Im übrigen sind diese Spezialisten nicht die einzigen, die sich diese Frage stellen. Ob sie nun explizit oder nicht gestellt wird, das Staunen über unsere Trennung von der Natur, über diesen grundlegenden Wandel im Verhalten der Spezies ist allerorten gegenwärtig, in den Köpfen wie in der Literatur. Der Dichter Arthur Rimbaud zum Beispiel spricht von »der Zeit der Bruthitze, der verdunstenden Meere, der unterirdischen Feuersbrünste, des fortgerissenen Planeten und der Vernichtungen in ihrem Gefolge ...«. Bei diesen Worten denkt man unweigerlich an diese Epochen vor der vom Menschen geschaffenen Ordnung, an jene Sehnsucht, die uns dazu treibt, »die glücklichen Tiere zu beneiden, die Raupen, die die Unschuld des werdenden Lebens verkörpern, die Maulwürfe im Schlaf der Jungfräulichkeit ...«.

Die Beziehung zwischen Mensch und Tier verändert sich von Grund auf. Der Ethnologe Boris Cyrulnik erläutert: »Die Domestikation ist ein bedeutendes sensorielles und affektives Ereignis, das uns zum Komplizen desjenigen macht, der uns fängt. Die Domestikation ist etwas ganz anderes als das Einfangen, bei dem der andere uns gegen unseren Willen in seine Gewalt bringt.« Das Tier ist nicht mehr nur eine Gefahr oder eine Beute, es wird zu einer Art Werkzeug.

Wie die Vegetation, wie die Umwelt und die Natur gehört das Tier zu den neuen Eroberungen des Menschen.

»Vom Neolithikum an«, schreibt Jean Guilaine, »wird der Mensch die Umwelt verändern, sie wird sein Ureigenes, seine Materie. Und die Umgebung, in der er sich einrichtet, wird allmählich immer künstlicher werden. Um Ackerflächen zu gewinnen, ist der Mensch zu Brandrodungen gezwungen. Nur so kann er Weideflächen und Weideplätze für seine Nutztiere schaffen.«

Auf diese Weise kommt es zur Entstehung jener Aufeinanderschichtungen aus provisorischen Konstruktionen, die man im Vorderen Orient findet und die man »Tells« genannt hat: Ruinenhügel, die aus Hausratsabfällen der Menschen bestehen und die, infolge der Übereinanderschichtung der Trümmer langbewohnter Siedlungen, bisweilen beeindruckende Höhen erreichen können.

Im Jahr 1955 eröffnet der Archäologe Jean Perrot in Malla-Ha im Jordantal eine Ausgrabungskampagne. Zu dieser Zeit sind die Wissenschaftler auf der ganzen Welt der festen Überzeugung, daß der Mensch im Neolithikum seßhaft geworden sein muß, *nachdem* er sich auf die Viehzucht und auf den Ackerbau verlegt hat. Im Jordantal aber scheint die entdeckte Fundstätte keinerlei Spur dieser beiden Aktivitäten aufzuweisen, die erst viel später entwickelt worden sein sollen, ungefähr 2 000 Jahre nach der Besiedelung des Ortes.

Dies liefe auf die Schlußfolgerung hinaus, daß unsere Vorfahren sich zuerst eine Unterkunft gebaut haben – nach dem Beispiel jener in die Erde eingetieften Häuser, die wie in eine Matrix in die runden Gruben eingegraben sind –, um dort zu wohnen und Schutz zu finden, daß sie aber nach wie vor noch zur Nahrungssuche aufbrechen mußten.

Ackerbau und Viehzucht sollen später hinzugekommen sein. Die Domestikation dagegen ist bereits alltägliche Realität, ihre Anfänge reichen weit in die Vergangenheit zurück. Jean Guilaine erinnert daran, daß der Hund das erste domestizierte Tier ist. Und Jean Chaline erläutert: »Die Domestikation, die auf den Wolf zurückgeht, ist aller Wahrscheinlichkeit nach bereits im Magdalénien durchgeführt worden. Die Erzeugung von 300 Hunderassen mittels künstlicher Zuchtwahl ist das größte und bedeutendste biologische Experiment, das der Mensch je durchgeführt hat.« So stößt man auch in Malla-Ha auf dieses Haustier, in einigen menschlichen Grabstätten, die auf 12 000 Jahre v.u.Z. datiert wurden: Beweis also, daß es zwischen dem Menschen und dem Hund bereits eine besondere Beziehung gegeben hat, wie immer man diese auch definieren mag.

Die ungleich stärker auf die Nutzanwendung zielende Tierhaltung entwickelte das weiter, was Jean Guilaine »Tiere zum Zweck der Ernährung« nennt. Die Ziege mit ihrer begehrten Milch gehört zu den glücklicheren. Bei den anderen Tieren jedoch ist ihr Fleisch Objekt der Begierde: Schafe, Rinder und Schweine, die etwa 8 500 bis

8 000 Jahre v.u.Z. im Umkreis des Menschen aufgetaucht sind, bei den Bewohnern in der syrischen Zone des Hoch-Euphrats und vielleicht an den Küsten des Östlichen Mittelmeers. Das Pferd wird das letzte Tier sein, dem man ein Halfter verpassen wird; es ist zugleich Fleischlieferant und Transportmittel.

Der Euphrat! An seinen Ufern entdeckt man 1971 an einem Ort namens Abu Hureyra eine überaus bedeutende Fundstätte, die diese entscheidende Wende in der Menschheitsgeschichte auf vorzügliche Weise veranschaulichen kann. Der griechische Geschichtsschreiber Polybios hielt 145 v.u.Z. fest: »Der Euphrat, ein Strom in Vorderasien, entspringt in Armenien. Er fließt durch Syrien und die ihn begleitenden Landstriche bis nach Babylonien.« Der Strom weist eine Besonderheit auf: Je mehr er sich dem Meer nähert, desto weniger Wasser führt er. Sein Lauf wird verlegt, damit die Felder bewässert werden können. Wo er dem Tigris begegnet, entsteht Mesopotamien, was wörtlich nichts anderes bedeutet als »Mitte des Stroms«, das Land zwischen den Strömen.

Bereits nach dem ersten Spatenstich zum Bau eines Staudamms, der das zwölf Hektar große Abu Hureyra überfluten wird, kommt es wie in *Terra Amata* in Nizza zu einem Wettlauf mit der Zeit. Beteiligt daran sind einerseits die Erbauer des Staudamms, andererseits die Archäologen, darunter auch der Franzose Jean Cauvin, der sich der Fundstätte Mureybet annehmen wird. Den Wissenschaftlern stehen zwei Jahre zur Verfügung, um einen winzigen Teil der Fundstätte auszugraben. Andrew Moore, ein weiterer Forscher, hebt sieben Schächte aus … und plötzlich entfaltet sich vor seinen Augen der Lebensalltag der letzten Jäger und Sammler und der ersten Ackerbauer der Vorgeschichte. Dem vorgeschichtlichen Bild eignet die gleiche Intensität und

Eindeutigkeit wie viel später dem Bauern in Shakespeares *Hamlet*, der voller Stolz ausruft: »Komm, den Spaten her! Es gibt keine so alten Edelleute als Gärtner, Grabenmacher und Totengräber: sie führen Adams Berufung fort.«

In der Fundstätte Abu Hureyra kommt ein vielschichtiger Adam zum Vorschein. Ein Adam, der Gräser ausgesät, sie aber auch ausgerissen hat. Ein Adam, der Tiere in eine Falle gelockt und getötet, sie aber auch eingepfercht und ihnen Futterpflanzen gegeben hat. In Abu Hureyra kommt man über den ausgegrabenen Knochen zu seltsamen Befunden. An den Gelenken weisen sie oft Spuren von pathologischen Veränderungen auf, von besonderen Verschleißerscheinungen. Diese Menschen müssen stundenlang kniend oder in gebückter Haltung gearbeitet haben. Sie waren Sklaven der ersten Land- und Feldarbeiten, denen sich ihre Vorgänger bis zu diesem Zeitpunkt niemals hatten unterziehen müssen. Bei anderen hat man eine außergewöhnliche Ausbildung der Schultern und des Oberarms festgestellt, mit Verschleißerscheinungen an den Knochen im Lendenbereich, anscheinend eine Folge des ständigen Vorwärts- und Rückwärtsschwingens des Oberkörpers. Die einzige Tätigkeit, die all diese Muskeln gleichzeitig beansprucht, ist das Mahlen von Getreide mittels eines Mahlsteins …

Vere Gordon Childe, ein australischer Archäologe, hat die Theorie vertreten, daß die Einführung von Ackerbau und Viehzucht eine Folge des Ungleichgewichts zwischen den neolithischen Menschen und ihren Mitteln zur Bestreitung des Lebensunterhaltes war. Von Childe stammt der Begriff der »Neolithischen Revolution«. Darunter versteht er die Domestikation von Tieren und Pflanzen, mit anderen Worten: die Einführung von Ackerbau und Viehzucht. Die systematische Produktion von Nahrungsmitteln löste das Sammeln und das Jagen ab, aus Nomaden wurden allmählich seßhafte Bauern. Damit war die ökonomische Basis gelegt für die Entwicklung ausgeprägter Gesellschaftsstrukturen und zuletzt auch für die Herausbildung einer städtischen Kultur.

Einerseits der starke Geburtenzuwachs, andererseits die Erschöpfung der natürlichen Nahrungsressourcen. Jean Cauvin kommt in seinen Ausgrabungen von Mureybet zu einem von Childes Theorie abweichenden Ergebnis. Allem Anschein nach sollen die Populationen der Region nämlich um 8 000 v.u.Z. den Fischfang – neben dem Sammeln ihre Haupttätigkeit – aufgegeben haben, um sich auf das Jagen der großen Pflanzenfresser (Auerochsen und Wildesel) zu spezialisieren und sich dem Getreideanbau zu widmen. Und dies, ohne daß sich die natürliche Umgebung in irgendeiner Weise verändert hätte.

Außerdem wird dieser Mensch die restriktive, einmalige »Wahl« 7 000 bis 6 000 Jahre v.u.Z. mit den anderen Menschen des Neolithikums teilen, die sich überall auf der Welt ausgebreitet haben. Dabei ist es kaum vorstellbar, daß sie die Gelegenheit hatten, sich abzusprechen. Hier wird es der Weizen sein, woanders der Mais, die Sorghumhirse, der Reis oder die Hirse ... Aber überall wird man sich für diese Art der Zivilisation entschieden haben. Von nun an hält die Landwirtschaft Einzug in das Erbe der Menschheit.

Bald wird sich zwischen dem Landmann und der Erde, diesem unergründlichen Reservoir, in dem der Samen Wurzeln schlägt, eine ähnlich tiefe Beziehung entwickeln wie zwischen dem Embryo und der Mutter, die es in sich trägt. Im Verlauf der Generationen, die an einem Ort aufeinanderfolgen, wird sich zwangsläufig eine symbolische Ordnung ergeben. Die Beziehung zu den Ahnen wird von Grund auf anders. Sie sind die »Gründungsväter«, die es der Gruppe ermöglicht haben, sich an ihrem Wohnplatz niederzulassen, die imstande gewesen sind, sich die Erde untertan und sie fruchtbar zu machen. Es scheint von einer ganz natürlichen Selbstverständlichkeit zu sein, daß man diese Vorfahren verehrt und ihnen dankt. Es scheint weiter natürlich zu sein, daß man dieses Bedürfnis in die Form eines Rituals kleidet. Abertausend Jahre später wird Cicero schreiben: »Unsere Vorfahren wollten, daß die Menschen, die aus diesem Leben geschieden waren, zu den Göttern gerechnet werden.«

Der Brauch, die Schädel der Toten mit Farbe zu bemalen, um ihnen den Anschein des Lebens zu verleihen, steht wahrscheinlich in Zusammenhang mit der Ritualisierung der Beziehung zu den Toten. Geschminkt wie für einen festlichen Anlaß, werden diese Schädel an für die Bewohner und die Besucher gut sichtbarer Stelle stehen und den Lebensalltag mit den Lebenden teilen. »Die neolithische Revolution«, schreibt Jean Guilaine, »ist vor allem eine psychische und eine geistige Revolution. Der Mensch hat das Bedürfnis nach einem anderen Leben und im Grunde nach einem anderen Denken.«

Von nun an wird keine einzige Errungenschaft mehr möglich sein, ohne daß der Mensch dafür Arbeit und Mühe aufwenden muß. Das Verb *machen* bedingt das Verb *sein*. Für lange Zeit wird der Mensch offenbar nicht um den Zwang herumkommen, arbeiten zu müssen. »Das erste Gerät des neolithischen Bauern ist das Steinbeil«, erklärt Jean Guilaine. »Es wird zum Abholzen und bei der Bodenbearbeitung verwendet; man gräbt damit um, zerkleinert die Erdklumpen … aber bald kommt ergänzend und als große Erleichterung noch der Schwingpflug hinzu, der Vorgänger des Pflugs.« Die Entwicklung nimmt ihren Lauf. Das Joch wird kommen, und mit ihm das Geschirr, mit dem man die Tiere anschirrt.

Der Weizenanbau wird das Brotbacken ermöglichen. Fleisch steht jetzt in den Pferchen bereit, Milch wird zur Zubereitung vieler Nahrungsmittel verwendet, und das Kunsthandwerk fängt an, sich zu entwickeln. Wir sind nicht mehr allzu weit entfernt von den Dörfern der europäischen Antike.

Alles, was wächst, sprießt und gedeiht, vermehrt den Wohlstand, bringt aber auch Sorgen mit sich. Jean Guilaine schreibt hierzu: »Die Erfahrung zeigt, daß es desto mehr interne Probleme in der Führung und Verwaltung der Gemeinschaft gibt, je größer die Dörfer werden. Die Verkettung dieser Umstände führt allmählich dazu, daß eine bestimmte Anzahl materieller Reichtümer von symbolischen und ideologischen Reichtümern begleitet werden, aus denen sich eine neue Gesellschaft herausbilden wird.«

Die tragischen Folgen dieser Entwicklung gleichen einer blutigen Unterschrift am Ort eines Verbrechens: erstmals werden in neolithischen Grabstätten Skelette entdeckt, die von Pfeilen durchbohrt worden sind. Eines dieser Skelette zählt nicht weniger als etwa 30 in den Knochen steckende Pfeile. »Sicher hat man gekämpft«, schreibt Jean Guilaine weiter, »wahrscheinlich um etwas in seinen Besitz zu bringen, das man dem Nachbarn nicht gönnte; oder vielleicht um sich bei rituellen Kriegen zu behaupten, um seine Position zu festigen, seinen Mut oder seine Geschicklichkeit unter Beweis zu stellen.« Folglich stellt Guilaine anschließend die Grundsatzfrage: »Bedeutet das Neolithikum einen Fortschritt in der Menschheitsgeschichte?«

Im Unterschied zum Jagen und Sammeln geht man den landwirtschaftlichen oder handwerklichen Tätigkeiten am Siedlungsplatz selbst nach. So werden neue Bindungen eingegangen, die ganz allmählich zur Herausbildung einer bis dato noch nie dagewesenen Menschengruppe führen werden: zur Entstehung der Familie.

Weit hinter uns gelassen haben wir damit Edmond Haraucourts Schilderung: »Jedes Jahr brachten Huck und Ta ein Kind zur Welt. Tas erste Tochter war von dem Mann mit der geraden Stirn gezeugt worden und glich ihrem Vater; einige von denjenigen Söhnen, die sie zusammen mit dem Mann mit der schrägen Stirn hatte, glichen ihrer älteren Schwester. Aber Daâh sah keine Unterschiede zwischen seinen Sprößlingen, für die er nur Gleichgültigkeit empfand, denen gegenüber er sich fremd vorkam.«

Haraucourt »rekonstruiert« hier eine etwa 100 000 Jahre alte Vergangenheit, das Ergebnis einer möglichen Kreuzung zwischen einem Neandertaler und einer Cro-Magnon-Frau (daher die geraden und die schrägen Stirnen). Obwohl ein erst kürzlich erfolgter Vergleich zwischen der DNA-Struktur eines Neandertalers und der eines modernen Menschen – ungeachtet aller Vorbehalte gegen eine solche Analyse – diese Möglichkeit der Vermischung offenbar ausschließt, hat Haraucourts romanhafte Schilderung doch einen Vorteil: Sie zeigt auf, wie das Leben einer Horde vor der Seßhaftigkeit und vor dem Neolithikum ausgesehen haben mag, bevor es so etwas wie den »Familiensinn« gab. Diese Zeit steht also im Zeichen des Übergangs: von der Unbestimmtheit zum Besitz, vom Nebeneinander zur Ahnenreihe und zur Nachkommenschaft, von einer Hierarchie der Macht und der Notwendigkeit zu etwas Komplexerem, das den Respekt vor den Toten und das

Patriarchat miteinschließt und das die Verbreitung einer ganzen Reihe von »modernen« Gefühlen fördert: Zuneigung und Eifersucht, Autorität und Aufbegehren, Anteilnahme und Krieg. Eine Beziehung mit ungleich mehr Verpflichtungen bindet den Vater untrennbar an die Horde, die seine Nachkommenschaft darstellt und die unter dem gleichen Dach lebt wie er. Dieses Haus oder diese Behausung ist der Mittelpunkt der Welt, von dem alles ausgeht und zu dem man nach den Jagdzügen, den kriegerischen Scharmützeln oder den Erkundungen immer wieder zurückkehrt. Es ist der Hort der Familie.

Das Neolithikum gleicht einer zweiten Geburt der Menschheit. Für alle Tiere, die das weite Erdenrund bevölkern, hat es nur eine einzige Geburt gegeben. Sie sind so geblieben, wie sie von Anfang an waren: beim Laufen, Töten, Fressen und Schlafen, bei der Fortpflanzung, der *Reproduktion*. Der Mensch, der ehemalige *Homo faber*, zündet zwar weiterhin das Feuer an, geht auf die Jagd und fängt Fische, er tut dies alles aber nun mit dem erklärten Ziel der *Produktion*. Ohne sich dessen bewußt zu sein, ist er in einen Wettlauf eingetreten, der nicht mehr aufhören wird.

Bis zu diesem Zeitpunkt hat er die ihn umgebende Natur als gegeben hingenommen, eben in ihrem Naturzustand. Jetzt, nach dem Übergang zur Seßhaftigkeit, wird der Mensch versuchen, die Natur zu verändern und so umzugestalten, daß sie seinen Bedürfnissen besser entspricht. Er war ein Wanderer und wird zum Gärtner, bald wird er auch ein Zerstörer sein. Ein Prozeß ist in Gang gekommen, der aufgrund zahlreicher, mal schöpferischer, mal zerstörerischer Initiativen die Umwelt verändern wird, und zwar nach dem (manchmal widersprüchlichen) Willen der Bipeden, die sich diese Umwelt untertan machen.

Das typische Beispiel für diesen Prozeß liefert die Fundstätte Çatal Hüyük in Anatolien, ein 1960 entdecktes Dorf, das in die Zeit zwischen dem 7. und dem 6. Jahrtausend v.u.Z. zurückgeht. Dank der sehr präzise ausgeführten Grabungen auf der Fundstätte ist es gelungen, die gesamte Siedlung mittels des Computers zu rekonstruieren. Einige Archäologen sprechen sogar von einer Stadt. Die aneinandergereihten Häuser, zwischen denen nur wenige, straßenähnliche freie Flächen liegen, können nur durch Öffnungen im Dach betreten werden. Einige Häuser sind im Inneren mit Malereien ausgeschmückt. Sehr häufig findet sich die Symbolik des Stiers. In dieser Zeit war das Rind noch kein Haus- oder Nutztier. Das Rind, der Stier zumal, besaß noch seine urtümliche Erhabenheit, Kraft und Rohheit. Unsere Vorfahren legten es nicht auf einen Kampf an. Der Mensch ist sich der Rolle voll bewußt geworden, die die Natur in seinem Leben spielt. Dem Reich der Pflanzen, der Gesteine und der Tiere kommt eine ganz besondere Bedeutung zu. Friedrich Nietzsche bekennt: »Der Mut, das Abenteuer und die Lust auf das Ungewisse, Noch-Nicht-Gewagte, darin liegt für mich die ganze Vorgeschichte des Menschen. Er war neidisch auf die Kraft der wildesten und der mutigsten Tiere und hat sie ihnen genommen. *Erst dann wurde er zum Menschen.*« In dieser Aneignung liegt etwas Rituelles. Sie gleicht einer Prüfung, die es zu bestehen gilt, oder der zwingenden Notwendigkeit, sich über ein geltendes Verbot zu erheben. Man ist kein Mensch, solange man nicht einen bestimmten *Akt* der Machtausübung oder der Vernichtung *begangen* hat. Nur um diesen Preis wird die Herrschaft über das Tierreich erlangt.

Durch diesen Akt verändert sich das Leben.

Der Mensch wandelt sich zum Bauern. Er bestellt den Boden, macht ihn fruchtbar. Er fängt die Tiere, die der Ernährung dienen, und pfercht sie ein. In Zypern hat man Spuren solcher Pferche gefunden. Er sät das Getreide und lagert es nach der Ernte in Scheunen. Gestern noch lebte er in den Tag hinein. Heute nimmt er die Zukunft vorweg. Er legt Vorräte an. »Nicht die Natur hat den Menschen gezwungen«, stellt Jean Guilaine fest, »der Mensch war es, der die Natur verändern wollte.« Und zwar ausschließlich zu seinem eigenen Nutzen. Er hat ein Selbstbewußtsein erlangt, das ihn Stolz über das empfinden läßt, was er ist: ein *Mensch*. Dieses Menschsein macht er sich zunutze, er mißbraucht es auch. Er ist ein Fürst in seinem Garten. Die Wiege dieser fundamentalen Veränderung liegt im Vorderen Orient. Von dort aus wird sich das Neolithikum allmählich nach Mitteleuropa ausbreiten und über das Mittelmeer hinweg die – nach einem Wort Jean Guilaines – »Eroberung des Westens« in Angriff nehmen.

Mehr noch als die Höhle, die von der Natur zur Verfügung gestellt wird oder die dem Tier abgerungen worden ist, ist das Haus das Heiligtum des Menschen und seiner Familie. In den ersten Fundstätten ist es aus Luftziegeln gebaut, später dann aus Stein, und weiter im Westen aus Holz und Lehm. Meistens sind es große Gehöfte, etwa 10 bis 40 Meter lang, mit Ästen bedeckt. Mangels gesicherter Zeugnisse ortet man den Standort dieser Bauten mittels der tiefen Gruben, den Müllplätzen des täglichen Lebens, in die die neolithischen Menschen ihre Abfälle geworfen haben, unter denen sich wertvolle Scherben von zerbrochenen Tongefäßen sowie Gipsstücke befinden.

Catherine Perlès schreibt: »Gips wurde im Vorderen Orient und auf dem Balkan häufig verwendet. Er fand beim Hausbau und bei der Ausschmückung der Häuser Verwendung. Sein Einsatz und seine Handhabung sind schwierig, auch gefährlich. Es handelt sich entweder um echten Gips auf der Basis von Calciumsulfat oder um Calciumcarbonat – einen äußerst harten, sehr glatten und polierten Stoff, mit dem sich herrliche Mauern und Böden herstellen lassen, auf die man dann Fresken malen wird. Mit dem Gips kommen die Keramik und das Töpfern auf. Er dient zur Herstellung des sogenannten ›weißen Geschirrs‹, das allmählich durch Gefäße aus Keramik oder Terrakotta ersetzt werden wird.«

Mit der Keramik erhält alles seine angemessene Ordnung und richtige Bedeutung. Sie ist das Kennzeichen und die Errungenschaft, die das Neolithikum begründet. Denn die Keramik bringt das *Lagern* mit sich. Der Mensch *denkt* in Kategorien der Zukunft, sorgt vor. Er sammelt das Wasser, speichert das Korn, verwahrt das Mehl. Er stellt sich auf die Zukunft ein, nimmt Kommendes vorweg. Er sorgt für Bedürfnisse vor, die *noch nicht vorhanden* sind. Die ebenso beschauliche wie grausame Schlichtheit der Anfänge gehört jetzt der Vergangenheit an. Der Besitz einer Schale, einer Urne, eines Kruges oder einer Schüssel bedeutet *ein anderes Leben*. Diese Hausgeräte ermöglichen nicht nur die Konservierung der Nahrungsmittel, sondern auch die Zubereitung neuer Speisen wie des Getreidebreis. Auch bei den Bestattungsriten kommen sie zum Einsatz. Das belegt eine Kindergrabstätte, die man in Iwelen in Nigeria entdeckt hat. Die Beigaben und die Tongefäße dieser Grabstätte liefern wertvolle Informationen über das Alltagsleben in den neolithischen Dörfern.

Jean Guilaine erklärt: »Die Erfahrung zeigt, daß hinsichtlich der Verwaltung der Gemeinschaft mehr Probleme entstehen, sobald die Dörfer größer werden. Auf der anderen Seite stellt das Neolithikum dem Bauern alles zur Verfügung, was er benötigt, um sich von dem zu ernähren, was in unmittelbarer Nähe vorkommt.«

Es naht die Zeit, in der man auf den Gedanken kommen wird, die Dinge, die man im Überfluß besitzt, zu *tauschen* gegen die Dinge, die Mangelware sind oder die einem fehlen. Sehr schnell entsteht der *Handel*. Bei Gibran Halil Gibran (1883-1931), einem modernen libanesischen Schriftsteller, findet sich eine Schilderung, die auf wunderbare Weise die Stimmung dieser ersten Handelsgeschäfte lebendig werden läßt: »Arbeiter auf den Meeren, auf den Feldern oder in den Weinbergen, wenn ihr auf dem Markt Weber, Töpfer oder Kräutersammler trefft, dann duldet nicht, daß diejenigen mit den unfruchtbaren Händen an euren Geschäften teilhaben, denn sie verkaufen ihr Wort im Tausch gegen eure Arbeit.« Unversehens fühlt man sich nach Çatal Hüyük in seiner Blütezeit versetzt, zu Weinbergen und vielleicht Kräuterhainen. Beinahe meint man, die Geräusche, die Worte und die Gerüche wahrzunehmen. Welch eine glückliche Formulierung sind doch »die unfruchtbaren Hände«, im Gegensatz zu den inspirierenden Händen, die die prähistorischen Höhlen bevölkern.

Handel bedeutet zugleich Zahlungs- und Tauschmittel. In Susa im Iran hat man reich verzierte, fast 5 000 Jahre alte Münzen aus Lehm gefunden. Bei einem Handelsgeschäft zum Beispiel, das zwei Personen über eine bestimmte Menge Kornmaß abschlossen, knetete der Verkäufer in seinen Händen eine Lehmkugel. In diese Kugel legte er Stäbchen, die er mit seinen Fingern geformt hatte, wobei jedes Stäbchen einem Kornmaß entsprach, sowie Kügelchen, die je fünf Kornmaß wert waren. Käufer und Verkäufer zählten nach, dann wurde die Lehmkugel wieder geschlossen, und der Verkäufer drückte sein Siegel auf die Kugel, um das Geschäft zu bestätigen. Im Streitfall wurde die Kugel wieder geöffnet, und man zählte noch einmal nach.

Aus diesen Lehmgegenständen gehen die Zahlen hervor, die wiederum zum Buchstaben und somit zur Schrift führen.

Eine andere, nicht minder bedeutende Folge der Seßhaftigkeit ist, daß sich die Rolle der Frau verändert. »Im Paläolithikum verbringt sie ihre Zeit in der Höhle oder im *Abri* und kümmert sich um die Kinder oder erledigt die häuslichen Arbeiten. Hauptsächlich ist sie mit dem Sammeln beschäftigt. Der Mann, der auf die Jagd geht, ist freier und mobiler.« Im Neolithikum ist die umgebende Natur stets in Reichweite, in unmittelbarer Nähe. Aus diesem Grund hat man immer geglaubt, daß der Ackerbau eine weibliche Erfindung gewesen sei, und zwar aufgrund der alten Kenntnisse, die die Frauen über die Pflanzen hatten. Seit Jahrtausenden war die Frau eine Sammlerin. Wahrscheinlich war sie es, die sozusagen die ersten gärtnerischen Versuche unternommen hat, die in der Folge zum Ackerbau im eigentlichen Sinn geführt haben. Der Mann hat sich später eingeschaltet, um die schweren Arbeiten zu verrichten: Bäume fällen, Wälder abholzen, roden. Das waren Tätigkeiten für die Männer.

Jean Guilaine wirft die Frage nach dem »Stellenwert« der Arbeit auf. Heute rätselt man darüber, ob etwa die Aussaat den Frauen – die ihrem Wesen nach fruchtbar sind – vorbehalten war und ob sie eine »befriedigende« Arbeit war oder nicht. Guilaines Fazit lautet: »Wir können davon ausgehen, daß ein Teil der Arbeit, die ursprünglich von der Frau verrichtet wurde, von einem bestimmten Zeitpunkt an vom Mann erledigt worden ist.«

Allem Anschein nach ist das Neolithikum, nach einigen Anpassungen und Verbessserungen, eine Zeit des Überflusses gewesen. Überfluß an Reichtümern und auch an Menschen. Zahlreiche Geburten, reiche Ernten.

Immer mehr Hände werden gebraucht, um den Boden zu bestellen, die Ernte einzulagern und das Land zu roden. Die Bevölkerung nimmt sprunghaft zu, was wiederum zur Ausdehnung und zum rapiden Anwachsen der Dörfer führt. Sie entwickeln sich von ihrem Kern aus, breiten sich in immer weiterem Umkreis aus. Die neuen Auswanderer breiten sich bis zu den nordeuropäischen Küstenstrichen, sogar bis zu den britischen Inseln aus. Es ist immer der gleiche entschiedene Abenteuerdrang, der den Menschen offenbar seit seinen Ursprüngen geleitet hat: Lucy verläßt ihren Baum, die Hand erfindet das Werkzeug, der Jäger und Sammler zähmt das Feuer, die Horde ist unaufhörlich in Bewegung …

Immer wird zu Fuß gegangen. Denn das Gehen ist die einzige menschliche Gangart. Es gibt kein anderes Fortbewegungsmittel. Das Rad existiert noch nicht. Jean Guilaine zufolge wird es erst in Mesopotamien oder im Kaukasus in Erscheinung treten, und das erst um das 4. Jahrtausend v.u.Z. Die zwei- oder vierräderigen Wagen und Karren werden sich rasch nach Westen verbreiten. In Gräbern in Ungarn hat man kleine Modelle dieser ersten Fortbewegungsmittel mit Scheibenrädern gefunden. Die Speichenräder werden erst in der Bronzezeit aufkommen.

Zum Ziehen der Fuhrwerke wird man bald Zugtiere einsetzen. Dazu bedarf es aber vorher der Domestikation. Im Paläolithikum gab es nur Wildtiere. Die ersten Beziehungen zwischen dem Menschen und einigen Tieren, die zutraulicher waren als die großen Raubtiere, standen wohl im Zeichen einer behutsamen Annäherung. Geben wir ein weiteres Mal Jean Guilaine das Wort: »Das erste Tier, das domestiziert wird, ist der Hund. Alles deutet darauf hin, daß die Wölfe in der

Nähe der Siedlungsplätze herumschlichen und daß sie schon vor dem Neolithikum mehr oder weniger Tischgenossen des Menschen geworden waren. In Deutschland hat man Fundstätten entdeckt, auf etwa 12 000 bis 10 000 Jahre v.u.Z. datiert, die Überreste von Hunden enthielten. Zur gleichen Zeit findet sich ähnliches in der Ukraine und in Palästina.« Erinnern wir uns daran, daß man sogar Hunde entdeckt hat, die zusammen mit ihrem Herrn bestattet worden waren, Beweis einer besonderen Bindung zwischen den beiden.

Wie wir gesehen haben, ist es nach dem Hund die Ziege, die domestiziert worden ist, und zwar als das erste, wie Jean Guilaine es ausdrückt, »zu Ernährungszwecken dienende Tier«. Später folgten das Schaf, das Rind und das Schwein.

Nicht zu vergessen schließlich das Pferd. Über das Pferd und dessen Domestikation hat Buffon einen unvergeßlichen Satz geschrieben: »Die edelste Eroberung, die der Mensch jemals gemacht hat, ist die Eroberung dieses stolzen und stürmischen Tieres, das die Strapazen des Krieges und den Ruhm der Kämpfe mit ihm teilt; ebenso tollkühn wie sein Herr stellt sich das Pferd trotzend der Gefahr entgegen.«

Aller Wahrscheinlichkeit nach wird das Pferd zu Beginn des 4. Jahrtausends in den Steppen Asiens oder Südosteuropas, in denen es schon seit langem zu Hause ist, domestiziert. Bald wird dies zu einem vertrauten Bild: das angeschirrte Pferd, das Pferd als Reittier. Ganz gleich, ob es um die Feldbestellung, um Rennen oder um lange Ausritte geht, von nun an wird der Mensch, dank dieser außergewöhnlichen Freundschaft, weiter und schneller vorankommen. Und er wird das Gepäck mitnehmen können, das für seine Abenteuer in der Ferne nötig ist.

Bliebe noch das Metall. Das Wort stammt aus dem lateinischen *metallumine* – jenes »sagenhafte Metall«, das José Maria de Heredia meinte, als er von dem Metall sprach, »das Cipango [Japan] in seinen fernen Minen reifen läßt«. Gold findet man in der Nekropole von Varna, einem ostbulgarischen Hafen am Schwarzen Meer. Es funkelt vor den begeisterten Augen von Iwan Inanoff, der die Fundstätte entdeckt hat. Es handelt sich um sehr reines Gold: 23,5 Karat. Eine der größten Entdeckungen des Jahrhunderts: Zepter, Geschmeide, Halsketten und Armbänder bezeugen die Herrlichkeit und Erhabenheit des Toten. Auch Kupfer findet sich, das zur Herstellung von flachen Beilen, Lanzenspitzen, Scheren und Ahlen verwendet worden ist. Der funkelnde Schatz geht auf mehr als 4 500 Jahre v.u.Z. zurück. Vitor Jorge Olivera dämpft allerdings unsere Begeisterung ein wenig: »Kupfer, das aus den Händen des Goldschmieds oder des Waffenschmieds kommt, hat die Farbe der Sonne und des Lichts. Wenn wir es aber heute bei den Ausgrabungen finden, ist es oxydiert und mit Grünspan überzogen.«

Es bedurfte also Abertausender von Jahren, bis man entdeckte, daß es noch etwas Härteres gab als den Stein: das Metall, das manchmal im Stein enthalten war. Mit diesem neuen, dauerhaften und härtesten aller ›Gefährten‹ wird alles von Grund auf anders. Mit dem Metall in der Hand, in der geschlossenen Faust oder auch an seinem Körper wird der Mann zum Mörder. Und die Frau, die sich damit schmückt, ist sich sicher, daß sie damit noch mehr begehrt und geehrt wird. Metall in vielfältiger Form: kriegerischer Schmuck, Opfergabe für die Toten, Geschmeide für die Lebenden. Und am Gürtel ein Schwert in der Scheide, ein Dolch. Wofür steht dieses Metall nicht alles: Respekt, Macht, Krieg, Schönheit. Im 4. Jahrtausend versteht sich der Mensch bereits darauf, die Metalle nach seinen Vorstellungen zu verändern, aber noch nie hat er mehrere Erze eingeschmolzen. Als er sich an dieses Vorhaben macht, *schafft* er im wahrsten Sinne des Wortes eine Materie, die es noch nie zuvor auf Erden gegeben hat. Er fordert die Götter heraus, die Götter, die er noch nicht kennt …

»Warum seid ihr so hart? fragt eines Tages die Heizkohle den Diamanten.« Erneut ist es Nietzsche, den wir zu Wort kommen lassen. »Warum sind wir so weich, so biegsam? … Weil die Schöpfer hart sind. Es mag euch als Glückseligkeit erscheinen, daß ihr eure Hand in Jahrhunderte eindrücken könnt wie in weiches Wachs! Welche Glückseligkeit, auf den Willen der Jahrtausende zu schreiben wie auf Erz – auf etwas Härteres als Erz – auf das Härteste und Edelste! … O meine Brüder, über eure Häupter stelle ich diese neue Tafel mit dem Gebot: *Werdet hart!*« Diese Passage hätte die Überschrift *Neolithikum* verdient gehabt. In acht nehmen muß man sich vor dem, dessen man sich bedient, mit dem man sich schmückt. Eine nahezu unglaubliche Veränderung nimmt ihren Lauf. Die Zerbrechlichkeit kann Gewalt hervorrufen – und Respekt. Das Metall macht anfällig für den Kampf und den Lärm. Der Mensch und das Feuer, beide einstmals Feinde, haben sich ausgesöhnt und sind zu Komplizen geworden. Als der prähistorische Mensch sich anschickt, Metalle zu schmelzen, wandelt er sich in einen Titanen. Indem er das Material wechselt, vom Lehm zum Erz übergeht, wird er hart. Das ist der Preis, den er bezahlen muß.

Allem Anschein nach ist es die Töpferei gewesen, die den neolithischen Menschen auf die Idee gebracht hat, Metalle zu gießen. Von der zugrundegelegten Substanz – das heißt Kupfer, Zinn oder Blei – abgesehen, bleibt das Prinzip stets das gleiche. Der Schmelzvorgang ist eine komplizierte Operation: Der Schmelzpunkt ist je nach Metall verschieden (bei Kupfer sind es 1083 °C, bei Blei oder Zinn 200 °C bis 300 °C). Außerdem stammen diese Metalle aus Regionen des eurasischen Kontinents, die weit auseinander liegen. Wer hat über alle drei Metalle gleichzeitig und über die Technik ihrer Legierung verfügt? Allem Anschein nach ist es der Orient gewesen. Die Bronze soll etwa 2 800 Jahre v.u.Z. erfunden worden sein und tauchte zunächst in Ägypten, danach in Indien und im Iran auf, bevor sie dann zu Beginn des 2. Jahrtausends nach Westeuropa kam. Das Eisen und das andere Metall im Verein haben aus dem Menschen den »großen Magier« gemacht.

Dieses Schwermetall, das man fortan ehrfürchtig und stolz zur Schau trägt, konnte nur gewonnen werden, indem man Stollen gegraben und Löcher gebohrt hat, in denen man das Feuer anzündete. Mit so viel Können, mit einer solchen Erfindungsgabe und Verbissenheit hat man das Feuer geschürt, daß der Felsen geschmolzen ist. Dann hat man ihn auskühlen lassen. Schließlich brauchte man die Legierung nur noch mit Keilen, Spitzhacken und Muskelkraft herauszulösen. Von diesen gewaltigen Leistungen, würdig des alten Feuergottes Vulcanus, hat man Spuren in den österreichischen Alpen und in Nordwales gefunden. Mitterberg bei Bischofshofen am Fuße des Hochkönigs ist die berühmteste Kupferkieslagerstätte Mitteleuropas.

Die Bronzezeit ist dann die Blütezeit der *Urnenfelder*, die kollektive Grabstätten darstellen. Anscheinend zeugen sie von einem Massaker, das an dem Ort stattgefunden hat, an dem schließlich auch die Toten begraben wurden. Der Mensch ist des Menschen Wolf geworden. Einige Skelette tragen die Spuren schwerer Verletzungen. Der Krieg spukt jetzt in den Köpfen herum, für alle Zeiten. Der Evangelist Matthäus wird später sagen:

»Ich bin nicht gekommen, um Frieden zu bringen, sondern das Schwert.« (Matt. 10, 34)

Im Zuge des technischen Fortschritts werden die Waffen immer mörderischer. In Europa fügt man dem Gemisch aus Kupfer und Blei noch Arsen hinzu, um ein härteres Metall zu bekommen. Der Mittelmeerraum wird zum Waffenlieferanten: Italien, Korsika, Sardinien und Spanien wetteifern miteinander in Findigkeit und Effizienz. Die Dolche aus Remedello sind in ganz Südeuropa berühmt. Sogar in den Gräbern von Sion hat man welche gefunden.

Mit einem einzigen Verfahren hat man also vom brennenden Guß bis zur Fabrikation des Schwerts gleich mehrere Tore aufgestoßen, die man verschlossen geglaubt hatte. Man hat das Feste flüssig gemacht, und man hat miteinander vermischt, was streng getrennt zu sein schien. Indem man der Metallbearbeitung die gleiche Sorgfalt gewidmet hat wie dem Steinschliff, hat man gelernt, automatisch identische Gegenstände herzustellen, sie also potentiell unendlich zu reproduzieren. Mit der »Serienherstellung« entsteht die Industrie, die die Gleichartigkeit der Gegenstände mit sich bringt.

Die Siedlung beginnt, sich nach außen abzugrenzen und zu verbarrikadieren. Beispiele dafür sind die *Castros* (mit Mauern umwehrte Höhlensiedlungen, in die halbrunde Bastionen einbezogen sind) in Portugal – zum Beispiel Zambujal – oder die *Enclos* (Einfriedungen) wie das Schloß von Lébous oder die Anlagen von Boussargues in Frankreich. Handelte es sich um *Korrale*, um die Tiere einzupferchen, oder waren es Umfriedungen, die die Dorfbewohner schützen sollten? Man hat dort Spuren von Wohnplätzen gefunden. Jedenfalls stehen Kriege und Plünderungen auf der Tagesordnung.

Jules Renard sagte einmal: »Wer weiß, vielleicht ist der Krieg die Rache der Tiere, die von uns getötet worden sind.«

Allem Anschein nach hat der Begriff der Gemeinschaft in der Bronzezeit Fuß gefaßt, als Folge der sich ausprägenden Machtstrukturen und der darin liegenden Gefahr. Er bezeichnet den Übergang vom Nomadentum zur Seßhaftigkeit, von der Einzahl zur Mehrzahl. Das Dorf mit seinem Lebensmittelvorrat ist ein Gemeingut, das man vor dem neidischen Zugriff der anderen schützen muß. Man findet kaum Spuren von Behausungen. Die meisten Aufenthaltsorte für das Leben in der Landgemeinschaft waren auf organische Materialien gebaut. Einzig anhand einiger Überreste von Pfahlbauten – wie in Auvernier am Neuenburger See in der Schweiz – kann man sie sich ungefähr vorstellen. Alles andere ist verfallen und zu Staub geworden.

Das Metall dagegen überlebt dauerhaft, strahlt genauso ruhmreich wie zu seinen Anfängen. Das alles beherrschende Metall ist das Gold. Es ist der König der Erze und das Erz der Könige. Es ist der erlesene Schmuck, mit dem man jene Körperteile bedeckt, die mit der Idee der Macht in Verbindung stehen: den Kopf, der befiehlt; die Hand, die straft; die Genitalien, die das Fortbestehen sichern. Ein goldener Harnisch ist das Symbol der Unsterblichkeit und der Straflosigkeit. Voltaire hat dies in seinem *Philosophischen Wörterbuch* hervorgehoben, als er von Cäsar sprach, der einige wenige Jahrtausende später auf der Bildfläche erscheinen wird: »Cäsar hat zu Recht gemeint, daß man mit dem Gold Männer hat und mit Männern Gold. Darin liegt das ganze Geheimnis.«

Die einzige Schwäche des Goldes ist sein unpersönlicher Charakter. Es ist anonym, transportierbar. Es kann von der einen Hand in die andere gelangen. Es gehört dem, der es festhält. Es ermöglicht jedem den Zugang zur Macht und legt den Habgierigen das Verbrechen nahe. Außerdem kann dieses Stück Metall, das bewegungslos ist und hart, sich in einer einzigen Transaktion verwandeln in ein Feld, das Früchte trägt, das lebt und atmet. Das Gold führt zum Privatbesitz. Mit dem System des Tauschens und des später daraus hervorgehenden Handels schicken sich die Menschen an, die ersten Bipeden zu werden, deren Leben durch selbstgeschaffene Gesetze reguliert ist. Gestern waren sie noch einzelne Jäger, dann Hordenoberhäupter, schließlich werden sie zu Hirten und Ackerbauern, die sich allmählich in ein System aus Fürsorge, Pflicht und Strafe in die sozialen Strukturen einer Welt, die durch Gesetze zusammengehalten wird, einfügen werden. Der Staat steht unmittelbar bevor. Die Hierarchie ist im Entstehen. Die *Geschichte* ist nicht mehr weit entfernt.

Von Les Eyzies bis Lascaux, von Commarque nach Cro-Magnon – glückliche Zufälle bei den Entdeckungen haben dafür gesorgt, daß sich in Frankreich innerhalb eines relativ kleinen Gebietes die meisten prähistorischen Fundstätten befinden. »Die Dordogne, Land des ersten Menschen«, heißt es auf den Straßenschildern mit den touristischen Hinweisen. In dieser Region haben uns die Menschen aus der grauen Vorzeit, wahrscheinlich ohne jede Absicht, in den geheimnisvollen Grotten und in den Höhlen wertvolle Botschaften hinterlassen – sofern man sich die Mühe macht, sie zu entschlüsseln: Skulpturen, Malereien, Grabstätten, Werkzeuge, Waffen, Überreste von Wohnplätzen, erloschene Feuerstätten …

Kurz vor dem 3. Jahrtausend u.Z., wo uns die Fragen nach unserer Herkunft immer mehr bedrängen und die

– trügerische – Erinnerung an die Schrecken des Jahres 1 000 wieder auflebt, wird die Vorgeschichte zu einem offenen Buch und einem fabelhaften Anschauungsunterricht.

Die Metallzeit ertönt in unserer Vorgeschichte ebenso laut wie die Bronzetrommeln der Asiaten. Sie leitet die sogenannte Protogeschichte ein, die Frühgeschichte. Der Mensch muß sich nun noch auf dem Landweg oder auf dem Seeweg in alle Richtungen vorwagen und die Augen zum Himmel emporrichten – in dem vielleicht die Götter weilen. Wahrscheinlich besteht sein Schicksal von nun an darin, sich unaufhörlich Fragen über die Ewigkeit und über die Unendlichkeit zu stellen, ohne je eine Antwort darauf zu bekommen. Gabriel Camps drückt es folgendermaßen aus: »Von seiner Kultur und von der unabwendbaren Entwicklung seiner Technologie in die Falle gelockt, hat sich der Mensch zu lebenslänglicher Zwangsarbeit verurteilt.«

Wir wir schon gesehen haben, warf Jean Guilaine die Frage auf, ob das Neolithikum einen Fortschritt für die Menschheit bedeutet. Alle Epochen sind unweigerlich von eindeutigen Fortschritten und von weniger positiven Kehrseiten gekennzeichnet. Im Paläolithikum hat man vermutlich weniger gearbeitet und sehr strenge Regeln befolgt. Zum Beispiel durfte eine bestimmte Bevölkerungszahl nicht überschritten werden ... Ansonsten nahm man alles, wie es kam. Im Neolithikum läßt man sich nieder und sammelt Reichtümer an. Man setzt Kinder in die Welt, weil man immer mehr Hände braucht, um das Land zu roden. Die Ernährung ist gesünder und gefahrloser, aber man muß sich ständig damit abplagen, sein Feld zu bestellen und zu unterhalten. Im Schweiße seines Angesichts ... Man könnte meinen, der Mensch sei dazu geschaffen, zugleich zu genießen und zu leiden.

Zum ersten Mal, seit Lucy von ihrem Baum herabgestiegen ist, hat sich der Mensch niedergelassen, hat sich umgesehen und neue Tätigkeiten angepackt. Hat er damit das gelobte Land entdeckt? Er wird noch große Qualen erleiden und überstehen müssen, immer wieder unsinnigen Träumen nachjagen. Sein Wesen verurteilt ihn dazu. Er muß die Zeit der Götter noch hinter sich bringen und die Schrift erfinden. Erst danach wird er seiner Vorgeschichte den Rücken kehren können und die Morgenröte der Geschichte heraufdämmern sehen.

# XIV

# Die Zeit der ungewissen Götter

»Im Neolithikum hat der Mensch eine von Grund auf andere Mentalität entwickelt ...«

*Jean Chaline*

»Gleich zu Beginn des Neolithikums hat man in einigen Kulturen des Vorderen Orients Schädel mit übermodelliertem Gesicht angefertigt. Die Schädel entnahm man der Grabstätte. Man überzog sie mit Gips, um ihnen ein menschliches Aussehen zu verleihen. Anschließend stellte man sie zur Schau ... Das bedeutet folglich, daß man die symbolische Gegenwart eines toten Vorfahren brauchte ... vielleicht *weil dieser Vorfahre eine segensreiche Vermittlerrolle zwischen der Gemeinschaft und den Göttern spielen konnte.*«

*Jean Guilaine*

»Die Ägypter geben ihren Toten alles, was diese brauchen: ein Boot zur Überquerung des Flusses, Nahrung und Blumen. Dies erklärt sich vermutlich aus der Vorstellung, daß die Toten nicht wirklich tot sind, daß sie einfach *eine Reise ins Jenseits* antreten.«

*Hubert Reeves*

Am Ende der Bronzezeit erhebt sich in West- und Nordeuropa, besonders an der Atlantikküste, eine riesengroße und vielfältige »Vegetation« aus Stein aus dem Boden. Fast überall werden Steine aufgestellt, die zum Himmel emporragen. Zu welchem Zweck? Um ihn herauszufordern? Wozu dies, wenn er doch leer ist? Um ihn zu Hilfe zu rufen? Ihn zu ehren? Oder als Fürsprache, um seinen Schutz zu erwirken? Um ihn anzubeten? Fragen über Fragen.

Ganz gleich, welche Bedeutung man den Menhiren und anderen Granitdarstellungen beimißt, sie bezeugen auf jeden Fall unzweifelhaft eine intensive Beschäftigung der etwa 5 000 Jahre v.u.Z. lebenden Menschen mit dem Unsichtbaren und dem Übernatürlichen. Von Protagoras, dem griechischen Philosophen, stammt der sehr viel später formulierte *Homo-mensura-Satz*: »Der Mensch [lat. homo] ist das Maß [lat. mensura] aller Dinge, der seienden, wie sie sind; der nicht seienden, wie sie nicht sind.«

Es bleibt uns nichts anderes übrig, als den Namen »Gott« auszusprechen – in der Einzahl oder in der Mehrzahl, unabhängig davon, ob es ihn/sie gibt oder nicht. Ich hatte größte Schwierigkeiten, diesen Namen aus dem Mund der angesehenen Prähistoriker zu hören, die in Commarque versammelt waren – ein Beweis, daß für sie diese Vorstellung störend, auf jeden Fall lästig ist. Ich glaube an Gott, bin deswegen aber nicht schlauer. Ich halte diesen Umstand für einen Glücksfall, muß aber zugeben, daß mich Nietzsches heftige, erbitterte Frage ständig beschäftigt: »Wohin ist Gott gegangen? Ich kann es Euch sagen! Wir haben ihn getötet, ihr und ich! Wir sind alle Mörder! Aber wie haben wir so etwas tun können? Wie haben wir das Meer ausgetrocknet? Wer hat uns den Schwamm gegeben, um den Horizont wegzuwischen? Gibt es noch ein Oben und ein Unten? Irren wir nicht wie durch ein unendliches Nichts? Verfolgt uns die Leere nicht mit ihrem Odem? Ist es denn nicht kälter geworden? Seht ihr denn nicht unaufhörlich die Dunkelheit hereinbrechen? Noch mehr Dunkelheit? Hören wir denn noch nicht, wie die Totengräber Gott begraben? Auch die Götter zerfallen zu Staub.«

Nun, lassen wir diese Frage offen. Von Stonehenge in England und von Newgrange in Irland bis nach Carnac im französischen Morbihan hält eine Armee Wache, eine Armee von Menhiren aus Granit. Jeder dieser langen, aufrecht stehenden und unbehauenen kultischen Steine wäre in diesem Bild gleichsam ein Soldat, der Wache hält. Der Schriftsteller Prosper Mérimée umschreibt das Bild plastischer: »Eine Armee von 3 000 Kriegern, 6 Meter hohen Fußsoldaten, die in 13 Reihen mit einem Abstand von beinahe 20 Metern aufgestellt sind.« Für Vitor Jorge Olivera wollten die Menschen, die diese Kultmäler errichtet haben, das Endgültige des harten Steins verbinden mit der ewigen Erinnerung an ihre toten Vorfahren – also kein Bezug zu den Göttern.

Jean Guilaine sieht in der Neolithischen Revolution vor allem eine psychische und eine mentale Revolution. Er erklärt: »Der Mensch versucht, auf ein anderes Leben zuzugehen und anders zu denken.« Machen wir uns also ein Bild von diesen »Übergangsmenschen«, vergegenwärtigen wir uns den Blick, den sie auf diese Megalithen gerichtet haben müssen, als sie sie während einer Reise oder bei einer Erkundung entdeckt haben. Für die Arbeiter auf diesen monumentalen Baustellen mag es noch angehen. Sie wissen, daß sie es waren, die diese Steinsäulen aufgerichtet haben. Ihr Anführer ist, um im Bild zu bleiben, ein gigantischer General: der große Menhir von Locmariaquer. Er ist 25 Meter hoch und besteht aus fünf Blöcken, die zusammen 350 Tonnen wiegen. Man muß sich vorstellen, daß Menhire Steinstelen in schematisierter Menschengestalt sind. Wie sind sie aufgerichtet worden? In der Bretagne hat man Experimente durchgeführt, bei denen nicht weniger als 200 Männer notwendig waren, um einen 32 Tonnen schweren Menhir zu ziehen – das heißt einen Stein, der zehnmal kleiner und leichter war als der Menhir von Locmariaquer.

Die Frage bleibt unbeantwortet: Ist mit Hilfe dieser ungeheuerlichen, würdevollen, großartigen und unerklärlichen Steinsetzungen am äußersten Ende Westeuropas der erste Versuch einer Kommunikation zwischen Menschen und Göttern unternommen worden?

Die Vorzeichen haben sich über Jahrtausende angesammelt: der verwundete Bison in der Höhle von Niaux, die gespenstischen Hände, die überall auftauchen, in der Dordogne, im Mato Grosso oder auch in Australien. André Leroi-Gourhan hatte darin Darstellungen sehr alter, magischer Rituale gesehen. In Çatal Hüyük in Anatolien lag in einem Getreidebehälter eine mehr als 7 000 Jahre alte Tonfigur. Die Figur stellt eine auf einem Thron sitzende Frau dar, deren Hände zum Zeichen der Herrschaft auf den Köpfen steinerner Raubtiere ruhen. Man hat ihr den Namen Potmatheron gegeben. War diese Tonfigur der Spenderin des Lebens, der Güter und der Freuden gewidmet, der großen Muttergöttin also? Wie Jean Guilaine anmerkt, waren die Erde und die Frau zwei verwandte Begriffe. Die Erde bringt die Gräser und das Getreide hervor, sie ernährt die gesamte Fauna. Die Frau ist die Gebärende, die absolute Mutter, das Symbol für jeglichen Überfluß. Zwei Gottheiten, die auf beinahe provozierende Weise die Fruchtbarkeit und das Leben verkörpern.

Voller Begeisterung spricht Denis Vialou von den »berühmten prähistorischen Venus-Figuren, die völlig nackt aus der Vergangenheit auftauchen und die aus Elfenbein oder aus Stein geformt sind … man nimmt sie in die Hand … sie sind etwa handgroß … und stellt fest, daß man zwischen ihren Beinen, etwa auf Knöchelhöhe, einen kleinen Einschnitt angebracht hat … Durch dieses Loch kann man ein Band führen und die Statuette als Halskette tragen … Und so liegt einem diese Dame in der ganzen Pracht ihrer Nacktheit über der Brust, mit nach oben gerichteten Füßen …«. Als ob sie sich dem Mann in der Paarungsstellung, und damit in der Stellung der künftigen Geburt darbieten wollte …

Im Gegensatz dazu steht der Stier mit seinen drohenden Hörnern, seiner kraftvollen Männlichkeit und seiner ungestümen Wildheit. Überall stoßen wir auf Stierdarstellungen. Der Stier unterstreicht auf das Entschiedenste den Vorrang der Männlichkeit. Er ist das männliche Wesen, der Erzeuger, die Kraft in ihrem ursprünglichen Zustand. Auf den Felswänden der Höhlen, auf den Freilandfelsen und auf den ausgeschmückten Felshängen präsentiert er sich stets imposant und dominierend, mal naturgetreu und mal stilisiert dargestellt, vor allem jedoch in der betonten Reduktion auf seine beiden Hörner.

Die Frau und der Stier sind zwei Symbole, die einander ergänzen und zugleich einen Gegensatz bilden. Sie bedingen sich gegenseitig. Die Fruchtbarkeit ist das ausschlaggebende Moment. Das Leben entsteht aus diesen beiden Gegensätzen, die sich anziehen und schließlich miteinander vereinigen. Auf diese Weise entsteht das Menschenkind.

Um die archäologischen Funde persönlich in Augenschein zu nehmen, bin ich nach Filitosa im Süden Korsikas gefahren. Die Bedeutung der Insel für die Vorgeschichte ist erst in jüngerer Zeit erkannt worden,

Entdeckungen wurden dort erst in den fünfziger Jahren gemacht. Lange Zeit davor, bereits im Jahr 1839, hatte Prosper Mérimée, der Autor der Novelle *Colomba* und Generalinspektor der Historischen Monumente und Nationaldenkmäler in Frankreich, auf den Dolmen von Tarave in Sollacaro aufmerksam gemacht. Einen Abstecher in das in unmittelbarer Nähe liegende Filitosa hatte er jedoch nicht unternommen. Erst 1946 findet Charles Antoine Cesari, der Besitzer des Grundstücks, in einem Feld mehrere liegende oder schräg stehende Statuen. Auf dem Felsvorsprung oberhalb des Feldes entdeckt er die Überreste sehr alter Wohnstätten.

Die Fundstelle liegt etwas nördlich von Propriano. Vermutlich haben sich etwa 6 000 Jahre v.u.Z. einige Familien hier in den Felsüberhängen niedergelassen. Die Sonne taucht Felsen und Wiesen in ein mildes Licht. Es ist ein ruhiger Ort, wie eine alte Grabstätte, umgeben von einem Weingut. Eine Welt der Eidechsen und der Stille. Es hat 3 300 Jahre gedauert, bis die Bewohner des Ortes – Hirten und Ackerbauern, wie die zahlreichen Mühlsteine bezeugen – diese schlichten Blöcke aus körnigem, goldfarbenem Stein errichtet hatten, insgesamt mehr als 100 an der Zahl.

Die Luft ist heute erfüllt von einem sommerlichen Zirpen, das Land so weitab vom gewöhnlichen Tourismus, daß man Lust bekommt, hier in aller Ruhe spazierenzugehen. Die einfachsten Menhire erreichen etwa Menschengröße und bestehen lediglich aus einem Stein, der senkrecht in den Boden gerammt worden ist. Man kann sich ohne weiteres dagegen lehnen. Die Figurenmenhire jedoch, die erst 2 000 v.u.Z. auftauchen, weisen anthropomorphe Gestalt auf. Das heißt, es handelt sich um schematische Menschengestalten, mit unterschiedlichen Darstellungen des Kopfes, manchmal mit angedeuteten Armen und Händen oder mit der Darstellung der Wirbelsäule und der Rippen. Auf anderen Menhiren wiederum wird ein großer Phallus dargestellt. Auch gibt es einzelne Steine, auf denen eine Art Kettenhemd herausgearbeitet ist, von dem sich das Schwert und das Gehänge abzeichnen, zweifellos die Attribute eines an der Stelle bestatteten, verehrten Ritters. Im Reiseführer steht: »Korsika weist derzeit 73 Megalithskulpturen auf, was 40 % aller Figurenmenhire Frankreichs entspricht. Filitosa, wo sich die meisten davon befinden, bleibt das bevorzugte Zentrum der Bildhauerkunst im Mittelmeerraum.«

Woher kommt diese tiefgreifende Veränderung, dieses ausgeprägte Mitteilungsbedürfnis, das anscheinend nach dem 5. Jahrtausend v.u.Z. einen großen Teil der Menschheit befällt? Auch die Toten haben unwissentlich daran Anteil. »Obwohl es hinsichtlich der Bedeutung der Figurenmenhire noch ungeklärte Punkte gibt«, schreiben Jean-Dominique Cesari und Lucien Acquaviva, »drängt sich der Gedanke auf, daß sie in enger Beziehung zu der Vorstellung des Todes stehen. Die ersten Steinstelen des 3. Jahrtausends standen in Verbindung mit den Steintruhen, die danach folgenden mit den Dolmen.«

Oft hat sich der Künstler bemüht, den Toten, den man bestattete, mehr oder weniger symbolisch darzustellen. Dies war insbesondere bei der Bestattung herausragender Stammespersönlichkeiten der Fall. Cesari und Acquaviva schreiben weiter: »Die Gruppe läßt die Kraft und die Intelligenz des Toten fortdauern, indem sie ihn im Stein verewigt. So wird die Erinnerung an ihn aufrechterhalten, der Schutz des ›heroisierten‹ Oberhauptes ist gesichert.«

An diesem Punkt der Interpretation der Megalithen denkt man unweigerlich an die Analogie zwischen der Starrheit der Leiche und der Steinsäule. Zwischen beiden gibt es zahlreiche, offenkundige Parallelen: die Unbeweglichkeit, die Stille, die fehlende Kommunikation mit den Lebenden. Die Statuen in Filitosa sind menschengroße, antropomorphe Darstellungen. Die rudimentären Andeutungen der Menschengestalt treten an die Stelle des Menschen und verleihen ihm eine steinerne Ewigkeit.

Pierre Chaunu hat den entscheidenden Moment im Roman der Menschheit festgehalten: Es ist der Augenblick, als der tragische, anfällige, den anderen Tieren jedoch überlegene Bipede »sein höherentwickeltes Gehirn zum Einsatz bringt für den Traum, die Freude und den Größenwahn, das heißt für das Wesentliche, weil nicht Lebensnotwendige«. Von diesem außergewöhnlichen Augenblick spricht Chaunu als von einem »Stradivari-Effekt«: »Es gibt in der Geschichte Perioden, in denen die perfekte Beherrschung sehr alter Techniken kurze Momente des entspannten Innehaltens und des Glücks möglich macht. In diesen Momenten taucht aus dem Meer das Vexierbild eines neuen Garten Eden auf.«

Nach dem Gott Potmatheron sind in vermehrter Anzahl weibliche Gottheiten aufgetreten. Die bildhauerische Symbolik legt es darauf an, die sexuellen Attribute zu verherrlichen: die Brüste, den Leib, das Gesäß. Auf nahezu unanständige Weise verkörpern die Statuen die Fruchtbarkeit und die Geburt ... Die Frauen waren die »Lebensspenderinnen«. Das Menschenkind war die Frucht der großzügigen Frau, ganz im Gegensatz zu den Anfängen der Menschheit: Daâh wußte nämlich nicht, daß er für den dicken Bauch und die Schwangerschaft seiner Gefährtin verantwortlich war, nachdem er mit ihr kopuliert hatte. Jetzt sind sich die Männer der genetischen Folgen des Geschlechtsaktes, dem sie sich mit Freuden hingeben, bewußt. Das Ergebnis dieses neuen

Bewußtseins ist, daß die weiblichen Gottheiten immer vielgestaltiger und komplizierter werden. Es werden nunmehr Göttinnen mit Flügeln modelliert, Vogelwesen sozusagen, mit der Macht, ein langes Leben zu garantieren. Ganz gleich, in welcher Gestalt diese Göttinnen auftreten, stets haben sie die Aufgabe, das Leben zu erhalten.

Eine Form findet sich immer wieder: die Eiform. Das Ei ist das universelle Symbol der Geburt und steht seit den frühesten Epochen des Paläolithikums für die Anfänge der Menschheit. Es steht als Zeichen für den Anfang, die Erneuerung und folglich auch für die Kontinuität.

Wenn man nach vorne blickt, dann sieht man auch bald *nach oben* zum Himmel. Der Himmel wird nun zugleich zum Problem und zur Hoffnung.

Vielleicht ist der strahlende Glanz der Bronze, die plötzlich Ägypten und danach Indien erleuchtet und gehärtet hat, verantwortlich dafür, daß die weiblichen Gottheiten nach und nach von der Bildfläche verschwinden. Ein Wandel vollzieht sich. In den Symbolen und auf den steinernen Darstellungen tritt der Vater an die Stelle der Mutter. Besonders deutlich ausgeprägt ist die Veränderung im Mittelmeerraum. Die schweren, fettleibigen Göttinnen mit den nährenden Brüsten und den fruchtbaren Lenden werden abgelöst durch Krieger, die meistens eine Waffe tragen, einen Dolch zum Beispiel, und meistens auch das vom Menschen gezähmte Feuer. Das Unsichtbare nimmt männliche Gestalt an, und es behauptet sich, hart wie das Metall. Der Held erscheint nunmehr auf der Bildfläche und vertreibt die Göttin. Vitor Jorge Olivera begreift diese Veränderung als Inbesitznahme durch die Militärgewalt und als Ablösung der Attribute von Weiblichkeit und Mutterschaft durch Prunkwaffen wie Hellebarden, Streitäxte oder Schwerter.

Um auf Korsika zurückzukommen: Dort haben die Archäologen eine sehr seltsame Entdeckung gemacht. Sie haben 76 Figurenmenhire gefunden, die ursprünglich weiblich waren und die alle mit einem zusätzlichen Schwert am Gürtel ausgestattet worden sind. Einige von ihnen sind sogar verstümmelt worden, indem man ihnen die Brüste entfernt hat. Der Dialog mit dem Übernatürlichen hat so sehr an Bedeutung gewonnen, daß der Mensch das monumentale Alphabet *korrigiert*, das er unter freiem Himmel aus Stein für die Götter oder auch gegen sie errichtet hat.

Am Mont Bego im Hinterland von Nizza ist es ein ganzer Berg und das sich von ihm aus erstreckende Tal, das man *Vallée des Merveilles* (Tal der Wunder) genannt hat, die sich beide wie ein unentschlüsseltes Zeichensystem vor unseren Augen entfalten. Vitor Jorge Olivera spricht von einem Berg-Menhir, von einer Säulen-Kirche, die ein und derselben Symbolik gewidmet ist und in der sich verschiedene Epochen kreuzen. Es lohnt sich, Professor Henri de Lumley vor Ort oder im Internet zu hören und zu sehen, wenn er diese unglaubliche Fundstätte zu deuten und zu kommentieren versucht. Mehr als 30 000 Felsen haben den Menschen als Schreib- oder als Malunterlage für ihre Symbole gedient; insgesamt über 100 000 Symbole. Ob es sich um Darstellungen der Feldarbeit handelt, um durch Joch und Deichsel miteinander verbundene Horntiere, um stark stilisierte Stierdarstellungen, um Reihen von Bronzedolchen oder auch um Magier mit zum Himmel emporgereckten Händen – alles deutet darauf hin, daß es sich um Ackerbauern gehandelt hat, die den Berg aufgesucht haben, um sich an die Götter zu wenden. Am besten stellt man sich das Ganze als Berg vor, der von oben bis unten tätowiert ist. Zu seinen Füßen liegt das Hinterland von Nizza bis zum dunkelblauen Mittelmeer, oben ragt der zumeist schneebedeckte Gipfel in den Himmel. Ein Felsen-Buch, weit aufgeklappt für die gedachten, wiewohl schweigenden und unsichtbaren Gottheiten.

Wenn man die Arbeit betrachtet, die das Team der Lazaret-Höhle über Jahre hinweg geleistet hat – die Gruppe hat jedes kleinste Graffito reproduziert, eingescannt und dann im Internet veröffentlicht –, dann kommt man zu aufregenden Ergebnissen.

Die Götter sind da, auf dem Stein. Woran sind sie zu erkennen? An einer Sonnenscheibe, an einem im Kopf steckenden Dolch, an einem hervorgehobenen männlichen Geschlecht und noch an einem weiteren bezeichnenden Merkmal: *Ihre Füße zeigen nämlich nach innen*. Es kommt der Magie gleich: Sie bewegen sich nicht fort wie die anderen. Und die Menschen, voller Bewunderung und Verehrung, empfinden Respekt vor ihnen: Bei diesen Gottheiten ist das Geschlecht hervorgehoben, sie haben das Feuer oder die Sonne im Kopf und einen *Dolch*. Das bedeutet, daß die Götter zum Opfer bestimmt sind. Sie müssen *geopfert* werden. Wohin kämen wir, wenn sie unversehrt davonkämen mit ihrer angemaßten Vormachtstellung? Man tötet sie, und ihr Blut tränkt die Muttererde und sorgt so für fruchtbare Ernten. Über einen unvorhersehbaren Umweg ist die Fruchtbarkeit von den Muttergöttinnen auf die zornigen Götter übergegangen – denn eine Zickzacklinie, die von der Stirn der Gottheit ausgeht, ergibt plötzlich einen Blitzstrahl.

Ähnliche Darstellungen findet man in den Gebirgszügen der Sahara, im marokkanischen Antiatlas und im Hohen Atlas, auf der Iberischen Halbinsel, auf Korsika, im Norden der Toskana und sogar in den skandinavischen Ländern.

Gabriel Camps sieht diese ungeheuerlichen, beschwörenden Darstellungen unter freiem Himmel als Ausdruck für »das Bedürfnis, das unendlich große Bestiarium festzuhalten, es in den Griff zu bekommen, es bildlich auf die Felswand zu bannen und es gleichsam seiner Macht zu berauben«. Weiter erklärt Camps, daß »es sich vielleicht bei all den Versuchen, weibliche oder männliche Gottheiten zu malen oder zu gravieren, ähnlich verhält. Aber die Tatsache, daß man ihre Formen überbetont oder die Gestalten verstümmelt, scheint wie durch einen bösen Zauber mit dem Wunsch verknüpft zu sein, sie zu verwandeln und auf diese Weise vielleicht *keine Angst mehr vor ihnen haben zu müssen.*«

Dem Zauber trotzen – das ist der besorgniserregende Preis, den es von nun an zu zahlen gilt, da der Mensch aus eigenem Entschluß in die Zeit der Götter eingetreten ist. Die Dinge nehmen ihren Lauf. Am Ende der prähistorischen Zeiten will der einem unwiderstehlichen Drang gehorchende Mensch alles erkunden, alles begreifen, alles entschlüsseln. Er glaubt, das Recht zu haben, die Götter anzurufen – wenn es sie denn gibt. Er tut es, indem er Steine aufrichtet. In den Bergen vermehrt er die Zeichen, damit sie vom Unsichtbaren gesehen werden. Seither wartet er.

Das ist der Lauf der Dinge, das entspricht der *conditio humana*. Jeden Tag wird die Frage nach der Existenz oder Nicht-Existenz der Götter beziehungsweise des einen, einzigen Gottes quälender und drängender. Sie wird die einzige Frage von Bedeutung bleiben, die immer wieder gestellt werden wird. Nur diejenigen, die auf »die andere Seite des Lebens« gegangen sind, kennen die Antwort – sofern sie noch über das Wissen um die Dinge verfügen. *Wir* aber kennen die Antwort *nicht*.

Begleiten wir Vitor Jorge Olivera nach Newgrange in Irland. Der Ort scheint eine ganz besondere Faszination auf ihn auszuüben. »Es handelt sich wirklich um ein außergewöhnliches Denkmal«, erklärt er, »denn es zeigt eindeutig, daß die Architekten, von denen es ersonnen worden ist, es vom ersten Moment an astronomisch angelegt haben. Alles ist so ausgerichtet, daß bei der Wintersonnenwende die aufgehende Sonne in einen leicht gewundenen Gang fällt und für etwa eine halbe Stunde die Grabkammer erleuchtet.« Dieses astronomische Prinzip findet sich sehr häufig in Megalithbauten: eine Ausrichtung auf den Punkt, an dem die Sonne aufgeht, dazu eine weitreichende Kenntnis der Lichtverhältnisse, was zu einer szenischen Anordnung führt, die man in den Dienst einer Macht stellen kann. Vitor Jorge Olivera spricht von Menhirkreisen, die so errichtet worden sind, daß sie zu bestimmten Zeiten von der Sonne beschienen werden. Er verweist auf den Tumulus (Grabhügel) auf der Insel Gavrinis in der Bretagne, der 3 500 Jahre v.u.Z. errichtet worden ist. Ein 12 Meter langer, sehr enger Gang, in dem jeweils nur eine einzige Person gehen kann, durchzieht den Tumulus. Um zur Grabkammer und zu deren Seitenkammern zu gelangen, muß man einem ganz bestimmten Weg folgen. »Nur die Eingeweihten erreichen zum festgesetzten Zeitpunkt den Saal, in den bald die Sonne fallen wird. Die anderen werden je nach ihrem Wissensstand in die Seitenkammern gewiesen. Die Laien, die Ungläubigen und die Schaulustigen bleiben draußen und nehmen überhaupt keinen Anteil. Es ist eine symbolische Inbesitznahme des Raumes, so daß der Mikrokosmos mit dem Makrokosmos in Verbindung tritt, und zwar einzig und allein zugunsten der Initiierten, entsprechend der gleichmäßigen Bewegung im Lauf der Gestirne.«

Die Frauen und Männer des Neolithikums haben jetzt mit einem ›großen Fragen‹ begonnen. Ihr Tun und Handeln ist nicht mehr nur von der Notwendigkeit, dem Wunschdenken oder der Angst diktiert. Ohne einen Grund dafür zu haben, und sei er noch so verworren oder unsagbar, errichtet man keine Steinblöcke ohne jeden praktischen Nutzen, eine Arbeit, bei der Hunderte von Händen mit anpacken müssen. Man verstümmelt nicht weibliche Statuen und stattet sie mit Waffen aus Metall aus, wenn man nicht irgendwo auf eine, wenn auch noch so anfechtbare Hierarchie bedacht ist. Nichts ist mehr, wie es war, seit der Mensch die finsteren Höhlen verlassen und die Ebene, den Bach, die ganze umgebende Natur und den Himmel darüber mit anderen Augen betrachtet hat, seit er gesät und geerntet, Tiere gefangen, gefüttert und geopfert hat, seit er Metall gegossen und mit der Natur, den Sonnenwenden und den Gestirnen kommuniziert hat.

Von nun an kann sich die Spezies nicht mehr nur mit dem *Konkreten* und *Sichtbaren* begnügen. Sie richtet sich ein in einem grenzenlosen Bereich, im Unendlichen. Die Steinsetzungen sind ein Signal. An wen ist es gerichtet? An die Toten, die unter der Erde begraben sind und die man verehrt? An den Fremden, der weit entfernt jenseits des Ozeans wohnt, unweit dessen Ufern man die Menhire errichtet hat? An die Nomaden, die Reisenden, die Anhänger eines rätselhaften Rituals, die man zur Wintersonnenwende zu Zeremonien einlädt? Oder an die Götter?

Von dieser Epoche an, die gekennzeichnet ist von der Seßhaftwerdung, vom Ackerbau und vom Metall, wird es für den Menschen nichts Wichtigeres mehr geben als die Existenz oder Nicht-Existenz der in seiner Vorstellungskraft geborenen Götter. Er hat sie aus dem Nichts, aus dem er selbst gekommen ist, entstehen lassen. Und er wird sie nicht mehr loswerden. Die Ewigkeit, die Unendlichkeit werden fortan für immer in seinem Kopf herumspuken. Er nimmt viel zu viele Dinge wahr, als daß er Ruhe finden könnte. Bleibt ihm noch, sich an jene Zukunft zu wenden, die er selbst nicht mehr erleben wird. Bleibt ihm noch, die Schrift zu erfinden.

# XV

# Die Schrift, Zukunft des Menschen

»Es gibt keinen Beweis dafür, daß die Sprache der Schrift vorausgegangen ist. Denn gerade die ersten graphischen Zeichen, die sich nachweisen lassen, sind Gebärdenzeichen.«

»Man kann sagen, daß jede Schrift ursprünglich eine Bilderschrift war.«

»Zweifellos ist die Schrift an drei verschiedenen Orten auf der Welt erfunden worden: in Sumer in Mesopotamien, in China und bei den Maya.«

»Ich betone noch einmal: Die Schrift, ebenso wie die Geschichte, beginnt in Sumer.«

*Louis-Jean Calvet*

Wer Schrift sagt, der denkt sofort auch an Sprache. Das Schriftliche sei lediglich eine Transkription von Lauten. Sozusagen das »gefrorene Sprechen« von François Rabelais. Die Schrift legt fest, *fixiert*. Daher rührt der alte lateinische Sinnspruch: »Das gesprochene Wort entschwindet, Geschriebenes hat Bestand.« Was man schwarz auf weiß besitzt, kann man getrost nach Hause tragen.

Für Louis-Jean Calvet beginnt alles in dem Moment, da sich der Mensch auf die Hinterbeine aufrichtet. Das gibt natürlich die Vorderbeine frei, die Hände kommen zum Vorschein, der aufrechte Gang legt einen Lappen des Großhirns frei, das sogenannte Brocasche Feld, die motorische Sprachregion, kurz: die Kommunikationsfähigkeit des Menschen.

Anhand von genauen Vergleichen zwischen dem Schädel eines heute lebenden Säuglings, dem Schädel eines Neandertalers und dem Schädel eines Menschenaffen ist Dr. Edmund Grelin, Anatom an der Medicine School in Yale in den Vereinigten Staaten, zu einer beunruhigenden Schlußfolgerung gelangt. Der Säuglingsschädel hat mehr Gemeinsamkeiten mit ihnen als mit dem Schädel eines lebenden Erwachsenen von heute. Auf dieser Stufe der Entwicklung ähnelt der Säugling mehr den *der Sprache nicht fähigen* Lebewesen als einem von uns. Als wäre der prähistorische Mensch paradoxerweise nicht der *Vater* des jetzigen Menschen, sondern sein *Sohn*.

Man hat sogar die These vertreten, daß am Ursprung unserer Spezies die Pygmäen stehen könnten. Der Stamm der Mbuti verständigt sich in einer der seltenen, noch heute gesprochenen Sprachen, deren Ursprung man nicht bestimmen kann. Das gibt Anlaß zu den unterschiedlichsten Vermutungen: Mal ist die Rede von Tieren – Menschenaffen, Delphinen, Graugänsen eines

Konrad Lorenz –, mal bringt man die These von den *Protosprachen*, den Ursprachen vor. Die Sprachwissenschaftler Joseph Greenberg und Vladislav Illich Svitych sehen den Ursprung der zur Zeit in Gebrauch befindlichen Idiome vorzugsweise in einer »proto-eurasischen« oder »protonostratischen« Sprache, die zwischen 15 000 und 10 000 Jahre v.u.Z. aufgetaucht sein soll. Andere Wissenschaftler wie Merrit Ruhlers gehen von der wahrscheinlichen Existenz eines einzigen Stammbaumes aus, der sich in der grauen Vorzeit verloren und der keinerlei Auswirkungen auf die modernen Sprachen gehabt hat.

Wie stets, so steht auch hier der Neandertaler im Weg. Man weiß immer noch nicht, was aus ihm geworden ist: Wurde er dezimiert durch irgendein Übel, das nur ihn heimgesucht hat, wurde er ausgerottet durch den ihm weit überlegenen Cro-Magnon-Menschen, oder hat er mit ihm zusammen gelebt und ist dann neben ihm ausgestorben? Der Neandertaler hatte Ähnlichkeit mit einem Kind, heißt es. Wenn dem so ist, warum hat er sich dann nicht entwickelt wie irgendein Menschenkind?

In jedem Fall steht fest, daß sich die Spezies nunmehr in allen Belangen vervollkommnet, weil sie an verschiedenen Orten des Globus ein kollektives, seßhaftes Leben zu führen begonnen hat. Falls es eine bestimmte Geburtsstunde für die Kommunikationsgesellschaft gibt, dann hat sie jetzt geschlagen. Für Lukrez kam dies keinem Wunder gleich. Er schreibt nämlich: »Ist es denn ein Wunder, daß die Menschen, die der Stimme mächtig sind und der Kunst, um sie zu gestalten, den verschiedenen wahrgenommenen Gegenständen, je nach ihren Eindrücken und Empfindungen, Wörter zugeordnet haben? Denn sehen wir nicht jeden Tag, wie sogar Raubtiere durch unterschiedliche Laute die Angst, den Schmerz oder die Freude, die sie bewegen, zum Ausdruck bringen?«

Die Sprache wird erworben, sie erweitert und wandelt sich, spaltet sich ab, wird zunehmend komplizierter. Je mehr die Menschen Dinge *tun*, desto vordringlicher wird ihr Bedürfnis, sie *auszusprechen. Die Stummen finden zum Ausdruck.* Saint-Exupéry sagt: »Die Wahrheit, das ist die Sprache, die das Universale freilegt.«

Wenn man den kollektiven Bildern dieser an der Schwelle der Geschichte stehenden Völker glauben kann, dann entsteht sehr schnell das, was man den Turm zu Babel nennt – oder mit den Worten von Elias Canetti, dem Autor von *Provinz des Menschen,* »der zweite Fall des Menschen«. Canetti schreibt weiter: »Er verlor, was er nach seinem ersten Fall bewahrt hatte: *die Einheit der Namen.*«

Im Laufe der Jahrtausende verblaßt die Erinnerung des Menschen an die Vorgeschichte immer mehr. Liegt es an dem unbestimmten, aber unentrinnbaren Gefühl, daß wir uns unserer Vorfahren schämen? Darwins umfassender Briefwechsel erinnert uns daran, wie teuer es ihn zu stehen gekommen ist, daß er uns einen Affen als Urgroßvater ›andrehen‹ wollte. Man ist auf der Hut. Jeder vollzogene Fortschritt wird als Glanzleistung der *Spezies* dargestellt. Wir erklären uns zu den Herren über die Welt. Es kommt nicht in Frage, daß wir uns womöglich an einen Vierbeiner erinnern, der entweder von seinem Baum heruntergestiegen ist oder der sich auf seine Hinterbeine gestellt hat, um der Gefahr ins Auge zu sehen. Der Mensch sieht nach vorne, zur Seite, nach oben über sich, doch niemals zurück oder nach unten. Was unter der Erde vergraben ist, das muß für alle Zeiten auch dort bleiben. Was wäre für uns gewonnen, wenn wir mehr über einen Stammbaum wüßten, in dem wir mehr oder weniger mit den Affen verwandt sind?

An der Schwelle der Geschichte angelangt, wird sich der prähistorische Mensch in rasantem Tempo entwikkeln. Zunächst wird er die Metalle entdecken, sie bearbeiten und dann schmelzen – die Eisenzeit, dann die Bronzezeit. Dann wird ihn die Notwendigkeit, über die sichtbare und die greifbare Wirklichkeit hinauszugehen, Steine zum Himmel empor aufrichten lassen; und er wird mit den Göttern verkehren. Dann wird er sich nicht mehr damit begnügen, sich mit seinen Zeitgenossen zu unterhalten. Er wird den Ehrgeiz entwickeln, mit den Menschen zu reden, die nach seinem eigenen Tod leben werden. Er erfindet die Schrift, um der Zeit und der Vergänglichkeit zu trotzen.

In seinem Buch *Patience dans l'azur [Geduld im Blau des Himmels]* behauptet Hubert Reeves, daß das Mitteilen dem Handeln vorausgegangen sei. Zuerst gab es die Information, dann die Aktion. Die Information soll schon vor dem Urknall existiert haben. Die Natur sei wie eine Sprache strukturiert. Daher der zutreffende, weise Satz im Johannes-Evangelium: »Im Anfang war das Wort, und das Wort war bei Gott, und das Wort war Gott. Im Anfang war es bei Gott. Alles ist durch das Wort geworden, und ohne das Wort wurde nichts, was geworden ist.«

Wenn man sich auf Nietzsche oder auf Montaigne beruft, dann »denkt man richtig« nur beim Gehen oder mit dem Hintern im Sattel. Unsere fernsten Vorfahren scheinen unerschrockene Geher gewesen zu sein, und es hat lange gedauert, bis sie ein Pferd eingefangen und sich auf selbiges geschwungen haben. Doch erst nachdem sie – jedenfalls einige unter ihnen – seßhaft geworden sind und also keine Nomaden mehr waren, sind sie auf den Gedanken gekommen, die Schrift zu erfinden. 20 000 Jahre v.u.Z. haben in sich Lascaux die ersten modernen Menschen ausgedrückt, indem sie auf die Felswände der Höhlen *gemalt* haben. Es hat noch 16 000 Jahre gedauert, bis sie in Mesopotamien mit Hilfe von zu Griffeln zugespitzten Schilfrohren Buchstaben auf Tontafeln gezeichnet haben. Die Sprache übermittelt direkt, vom Mund zum Ohr. Sie ist so warm, so farbig und so überzeugend wie das Leben selbst. Aber sie ist unsicher, vom Gedächtnis, vom Bewußtsein und von der Redlichkeit der Sprechenden abhängig. Die Schrift ist die einzige *Gewähr*.

Das Abenteuer der Entdeckung der Schrift beginnt – wie beim Werkzeug – mit einem von Menschenhand bearbeiteten Stein. Bis zu diesem Zeitpunkt verfügte man lediglich über ein paar Kopien von Inschriften, die ein Neapolitaner namens Pietro Della Valle oder auch ein deutscher Geograph dänischer Herkunft, Carsten Niebuhr, aus Persepolis mitgebracht hatten. Diese Inschriften waren nicht zu entschlüsseln. Eines Tages dann, im Jahr 1802, hat ein französischer Botaniker, ein gewisser Michaux, einen seltsamen Kieselstein aus Bagdad mitgebracht, den er dort auf dem Markt gekauft hatte.

Es handelte sich um einen *kudurru*, einen Grenzstein, auf dem der ein Grundstück betreffende Schenkungsakt eingraviert war, sozusagen eine Schenkungsurkunde, das Ergebnis einer Transaktion. Diese stand unter dem Schutz der Götter, die auf dem Stein abgebildet waren. Auf den ersten Blick war der Stein nichts Außergewöhnliches, abgesehen von der Tatsache, daß es sich hierbei um das erste, in einer Keilschrift »geschriebene« Monument handelt, das auf 2 000 Jahre v.u.Z. zu datieren ist. Die Keilschriftzeichen sind die Vorfahren der Schrift. Sie gehen den Hieroglyphen (was eigentlich »Götterschrift« bedeutet) und der Linearschrift aus Kreta voraus.

Dem Fund hat man den Namen *Michaux-Kieselstein* gegeben.

Von dem Zeitpunkt an häufen sich die Entdeckungen. Der Deutsche Georg Friedrich Grotefend, Gymnasiallehrer in Göttingen, der unermüdlich in Persepolis gefundene Inschriften zu entschlüsseln versucht, kommt auf die Idee, daß sie Elemente einer konstruierten beziehungsweise strukturierten Sprache enthalten müssen. Er gelangt zu dieser Überzeugung, als er im Text auf die Namen einiger Könige stößt, zum Beispiel Artaxerxes, Kambyses, Kyros, Dareios, Xerxes und einige andere *die gleichen Zeichen* enthaltende Namen. Grotefend behauptet nicht, den Schlüssel gefunden zu haben. Er erklärt lediglich, daß er mit der Entschlüsselung befaßt sei. Sofort sieht er sich Anfechtungen, Angriffen und Verunglimpfungen ausgesetzt. So wie damals Darwin spricht man auch ihm das Recht ab, sich Fragen zu stellen und ihnen nachzugehen. Er wehrt sich empört: »Darin liegt Verachtung. Ich bin mir sehr wohl bewußt, daß ich nur ein kleiner Lateinlehrer bin. Schon gut! Ich werde mich an mein Gymnasium in Hannover zurückbegeben, und mit etwas Glück werde ich es vielleicht bis zum Direktor bringen. Und bis dahin wird meine Arbeit, von niemandem anerkannt, untergegangen sein.«

Dann ist die Reihe an Robert Ker Porter, ein englischer Maler und dem Exotismus anhängender Romantiker: Er reist von Bagdad nach Babylon und nach Persepolis und wird nicht müde, seine Staffelei in den weiten, sandfarbenen Ebenen aufzustellen, die zwischen diesen sagenumwobenen Städten liegen. Auf der Suche nach einem

Motiv hält er plötzlich inne: Er steht vor einem honigfarbenen Berg, auf dem sich die Erde und der Himmel berühren und auf dem eine gespenstische Ruine thront, deren Mauern wie nach einer Naturkatastrophe in Glas verwandelt worden zu sein scheinen. Guten Mutes und voller Bewunderung hält er die Szenerie auf der Leinwand fest. Er hat sich in den Kopf gesetzt, daß er hier vor dem Turm zu Babel steht. Er nimmt seine Malerausrüstung und zieht weiter. 100 Kilometer südlich von Hamadan entdeckt er einen anderen, steilen und gezackten Berg, und auf ihm erwartet ihn eine schwindelerregende Überraschung: Die Felsen, die auf dem Berg emporragen, sind voller klarer, verständlicher Zeichen. Es handelt sich um Behistun, einen Ort, dem man den Beinamen »Königin der Inschriften« verleihen wird.

Robert Ker Porter hat ein glückliches Händchen gehabt. Die Kunst dient jetzt der Wissenschaft. Die Zeichen werden auf Papier übertragen und 1838 nach England geschickt. Die Inschrift umfaßt insgesamt mehr als 400 regelmäßige Zeilen, mit deren Entzifferung H. C. Rawlinson beauftragt wird. Dieser macht sich an die Arbeit. Mehr als ein halbes Jahrhundert wird er brauchen, hin- und hergerissen zwischen seiner Zielstrebigkeit und nagenden Zweifeln, bis er endlich zu der Gewißheit gelangt: Es handelt sich um einen Text von Dareios, persischer König von 512 bis 486 v.u.Z. Es ist ein autobiographischer Bericht, in dem der Held selbstgefällig über seine Siege und die Orte berichtet, an denen er sie errungen hat. Er tut dies mit einer Überfülle an topographischen, äußerst vertrackten Details, die sich als von größter Bedeutung erweisen.

»Ich gebe es ehrlich zu«, räumt Rawlinson ein, »nachdem ich jedes Zeichen und jedes Wort identifiziert hatte, für das ich in den dreisprachigen Inschriften, direkt oder verschlüsselt Anhaltspunkte gefunden hatte, war ich unzählige Male versucht, meine Nachforschungen aufzugeben ... Aber schließlich haben sich meine Bemühungen doch gelohnt.«

In der Tat. Oder wie Etiemble sagt: »Der Mensch hat mehr als eine Million Jahre ohne die Schrift gelebt. Sie ist erst vor ungefähr 6 000 Jahren aufgetaucht.«

Die Schrift geht auf das Rechnen zurück. Erinnern wir uns an den Michaux-Kieselstein. Das französische Wort *caillou* (Kiesel) kommt aus dem lateinischen *calculus*, ein Wort, das nichts anderes bedeutet als eben »Steinchen, Rechenstein«. Victor Hugo hält fest: »Alle Buchstaben sind zuerst Zeichen gewesen, und alle Zeichen zunächst Bilder.« Diesen Bildern, Zeichen und Buchstaben gilt während des gesamten 19. Jahrhunderts die Leidenschaft der Forscher, darunter Jacques de Morgan, Vincent Shell, George Smith, um nur einige zu nennen. Alle erleben sie Momente der höchsten Ergriffenheit. Als Smith im Dezember 1872 die Keilschrifttafel entdeckt, die ihn berühmt machen wird und die nichts Geringeres ist als der Schöpfungs- und Sintflutbericht, der der Bibel vorausgeht, ruft er aus: »Ich bin der erste, der diesen Text nach 2 000 Jahren des Vergessenseins liest!«

»Es ist äußerste Vorsicht geboten«, erklärt Louis-Jean Calvet, »denn von dem, worüber wir sprechen werden, haben wir lediglich einige Spuren gefunden: diese Zeichnungen, die auf gebrannten Ton eingraviert worden sind. Ohne daß wir Beweise dafür hätten, könnte es auch sein, daß man schon davor geschrieben hat, zum Beispiel, indem man Tätowierungen auf die Haut einritzte.«

Auch hier beginnt wieder alles in Mesopotamien, in dem Land zwischen Euphrat und Tigris, mehr als 3 000

Jahre v.u.Z. Dort lebten zwei Völker: die Akkader, die eine semitische Sprache sprechen, und die Sumerer mit einer nicht einzuordnenden Sprache, deren Herkunft unbekannt ist. Louis-Jean Calvet erzählt: »Sie haben ganz einfach begonnen, indem sie Zeichnungen gemacht haben. Sie wollten ›Fuß‹ schreiben, also zeichneten sie einen Fuß.«

Wir befinden uns bei dem Gespräch in der Höhle von Commarque. Dort kann unser angesehener Sprachwissenschaftler der Versuchung nicht widerstehen. Er leiht sich die Zeichenkohle des Malers, tritt an die Staffelei und zeichnet auf dem Papier den Umriß eines Fußes.

»Niemand weiß, wie man ›Fuß‹ auf sumerisch sagte. Ich bin Franzose und lese: Fuß.«

Und er fährt fort mit seinen Zeichnungen und seinen Kommentaren.

»Wenn sie das Gehen meinten, dann zeichneten sie einen *Tritt*. Mit *Fuß* und *Tritt* erhält man einen *Fußtritt*. Wenn man vor den Fuß einen *Hasen* setzt, dann erhält man einen *Hasenfuß* ... Wenn man auf diese Weise Wörter miteinander kombiniert oder einzelne Silben, dann kann man andere Wörter bilden. Das Piktogramm wird nicht mehr nach seinem semantischen Wert, sondern nach seinem Lautwert benutzt.«

Die sumerischen Wörter waren in der Hauptsache einsilbig und wurden nicht durch Deklination verändert, sondern durch das Hinzufügen von Vor- oder Nachsilben, für die vergleichsweise wenige Zeichen ausreichten. Der geniale Einfall, Bilder in Laute zu verwandeln, verlieh der sumerischen Schrift bald große Ausdrucksmöglichkeiten. Das ursprünglich einen konkreten Gegenstand bezeichnende Bildzeichen wurde zu einem Symbol für einen abstrakten Begriff, in unserem Beispiel: Aus dem konkreten Fuß und dem konkreten Hasen wird nach der Kombination etwas, das sich auf eine abstrakte Eigenschaft des Menschen bezieht, auf die Feigheit.

Mesopotamien nun ist aufgrund seiner Sprachenvielfalt ein Sonderfall – was dazu führt, daß die Akkader Wörter der Sumerer übernehmen und umgekehrt, wodurch das System um einiges komplizierter wird.

Tatsächlich aber geht die Schrift auf das Zählen zurück. Anstatt 20 Schafe mittels 20 Tonfiguren darzustellen, schreibt man ein Zeichen, das der Zahl 20 entspricht. Dann kommen die Hände ins Spiel: man zählt mit Hilfe der Finger. Eine Hand: fünf Finger. Zwei Hände: zehn Finger. Und entsprechend weiter. So entsteht das Dezimalsystem. Andere nehmen Füße und Hände zu Hilfe und kommen auf 20. Der Rekord scheint an einem genau festlegbaren Ort erreicht worden zu sein: an der Torresstraße, jenem Meeresarm, der die Arafurasee mit dem Korallenmeer, den Indischen Ozean mit dem Pazifischen Ozean sowie Australien mit Neuguinea verbindet. Dort bildet die Grundlage aller Berechnungen die Anzahl der Gelenke des menschlichen Körpers – was folglich dessen vollständige Kenntnis voraussetzt –, und somit baut man ein System auf der Grundlage der Zahl 32 auf. »Man analysiert die Außenwelt in Bezug auf den eigenen Körper«, stellt Louis-Jean Calvet fest, »und dann reproduziert man sie.«

Diese Zahlen sind der Ursprung der schriftlichen Kommunikation. »Zunächst durch die Erfindung der Position: Wenn die Ägypter oder die Sumerer 33 sagen wollten, dann schrieben sie dreimal die Zahl 10 und dreimal die Zahl 1 auf. Die *Null* hat man noch nicht erfunden. Die Römer der klassischen Antike kannten sie nicht.«

Man hat also das *Zählen* gelernt, fährt aber auch mit dem *Erzählen* fort. Ein Beispiel dafür ist das *Gilgamesch-Epos*. Gilgamesch ist ein Held aus der babylonisch-assyrischen Mythologie, dessen Name bedeutet: »derjenige, der alles gesehen hat«.

Dieser Gestalt, die König von Uruk südlich von Babylon gewesen sein soll, ist eine Dichtung gewidmet. Vielleicht ist Gilgamesch tatsächlich ein König gewesen, dessen Taten und Leiden unendlich groß gewesen sind. Die mündliche Tradition hat diese Geschichte von Generation zu Generation überliefert, bis sich die Keilschrift in Mesopotamien verbreitet hat und der Text aufgeschrieben worden ist. Dann hat man ihn in Ninive, in der berühmten Bibliothek von Assurbanipal, dem König Assyriens, aufbewahrt. Das Epos enthält eine unvergeßliche Schilderung der Großen Sintflut, die die Götter hereinbrechen ließen, um die Menschheit zu zerstören. Bevor Gilgamesch die Todesinsel erreicht, kommt er durch einen Garten, in dem die Bäume keine Früchte, sondern große Edelsteine tragen. Und sobald er an Bord des Schiffes gegangen ist, das er laut Befehl des Himmels gebaut hat, und auf dem er seine Familie, seine Tiere und seine Pflanzen versammelt, beginnen die Naturgewalten zu toben: Regen und Donner, Meeresfluten und Blitze. So sehr toben sie, daß sogar die Götter, die die Katastrophe ausgelöst haben, von Angst und Schrecken erfüllt werden. Gilgamesch wird als Sonnenriese bezeichnet, »halb Mensch, halb Gott« – man verehrt, bewundert und verherrlicht ihn: »Derjenige, der alles gesehen hat; derjenige, der die äußersten Grenzen der Erde gesehen hat; der Weise und Allwissende, der alle Dinge erfahren, der alle Geheimnisse gekannt und das Verborgene enthüllt hat; der uns ein Wissen weitergegeben hat *aus der Zeit vor der Sintflut.*«

Aber vor diesem feierlichen Text der Verehrung hat es vermutlich andere eingravierte Wörter gegeben, mit denen man zunächst herumprobiert hat und die im Lauf der Zeit allmählich angenommen wurden, nachdem sie unentwegt wiederholt worden waren. Das Konkrete ist dem Symbol vorausgegangen. Unsere Vorfahren, so erfahren wir, müssen vor 36 000 bis 32 000 Jahren mit Gesten, Kritzeleien und kleinen Figuren begonnen haben. Damit haben sie sich verständigt, haben gezählt und Geschäfte abgeschlossen. Aber über welchen Weg oder welchen Begriff hat sich das Alphabet der Schrift entwickelt? Wo hat man angesetzt?

Hier wären wir nun bei François Thureau Dangin angelangt, einem französischen Assyriologen oder Altorientalisten. In Mossul im Irak besucht er einen gebürtigen Piemontesen namens Paul-Emile Botta, der dort von 1840 bis 1843 Konsul ist. Von ihm erfährt Dangin eine faszinierende Geschichte. Eines Tages, als Botta am Tumulus von Kujundschik grub, erkundigte sich ein Färber aus Khorsabad bei ihm, wonach er denn suche. »Altertümer ... Statuen«, antwortete ihm Botta. Da nahm ihn der Mann sofort mit zu seinem Haus und zeigte ihm dort die unmittelbare Umgebung. Das gesamte Viertel war auf Überresten aufgebaut worden. Botta war völlig verblüfft: »Aus dem Boden der Häuser selbst ragten große Stiere mit menschlichem Gesicht heraus, die als Mühlsteine dienten. Wir befanden uns über dem ehemaligen Palast von Nimrud, der wundervollen Residenz von Sargon II., dem König Assyriens.«

Nun also *Sumer*! In diesem weiten Gebiet südlich von Mesopotamiens Hauptstadt Babylon liegen die Städte Uruk, Ur, Lagasch, Nippur sowie einige weitere, weniger bedeutende Städte. Will man den Archäologen Glauben schenken, dann hat hier die Geschichte begonnen. Zugleich ist es das Ende der Vorgeschichte. Auf die Spitzhacke folgt die Handschrift. Ein neues, monumentales Kapitel im Roman der Menschheit beginnt. Das Alphabet wird zur alles überragenden Gottheit. Victor Hugo definiert es folgendermaßen: »Zunächst sind es das

Haus des Menschen und seine Architektur, dann der Körper des Menschen, sein Bau und seine Mißbildungen; dann die Justiz, die Musik, die Kirche, der Krieg, die Ernte, die Geometrie, das Nomadentum, die Seßhaftigkeit, die Astronomie, die Arbeit und die Ruhe, das Pferd und die Schlange, der Hammer und die Urne, die Bäume, die Blumen, die Flüsse und die Wege, und schließlich das Schicksal und Gott! Das alles enthält das Alphabet.«

Begonnen hat dies alles in Sumer. Dort hat man eine Reihe von bedeutenden Gegenständen gefunden, darunter im einzelnen: das mit einer Widmungsinschrift verzierte Silbergefäß des Königs von Lagasch, die Königsstele, die große, mit Torsaden verzierte Tonvase von Nippur, die seltsamen Tiere des Bestiariums von Nebukadnezar II. mit ihrer polychromen Emaillierung, darunter ein Schlangendrachen, ein Stier als Wettergott, eine Ziege aus Lapislazuli und Gold, ein weiterer Stier, diesmal mit Bart und aus massivem Gold ... Alle diese Schätze stammen aus dem Königsfriedhof von Ur, der Heimat Abrahams.

Das Abenteuer geht weiter. Bei den Grabungen lösen sich einige Gruppen von Deutschen und Franzosen ab. Der Engländer Leonard Woolley eifert ihnen nach und gelangt zu folgendem Ergebnis: »Die Forschungen in den Gräbern müssen aufgeschoben werden. Unsere Kenntnisse sind viel zu dürftig, als daß wir die Grabungen fortsetzen könnten, ohne die in den Gräbern befindlichen Schätze zu gefährden. Wir müssen die Grabungen wieder aufnehmen, sobald wir außerhalb auf ein zusätzliches Element gestoßen sind, das uns den Schlüssel zu einer einigermaßen zuverlässigen Chronologie liefert.«

Diese Chronologie läßt nicht lange auf sich warten, und sie wird als nahezu zuverlässig angenommen. Die

Schrift ist in der Tat hier in Sumer entstanden, 3 500 bis 3 000 Jahre v.u.Z. Zunächst sind Piktogramme, also Bildsymbole verwendet worden, um Zahlen aufzuschreiben. Dann hat man sie für den Schriftverkehr und sogar für Briefe verwendet, die man in Tonbehälter legte.

Zur gleichen Zeit wurden in China die Piktogramme zu Ideogrammen und zu Phonogrammen weiterentwickelt. In der Forschung wird auf das Abenteuer dreier Kaiser verwiesen, die 26 Jahrhunderte v.u.Z. gelebt und die Schrift erfunden haben sollen, indem sie sich von Abdrücken von Vögeln im Sand oder im Schnee inspirieren ließen. 1949 schließlich findet ein Hirte des Beduinenstamms der Ta Amireh zufällig die Schriftrollen vom Toten Meer: Als er nach einem verirrten Schaf sucht, entdeckt er die Höhlen von Qumran. Es handelt sich um Rollen aus Leder, die in Leinentücher gewickelt waren. Sie sind mit Naturasphalt versiegelt und in großen Tonkrügen verwahrt worden, die man mit Deckeln verschlossen hat. Die Schriftrollen enthalten die essenischen, in hebräisch-aramäischer Sprache verfaßten Bibelkommentare.

In Sumer, erklärt Louis-Jean Calvet, findet man zunächst Zeichnungen, die vermutlich mit einem kleinen, scharfen Keil ausgeführt worden sind, den man in eine kleine Tontafel drückte, bevor man diese dann trocknen ließ oder brannte. Wenn man zum Beispiel über den Kauf eines Rinds verhandelte, dann zeichnete man den Kopf des Tieres und so weiter. »Das Ergebnis war eine kleine Tontafel mit Keilschriftzeichen, die man von oben nach unten und in vertikalen Reihen las. Dann ist etwas sehr Seltsames geschehen. Plötzlich sind diese Zeichnungen nämlich um 90 Grad nach links in die Horizontale gekippt, als hätte der Schreiber beim Schreiben seine Tafel gedreht.«

Das ist auch der Zeitpunkt, an dem man den kleinen Keil oder Griffel, mit dem man die Zeichen in den Ton drückte und der oft »schmierte«, aufgibt und stattdessen ein zugespitztes Schilfrohr verwendet. Alles wird perfektioniert, und die »Schrift« gewinnt an Lesbarkeit und an Allgemeingültigkeit, freilich nur an relativer Allgemeingültigkeit, indem sie vereinfacht wird (man zeichnet fortan nicht mehr das ganze Rind, auch nicht seinen Kopf, sondern nur noch die Hörner: nach dem sogenannten *pars-pro-toto-Prinzip*, bei dem ein Teil des Gegenstandes anstelle des ganzen gezeichnet wird). Es treten nunmehr vermehrt Symbole auf, die nach und nach verändert und variiert werden. Die Schrift geht vom Sichtbaren zum Fühlbaren, vom Formalen zum Emotionalen.

»Da ist zum Beispiel ein Schriftzeichen, das das Getreide bezeichnet«, erläutert Louis-Jean Calvet, der mit der Zeichenkohle in der Hand an die Staffelei zurückgekehrt ist. »Da ist ein anderes Zeichen, welches Feuer bedeutet. Ein drittes Zeichen stellt das Herz dar, nicht nur das Organ, sondern auch das Gefühl. Mit diesen drei Zeichen werde ich verschiedene Kombinationen ausprobieren. Wenn ich das Getreide und das Feuer nehme, bekomme ich den Herbst. Zwischen beiden Begriffen besteht keinerlei phonetische Beziehung. Zweifellos ist es die Jahreszeit, in der das von der Sommersonne gereifte Getreide die brennende Farbe des Feuers erhält. Wenn ich beiden das Bild des Herzens hinzufüge, dann ist das Ergebnis die Melancholie.«

Es kann sein, daß die Schrift unmittelbar nach ihrer Entdeckung unter bestimmten feierlichen Umständen eine fast religiöse, in jedem Fall jedoch eine Initiationsfunktion hatte. In Gräbern hat man Texte aus den Totenbüchern gefunden, die dem Verstorbenen als eine Art

Paß gedient haben sollen für seine Reise ins Jenseits und als Unterpfand für seine Auferstehung.

Das *Gilgamesch-Epos* ist allgegenwärtig. Seine Stimme scheint im Palast von Sargon zu ertönen, genauer aus der Statue aus hellem Stein, die einen bärtigen Riesen mit einem Kind in seinen Armen verkörpert, dahinter ein unendlich blauer, vollkommen wolkenloser Himmel. Diese Stimme spricht die ältesten geschriebenen Worte der Menschheitsgeschichte und verkündet erneut Gilgameschs Größe: »Sein Wort ist erhaben und heilig! Seine Entscheidungen sind unantastbar. Er bestimmt für alle Zeiten das Schicksal der Menschen. Seine Augen erforschen die gesamte Erde, und sein Glanz strahlt bis in den letzten Winkel des Landes. Er ist der große, allmächtige Herrscher über den Himmel und die Erde. Er weiß alles und er begreift alles.«

»Als die Götter die Menschheit erschufen, bestimmten sie für die Menschen den Tod, behielten aber für sich selbst das Leben in der Hand.«

»In jenen Tagen, jenen archaischen Tagen. In jenen Nächten, jenen archaischen Nächten. In jenen Jahren, jenen archaischen Jahren …«

Das *Gilgamesch-Epos* hält die Menschen des 3. Jahrtausends v.u.Z. in seinem Bann. Es ist ein klangvolles, ruhmreiches und schreckliches Epos … »Siehe diese äußeren Mauern, siehe dieses Fries, das wie Kupfer leuchtet. Berühre die Schwelle aus Stein, die es seit ewigen Zeiten gibt … Erklimme die Befestigungsmauern von Uruk, lasse deine Füße sie berühren …«

Das Epos erzählt von Enlil, dem Rachegott, der für die Vernichtung der ersten Menschen veranwortlich ist. Vielleicht war Enlil unter einem anderen Namen ein Gott, auf den die Erbauer der riesengroßen Menhire aufmerksam machen wollten, indem sie ihre Steinsäulen aufrichteten.

Die Vorstellung, daß es eine höhere und zugleich unsichtbare Macht gibt, muß aller Wahrscheinlichkeit nach bereits in den Köpfen der Menschen des Neolithikums herumgespukt haben. Diesen ungewissen Gott versuchten sie anzurufen. Sie nahmen sogar das Risiko in Kauf, ihm zu trotzen. Sie begnügten sich nicht mehr mit den wirklichen, bekannten Gefahren. Sie mußten um jeden Preis mehr erfahren.

Der Tod ist ebenfalls gegenwärtig. Das Wesentliche spielt sich vermutlich in aller Stille ab, zwischen den im Schatten der Menhire begrabenen Vorfahren, den tauben Göttern und der nunmehr gewonnenen Gewißheit von der absoluten Unausweichlichkeit des Todes. Schwere Zeiten haben begonnen!

»Noch einmal«, schließt Louis-Jean Calvet, »die Geschichte beginnt in Sumer.« Auf die archaischen Tage, Nächte und Jahre wird die Antike folgen, eine großartige, bewegte und gewaltige Welt. Jahrhundertelang wird sie den gesamten Mittelmeerraum erstrahlen lassen, mit all seinem Glanz, seiner Philosophie, seinem Glauben, in seinen Tragödien und Verbrechen.

Dann beginnt die Zeit des Christentums. Die Menschen legen im Nachhinein fest, daß hier die Geschichte beginnen soll. Sie datieren sie mit dem Namen Christi, als ob sie zwischen seinem Geburtstag und seinem Todestag in den Kalender eintreten wollten. Auf diese Weise ist der Grenzstein festgesetzt worden, der für uns alle, ohne jeden Unterschied, und für fast alle Menschen auf der Welt die Zeit abgrenzt, in der wir leben. Die Tore der Geschichte – unserer Geschichte – können sich öffnen. Weit offen stehen sie nunmehr vor uns.

Der Dichter Guillaume Apollinaire ruft aus: »Menschen der Zukunft, erinnert euch an mich!«

# Epilog

Wenn man sich auf die Suche nach den Spuren der unendlich langen Geschichte des Menschen begibt, die sich über einen Zeitraum von 3 oder 4 Millionen Jahren erstreckt, welcher unseren armseligen 2 Jahrtausenden Geschichte vorausgeht, dann stellt man fest, daß diese Geschichte voller Fakten, Fragen, Täuschungen und Wirrnisse steckt. Aus dieser langen Suche geht man als ein *anderer Mensch* hervor. Das habe ich bei all jenen feststellen können, die in unterschiedlicher Weise an der Verwirklichung des Romans der Menschheit Anteil hatten. Dieser Roman ist eine Bestandsaufnahme der Spezies auf der Grundlage der Entdeckungen, die seit ungefähr 150 Jahren gemacht worden sind – seit der Mensch angefangen hat, sich für seine Familiengeschichte zu interessieren.

Wir müssen uns dabei über eines im klaren sein: Unser Denken, unser Handeln, ja sogar unsere Hoffnungen sind vor Hunderttausenden von Jahren entstanden – im Laufe von Sintfluten, Kontinentaldriften, von riesengroßen Brüchen in der Erdkruste, von Eiszeiten und Erhöhungen des Meeresspiegels; und dies alles auf einer Erde, die von unerbittlichen Räubern bevölkert ist. Wir können allenfalls ansatzweise versuchen, uns eine Vorstellung von den Ängsten, den Mühen und Opfern unserer Vorfahren zu machen. Eines aber ist gewiß: Wenn es uns heute, unmittelbar vor dem 3. Jahrtausend, gibt, dann um den Preis ihrer langen Wanderung, ihrer unnachgiebigen Energie, ihrer Neugierde und Hartnäckigkeit.

Alle sind sie versammelt: von Lucy bis zum Neandertaler, den man für den »Dorftrottel der Menschheit« hält, der aber seine Toten bestattete; vom Hersteller des ersten Feuersteingerätes, das wir lange »Donnerkeil« genannt haben, bis zu dem Unglückseligen, der verbrannte, weil er die rote Blume des Feuers an sich reißen wollte; vom ersten Abenteurer, der Samen ausgestreut hat, bis zu jener Horde, die auf die Idee gekommen ist, Steine aufzurichten, und schließlich bis zu den Menschen von heute ... Wieviele Milliarden Menschen jedoch mögen es noch sein, die unter der Erde begraben sind mit ihren Erfindungen und ihren Botschaften, die wir noch nicht gefunden haben?

Die Weltgeschichte, die wir geschrieben haben, mit Blut, Tränen und gutem Willen, wird von ihnen *getragen*, erklärt sich nur *durch sie*. Alle zusammen sind sie der Mann und die Frau, die morgen mit uns ins 3. Jahrtausend hinüberschreiten werden.

Je besser wir sie kennen, je neugieriger wir auf sie sind – in der Zeit der Roboter, der virtuellen Bilder, des Atommülls und des Internets –, desto größere Chancen haben wir, uns der Bezeichnung Mensch würdig zu erweisen – eines Namens, den wir seit den ersten prähistorischen Entdeckungen nur mit größten Vorbehalten vergeben.

# Danksagung

### *Im Vertrauen …*

A priori schien nichts darauf hinzudeuten, daß ich 3 Jahre meines Lebens in der Gesellschaft von Menschen verbringen würde, die Zigtausende von Jahren alt sind, die noch vor 2 Jahrhunderten niemanden interessiert haben und deren zumeist unvollständige Skelette nun unter den Schaufeln der Forscher zum Vorschein kommen. Schweigend stellen sie uns zahlreiche Fragen und rütteln an unseren Gewißheiten.

Hubert de Commarque ist es gewesen, der mich eines Tages zur Besichtigung seines mittelalterlichen Schlosses im Tal der Beune (in der Dordogne) eingeladen und der in mir diese späte und auch mich überraschende Leidenschaft ausgelöst hat: die Leidenschaft für die Vorgeschichte. Zum ersten Mal in meinem Leben stand ich vor 80 000 Jahre alten, meterhoch aufgeschütteten menschlichen Wohnstätten, über denen ein beinahe tausendjähriger Bergfried thronte. Von da an habe ich nicht mehr aufgehört, mich weiter zu informieren, zu lesen, mich vor Ort an die Fundstätten zu begeben und mit den Spezialisten zu sprechen. Die angesehensten Prähistoriker, darunter von Beginn an Professor Henri de Lumley und seine Frau, haben mir Mut gemacht und mir geholfen.

Da ist aber auch die junge Frau, die auf der Fundstätte von Regourdoux Eintrittskarten verkaufte und von der folgender irritierende Satz stammt: »Was, wenn die prähistorischen, unter der Erde vergrabenen Menschen nicht so sehr unsere Vorfahren als vielmehr die Kinder wären, die wir gewesen sind und deren wahre Geschichte wir nicht erfahren wollten, weil sie uns angst machte?«

Im Laufe der Zeit ist meine Suche zu einer Untersuchung geworden, mit vielen Fragen, aber auch mit vielen *Emotionen*. Ich hatte das Gefühl, heimlich in unserer Familiengeschichte zu lesen. Dann ist mir die Idee gekommen, einen großen Film zu machen, der den Roman der Menschheit erzählen sollte, und zwar nicht in der vermutlichen Reihenfolge seiner unendlich langen Entwicklung auf unserem Planeten, sondern in der Reihenfolge der Entdeckungen, die von den Menschen der Geschichte gemacht worden sind – oft mit dem Ergebnis, daß man diese Pioniere für verrückt erklärt hat. Die Vorgeschichte ist eine noch junge Wissenschaft, kaum mehr als 150 Jahre alt. Und ich bin in ein Abenteuer hineingerissen worden, das viel länger, weitreichender und fabelhafter ist, als ich es mir vorgestellt hatte.

Heute sind die 15 Folgen der Filmserie abgedreht. Sie werden in Kanada gesendet, bald auch im französischen Kulturkanal *La Cinquième*.

Dieses Projekt wäre nie verwirklicht worden ohne die Unterstützung von Wissenschaftlern, die zu mir in die Höhle von Commarque gekommen sind und die dank ihrer Anwesenheit diese Höhle in eine Nachbildung der mythischen Höhle Platos verwandelt haben. Im Buch erscheinen sie in dieser Reihenfolge: Hubert Reeves, Jean-Philippe Rigaud, Yves Coppens, Catherine Perlès, Bernard Vandermersch, Denis Vialou, Jean Chaline, Dominique Grimaud-Hervé, Philip Tobias (der aus Südafrika gekommen ist), Henri de Lumley und seine Frau, Jean-Jacques Cleyet-Merle, Vitor Jorge Olivera und seine Frau (die aus Portugal gekommen sind), Jacques Cinq-Mars (aus Kanada gekommen), Jean Guilaine und Louis-Jean Calvet.

Danach sind die Vertreter der Fernsehsender, Produzenten, Regisseure, Techniker und Schauspieler gekommen, mit denen zusammen der Stoff der Filme und des Buches gewoben worden ist. Es sind so viele, daß ich mich schon im voraus dafür entschuldige, wenn ich einige vergessen haben sollte. In Ermangelung einer besseren Lösung danke ich ihnen allen in alphabetischer Reihenfolge: Stéphane Bégoin, Maurice Bunio, Jean-Marie Cavada, Claude Désiré, Hervé Guérin, Arnaud Hantute, Bernard Jourdain, Jean-Claude Labrecque, Frédéric Mathieu, Laurent Mini, Jean Mino, Francis Piazza, Philippe Piazza, Maurice Ribière, Karim Samaï, Claire Schwob, Isabelle Titard und Michèle Vallon.

Schließlich danke ich ganz besonders Michèle Valentin und Henri-Michel Gautier, die mir dabei geholfen haben, eine Unmenge von Dokumenten und Bildern auszuwerten und zu überprüfen, ohne die ich dieses Buch nicht hätte schreiben können, und die mir eine unschätzbare Hilfe waren.

*M. J.*

Ugarit war einst die wichtigste Handelsmetropole im östlichen Mittelmeer. Im 7. Jahrtausend vor Chr. gegründet, entwickelte es sich zur Hauptstadt eines mächtigen Königreiches, wurde zu einer reichen Seehandelsstadt mit mächtiger Flotte und war ethnischer Schmelztigel im Kreuzpunkt der wichtigsten Handelsrouten der altkanaäischen Zeit.

Die Entdeckung dieser verschollenen Stadt im syrischen Ras Schamra ist eines der wichtigsten archäologischen Ereignisse unseres Jahrhunderts. Der Fund imposanter Sakral- und Profanbauten sowie tausender Tontafeln mit dem ersten Alphabet der Welt gewährt Einblick in die Lebensgewohnheiten, den Totenkult und die Götterwelt einer Kultur, in der die Wurzeln unserer eigenen Zivilisation liegen.

ISBN 3-404-64129-9

BASTEI LÜBBE

Dies ist die faszinierende Lebensgeschichte des Mannes, der die Sprache der Pferde beherrscht und mit seinem Körper ausdrückt. Monty Roberts ist der wahre »horse whisperer«, der echte Pferdeflüsterer.
Seit frühester Jugend arbeitet er mit Pferden. Seine dabei entwickelte Trainingsmethode ist revolutionierend: Sie ist ein ständiger Dialog, ein geduldiges, respektvolles Eingehen auf den Partner Pferd.
Der Erfolg bestätigt Monty Roberts. Seine Arbeitsweise kennt keine Verlierer und ist der überzeugende Beweis, daß zwischen Mensch und Natur ein gewaltfreier, friedlicher Dialog möglich ist.
*»Der 62 Jahre alte Kalifornier hat den Umgang mit Pferden revolutioniert. Er hat vorgemacht, daß jedes Pferd bereit ist, mit Menschen zusammenzuarbeiten, wenn sie dessen Sprache verstehen und auf Gewalt verzichten.«*

Süddeutsche Zeitung

ISBN 3-404-60466-0

BASTEI LÜBBE